Von Bäumen & Früchten

DAS BAUMSCHULWESEN IN SÜDTIROL GESTERN UND HEUTE

VON BÄUMEN & FRÜCHTEN

Das Baumschulwesen in Südtirol gestern und heute

Herausgeber: Bund der Südtiroler Baumschulen (BSB)

Redaktion: Christoph Gufler

Autoren: Christoph Gufler, Hermann Mantinger, Helmuth Scartezzini, Luis Braun, Stefano Endrizzi, Reinhold Stainer, Walter Guerra, Irene Höller, Christian Andergassen, Jürgen Braun;

Titelbild: Baumschule Griba

ISBN: 9791255320548

Bilder: Bund der Südtiroler Baumschulen (BSB)

Lektorat: Katharina Brenner

Herstellung: Effekt! Neumarkt

CHRISTOPH GUFLER 11
Der Obstbau in Südtirol – eine Erfolgsgeschichte auf Raten

HERMANN MANTINGER 43
Entwicklung des Kernobstsortiments von den Anfängen bis Ende der 1990er-Jahre

HELMUTH SCARTEZZINI 69
Geschichte der Baumschulen in Südtirol

HERMANN MANTINGER 93
Die Rolle des Versuchszentrums Laimburg und anderer Institutionen beim Aufbau des Baumschulwesens in Südtirol

LUIS BRAUN 103
„Es waren intensive Jahre" – Die Gründung des Südtiroler Baumschulbundes

CHRISTOPH GUFLER 133
Mehr als Bäume. Der Bund Südtiroler Baumschuler 1977–2024

HELMUTH SCARTEZZINI, STEFANO ENDRIZZI, REINHOLD STAINER 157
Die gesetzliche Regelung der Baumschulen auf Landesebene

REINHOLD STAINER 179
Die Technik in der Anzucht von Apfeljungpflanzen

WALTER GUERRA 233
Das Sortenkarussell in den 2000er-Jahren

IRENE HÖLLER 253
Unterlagenprüfung am Versuchszentrum Laimburg

CHRISTIAN ANDERGASSEN, REINHOLD STAINER 271
Die Entwicklung der Anbausysteme in Südtirol

JÜRGEN BRAUN 283
Sorten und Markenschutz

Kurzbiografien der Autoren 305

„Was lernt man in der Baumschule?"

PETER LAIMER
Obmann des Bundes
Südtiroler Baumschulen

Diese nicht ganz ernst gemeinte Frage findet man im Internet, wenn man das Wort „Baumschule" eingibt. Dort lautet die Antwort: „In der Baumschule lernen die Jungbäume gerade zu wachsen und mit dem Stress umzugehen, wenn sie von einem Ort zum anderen wechseln."

Tatsächlich umfasst die Aufzucht der Jungbäume mehr, als Bäume lediglich gerade zu ziehen und die Wurzeln regelmäßig zu schneiden. So zählen Veredelung und Verzweigungsförderung zu weiteren wichtigen Arbeitsschritten von Obstbaumschulen.
Das heutige Baumschulwesen befasst sich neben der Aufzucht von Jungbäumen auch mit einer Vielzahl von vorgelagerten Tätigkeiten, wie der Führung von Mutterbeeten und Edelreiserschnittgärten sowie der Selektions- und Züchtungsarbeit. Zum heutigen Alltag von Baumschulbetrieben gehören außerdem der Vertrieb, die Logistik, Erstellung von schlüsselfertigen Junganlagen und Beratung zur Führung derselben durch die Baumschulen selbst oder durch verbundene Unternehmen. Alle diese Themen werden in diesem Buch behandelt.

Der Wunsch, die Geschichte der Südtiroler Baumschulen niederzuschreiben, bestand schon seit längerem. Nachdem sich zahlreiche Fachleute von der Idee begeistert gezeigt und sich bereit erklärt hatten, ihren Teil zum Buch beizusteuern, konnte die Idee endlich in die Tat umgesetzt werden. Ihnen allen gilt ein besonderer Dank.

Das vorliegende Buch behandelt sowohl fachlich-technische Aspekte der Baumerzeugung als auch die geschichtliche Entwicklung der Baumschulen und die des Bundes Südtiroler Baumschuler als deren Interessenvertretung.

Dass ein funktionierendes Baumschulwesen wesentlich zum Erfolg des Südtiroler Apfelanbaus beigetragen hat, steht außer Frage. Südtirol als Liefergebiet stellt dabei sicherlich einen Sonderfall dar: Viele kleine bis mittelgroße Betriebe mit untereinander gut vernetzten Landwirten, die zum größten Teil in Genossenschaften organisiert sind, haben die konkurrierenden Baumschulen zu Höchstleistungen angespornt. Nur deshalb war es möglich, die innere und äußere Qualität der Jungbäume derart zu steigern, dass die Südtiroler Baumschulen heute internationales Ansehen genießen. Die Baumschulen sind Innovationsmotor der Sortenentwicklung und Triebfeder der Weiterentwicklung der Anbausysteme.

Der heutige Trend, neue Apfelsorten nur noch als Exklusivsorten zu vertreiben, eröffnet neue Möglichkeiten. Was in diesem Buch erzählt wird, ist spannend, und spannend wird die Entwicklung des Südtiroler Baumschulwesens auch bleiben.

PETER LAIMER
Obmann des Bundes Südtiroler Baumschulen

Foto: Baumschule Laimer

Der Obstbau in Südtirol – eine Erfolgsgeschichte auf Raten

CHRISTOPH GUFLER

CHRISTOPH GUFLER

Der Obstbau in Südtirol – eine Erfolgsgeschichte auf Raten

Südtirol wurde nicht über Nacht zu einem weltweit bekannten und relevanten Obstbaugebiet. Der Weg dorthin vollzog sich in mehreren Etappen. Diese bilden den Rahmen, in dem sich auch das Südtiroler Baumschulwesen schrittweise entwickelte. In diesem Beitrag geht es darum, den Werdegang des Obstbaus in Südtirol von den Anfängen bis heute chronologisch aufzuzeigen.

WIE DER APFEL NACH SÜDTIROL KAM

Die Wiege des Apfels liegt in den Bergregionen Kasachstans. Von Zentralasien aus verbreitete er sich im Laufe der Zeit auf natürliche Weise und durch den Menschen über weite Teile der Erde. In den Alpen tauchte der *Malus sylvestris* in der Jungsteinzeit (5.000–3.000 v. Chr.) auf. Als die Menschen in der Bronzezeit sesshaft wurden, begann mit einer ständigen Auslese die Veredelung der wildwachsenden Äpfel. Im 2. Jahrtausend v. Chr. war der Kulturapfel im archäologischen Fundbild Südtirols nachweisbar. Während der Römerzeit erfuhr der Obstbau eine beträchtliche Weiterentwicklung und Verbreitung. Plinius der Ältere (23–75 n. Chr.) zählte bereits 21 Apfel- und 41 Birnensorten auf, von denen die eine oder andere mit Sicherheit auch auf den zahlreichen römischen Landgütern an Etsch und Eisack gezogen wurden. Als die Bajuwaren ab dem 6. Jahrhundert nach Christus unser Land in Besitz nahmen, bürgerten sie den germanischen Namen „Ap-a-la" für den Apfel ein. Im frühen Mittelalter waren die Klöster die Hüter des Obstbaues, der hinter den Klostermauern sorgsam gepflegt wurde. Im Zuge des hochmittelalterlichen Siedlungsausbaues schaffte der Apfel den Sprung über die Klostermauern – hierzulande konnte das sogar noch leichter geschehen, da neben den einheimischen Klöstern noch 45 Abteien aus dem süddeutschen Raum über ausgedehnten Grundbesitz verfügten. Die älteste Darstellung eines Apfels stammt aus dem 12. Jahrhundert und befindet sich am Kapellenportal von Schloss Tirol.

Portal zur Kapelle von Schloss Tirol, 11.–12. Jahrhundert, links Adam und Eva mit Apfelbaum.

Foto: Christoph Gufler

Brixner Kreuzgang – Sündenfall, Ende 15. Jahrhundert.

Foto: Christoph Gufler

St. Christophorus mit Apfelbaum, Oberplanitzing 15. Jahrhundert.

Foto: Christoph Gufler

EIN HEILIGER ALS OBSTBAUPIONIER

Um 720 „schmückte" der Heilige Corbinian den kleinen Ort Kuens bei Meran mit Weingärten und Apfelbäumen, wie aus seiner Lebensbeschreibung hervorgeht. Sein Beispiel machte Schule. Zahlreiche Urkunden belegen, dass bereits im 13. und 14. Jahrhundert zu jedem tiefer gelegenen Etschtaler und Eisacktaler Hof ein Baumgarten bzw. Obstanger mit einem Dutzend sorgsam gehüteter Apfelbäume gehörte. Die Hof- bzw. Familiennamen Pangart, Bamlechen, Baumgartner usw. erinnern noch heute daran. Die erste Südtiroler Apfelsorte wurde schon 1507 als „Potzner" (Bozner) erwähnt. 1550 rühmte der „Tiroler Landreim" die „Etsch-Früchte, gar wohlgeschmach, geben denen Italiens wenig nach", und die „Brixener Äpfel". Um 1620 schrieb Marx Sittich von Wolkenstein in seiner Tiroler Landesbeschreibung: „Im Lande wächst ein trefflich gut Obst, davon sich viel Leut ernähren und großes Geld lösen". Im Etsch- und Eisacktal wurden im 17. Jahrhundert regelmäßig „Wiesen mit Obstbäum" erwähnt. Damals wurden bereits 12 Apfel- und 10 Birnensorten namentlich genannt, die wegen ihrer Güte hochgeschätzt waren. Die Obstbäume standen als Mischkultur zwischen oder am Rande der Reb- und Ackerflächen.

Einen kurzen Höhenflug erlebte der Obstbau während der Zugehörigkeit Tirols zu Bayern (1803–1814), als neben den Wein- auch die Obstpreise auf das Drei- bis Vierfache anstiegen, weshalb die Erhebung von 1809 durchaus nicht von allen begrüßt wurde.

Äpfel und Birne, Schlosskapelle Kastelbell, 16. Jahrhundert.

Foto: Christoph Gufler

Ansitz Junkhof Lana, 1563.

„DIE DELIKATESTEN ÄPFEL UND BIRNEN"

Ab dem Beginn des 19. Jahrhunderts häuften sich die Aussagen zum Südtiroler Obstbau. So schrieb der Landeschronist Johann Jakob Staffler 1843 über das Etschtal: „Hier gedeihen Baumfrüchte aller Art in einer ausgezeichneten Güte und Vollkommenheit, so die delikatesten Äpfel und Birnen … Viele derselben gehen als Kaufmannsware in ferne Länder, selbst nach Norddeutschland und nach Rußland." Ein treffendes Bild vom Obstbau in jener Zeit zeichnete der Maiser Pfarrer Casimir Schnitzer, indem er 1823 berichtete: „Fast jeder Hof oder jedes größere Bauerngut hat einen Einfang mit Obstbäumen. Besonders die Maschanzger und die teils roten, teils weißen Rosmarin-Äpfel sind von vortreffli-

St. Michael Lana, 18. Jahrhundert.

Fotos: Christoph Gufler

cher Qualität und werden in guten Jahren nach München, Wien, selbst ins Rußland verführt", und Beda Weber ergänzte 1838: „Selbst den rheinischen gewannen sie [die Südtiroler Äpfel] den Rang ab, denn sie erschienen noch um Ostern des folgenden Jahres wie lackiert!"

Persönlichkeiten wie der Bozner Pomologe Johann Jakob Pöll, der 1831 das erste Obstbaulehrbuch Südtirols veröffentlichte, und vor allem der Direktor der 1874 gegründeten landwirtschaftlichen „Landeslehr- und Versuchsanstalt in San Michele a. d. Etsch" Karl Mader waren frühe Promotoren des Obstbaus. Die Lehr- und Forschungseinrichtung im damals tirolisch-österreichischen Trentino kann als die Wiege des Erwerbsobstbaus in unserem Land bezeichnet werden.

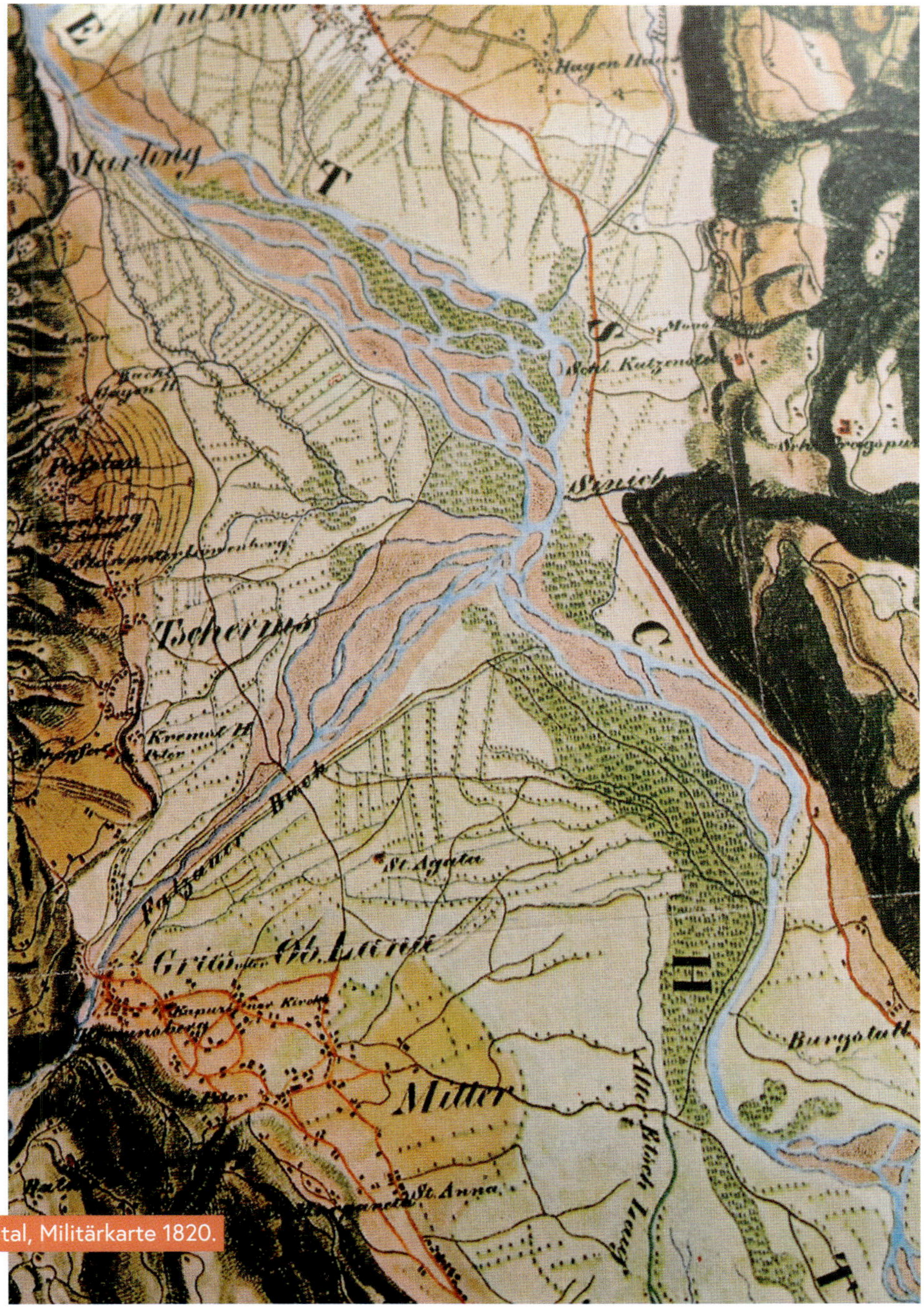

Etschtal, Militärkarte 1820.

Foto: Christoph Gufler

Foto: Christoph Gufler

„BLÜTENKAUF AUF EHRE"

Trotz dieser Erfolgsnachrichten nahm der Apfelanbau lange Zeit nur eine untergeordnete Rolle gegenüber dem vorherrschenden Weinbau ein. Erst als dieser ab 1850 durch neue Krankheiten (Mehltau, Schimmelpilz, Reblaus) in eine existentielle Krise geriet, baute man den Apfelanbau als zweites Standbein auf. Die Etschregulierung zwischen 1870 und 1880 und die Verlängerung der 1867 in Bozen in Betrieb genommenen Eisenbahn nach Meran (1881) und in den Vinschgau (1903) förderten diese Entwicklung maßgeblich. Dadurch konnte die bisher weitgehend versumpfte Talsohle der Etsch als Anbaufläche genutzt werden, die erzeugten Früchte wurden mittels eigenen Waggons zu 10 Tonnen in aller Herren Länder exportiert. Noch heute gibt der Südtiroler Obstbauer seine Erntemenge nicht in Tonnen, sondern in Waggon an.

Pioniere dieser Anfangsphase des Erwerbsobstbaus waren die Obsthändler, die den Grundbesitzern schon zur Blütezeit die Ernte abkauften. Wie das vor sich ging, gibt eine Eintragung im Hausbuch des Ladurner-Hofes in Lana vom 19. März 1902 wieder: „Herr Tschugguel in Bozen kaufte heute durch seinen Schaffer sämtliches Obst von Anton Margesin, auf der Agathawiese, Frühwies, Landwies, Stauderanger, in Raut und beim Hausanger mit Ausnahme ein Weißbirnbaum, ein Wintermaschanzger und der Äpfelbäume in den Pergeln um den Preis von 4.840 Kronen. Spritzen der Bäume wird dem Käufer überbunden, Schwefeln muss ich besorgen."

„SCHMUCKKÄSTCHEN DER ÖSTERREICHISCHEN OBSTPRODUKTION"

Dank der tüchtigen Obsthändler machte sich das südliche Tirol bis Ende des 19. Jahrhunderts international einen Namen. 1895 stellte der Direktor von San Michele Eduard Mach mit Stolz fest: „Wenn Tirol als das Schmuckkästchen der österreichischen Obstproduktion bezeichnet wird, so hat dies seine Berechtigung, indem wohl kaum in einem anderen Kronland in gleich intensiver Weise Obstbau betrieben und namentlich die Qualitätsfrage so sehr in Betracht gezogen wird." Dies bestätigte im selben Jahr Arthur von Planitz: „Deutsch-Südtirol ist das eigentlich berühmte Obstland. Die Apfelsorten sind die feinsten und berühmtesten, welche überhaupt in der ganzen Welt erzeugt werden." Der in Obermais ansässige Gutsherr lieferte auch eine Beschreibung des Obstanbaues vor dem 1. Weltkrieg: „Die Obstbäume bedecken hauptsächlich die Schuttkegel der in die Etsch mündenden Flüsse, wo sie mehr die niederen, horizontalen Lagen einnehmen. Als am lohnendsten gilt die Kultur des weißen Rosmarin und des Köstlichen, dann die Edelroten. Calvillen werden in Spaliergärten gezogen und es dürfte in der Meraner Umgebung jetzt 65.000 Zweigbäumchen gepflanzt sein." Der als „Apfel der Könige und König der Äpfel" bezeichnete Calville wurde von seinen überwiegend aristokratischen Produzenten an die Kaiserhöfe von Russland, Wien und Berlin geliefert. Für Calville erster Qualität löste man „pro Frucht" 2,7 Gulden, während der Preis für andere Sorten deutlich unter einem Gulden lag.

Der Wintercalvill: Apfel der Könige, König der Äpfel.

Foto: Christoph Gufler, Sammlung Rudolf Kerschbamer Lana

Etschtal bei Terlan um 1940.

Aufnahme: Hugo Atzwanger

12.000 TONNEN EXPORTIERT

Einen wesentlichen Anteil an der Verbreitung des Obstbaus hatten die Wanderlehrer, die im Auftrag der „Landeslehr- und Versuchsanstalt in San Michele a. d. Etsch" vor Ort Vorträge hielten, wie die „Tiroler Landwirtschaftlichen Blätter" vom 15. Februar 1892 berichteten: „Herr Karl Mader hielt in Terlan einen Wandervortrag. Es wurde über Obstbau, namentlich im Bezug auf die Obsternte und die Produktion und die Absatzverhältnisse des vergangenen Jahres gesprochen, ferner tauschte man die Erfahrungen aus, welche bei der Bekämpfung der Reben- und Kartoffel-Peronospera sowie des Fusicladiums (Schorf) bei Obstbäumen mit Kupfer-Kalk beziehungsweise Steatit-Kupfervitriol gemacht werden. Der Vortrag war zahlreich besucht."

Das zunächst eher mäßige Interesse der Bauern am Obstbau nahm aufgrund der steigenden Verkaufspreise immer weiter zu. Wurden 1907 noch 14 Heller pro

Kilogramm bezahlt, so waren es 1910 schon 22 und 1916 sogar 44 Heller. Die Folge waren ausgedehnte Neuanpflanzungen – dies zeigt auch ein Beispiel eines Betriebs in Terlan, wo sich die Anzahl der Apfelbäume von 146 im Jahre 1870 auf 1.384 im Jahre 1908 fast verzehnfachte. 1920 schrieb Josef Kössler: „Ende der neunziger Jahre und Anfang 1900 hat sich im Etschtal der Anbau von Obstbäumen von Jahr zu Jahr vermehrt, sodass schon namhafte Mengen Äpfel und Birnen ausgeführt werden." Von 1894 bis 1903 wurden durchschnittlich 12.000 Tonnen pro Jahr exportiert.

NICHT ZU LANGE FINGERNÄGEL

Vom Mittelalter bis ins späte 19. Jahrhundert herrschte der Streuobstbau vor. Die hochstämmigen Bäume wurden im Abstand von 20 und mehr Metern gepflanzt. Dazwischen blieb viel Platz zur Heugewinnung für die Viehfütterung. Auf einem Hektar standen selten mehr als 50 solcher Baumriesen. 1899 wurden von einem Edelroten 1.860 kg Früchte geerntet, von einem Kalterer pflückte man 33 Kreben (ca. 2.000 kg). Ab 1900 folgte die Rundkrone mit 3 bis 4 Hauptästen und Gipfel. Es wurden 200 bis 400 Bäume auf einem Hektar gepflanzt, die eine Höhe von bis zu 10 Metern erreichten. Deshalb erforderte die Ernte einige Geschicklichkeit. Karl Zuegg berichtete, dass zum „Klauben" wichtiger Sorten wie Weißrosmarin, Edelböhmer und Köstliche nur erfahrene Obstpflücker zugelassen wurden, bei denen der „Schaffer" darauf achtete, dass die Fingernägel nicht zu lang waren, da sonst die Früchte beschädigt werden konnten.

Den Arbeitsvorgang beschrieb Karl Mader 1894 wie folgt: „Die Obstklauber benützen einbaumige Leitern, sogenannte Lehnen. Diese bestehen aus einer langen Tannenstange mit lärchenen Sprossen und einen aus Weißbuche gefertigten, halbmondförmigen beweglichen Fuß. Das Kernobst wird in eine mit 2 Trägern versehene Klaubschürze gepflückt und in gepolsterten Körben abgelegt". Solche einholmige Pflückleitern gab

Obsternte vor dem 1. Weltkrieg.

Foto: Südtiroler Obstbaumuseum Lana

Schädlingen wurde mit Kupfer und Kalk zu Leibe gerückt.

Foto: Südtiroler Obstbaumuseum Lana

es nur in Südtirol. Die Rückenkörbe lösten später geflochtene Körbe („Kreben") ab, die in einer Penne verladen und mit dem Leiterwagen transportiert wurden.

SCHWEFEL, KUPFER UND KALK

Tierische Schädlinge und Pilzerkrankungen bedrohten schon in alten Zeiten den Obstbau. Zu ersteren zählten die Maikäfer, die alle 3 Jahre zur Blütezeit über Obstbäume und Reben herfielen. Deshalb förderten die Gemeinden das Einsammeln der „Zulln". So wurden beispielsweise in Lana 1886 nicht weniger als 677 Star (20.600 Liter) Maikäfer abgeliefert. Dieselbe Methode wandte man auch beim Blütenstecher an, dessen seit 1890 bezeugte Verbreitung außerdem durch das Abkratzen der Baumrinde bekämpft wurde. Den ab 1898 auftretenden Frostspanner versuchte man durch das Anbringen von Fanggürteln bzw. Leimringen im Zaum zu halten.

Gegen den ab der Mitte des 19. Jahrhunderts auftretenden Mehltau bewährte sich das „Schwefeln", während man dem ab 1886 verbreiteten Schorf mit einer Mischung aus Kupfervitriol und gelöschtem Kalk bekämpfte. Der Schwefel trocknete und die in Wasser aufgelöste „Kupferkalkbrühe" wurde mittels Rückenspritzen, den sogenannten Hydronetten, versprüht. Motorspritzen gab es erst ab 1924. Damals wurden auch die ersten chemischen Wirkstoffe eingesetzt, so etwa Arsenverbindungen wie das Bleiarsenat gegen die Obstmade, Karbolium gegen die Blutlaus und Tabak-

Foto: Südtiroler Obstbaumuseum Lana

Obstsortieren war Frauenarbeit.

extrakt oder Nikotinsulfat gegen die verschiedenen Blattläuse. „Spritzlarven" und Schweinefett auf den Händen sollten vor Verätzungen und Vergiftungen schützen. Schwefel, Kupfer und Kalk blieben bis zum 2. Weltkrieg die wichtigsten Schädlingsbekämpfungsmittel.

VOM „APFELGWÖLBN" ZUM OBSTMAGAZIN

Bis zum Ende des 19. Jahrhunderts wurde die Obsternte in Scheunen, Kellern und ehemaligen Ansetzen eingelagert. Diese ersten rudimentären Lagerräume nannte man „Apfelgwölbn". Die ab 1880 eigens errichteten Lagerhallen bezeichnete man hingegen als Obstmagazin. Dort wurde das in Rückenkörben oder Kreben angelieferte Obst gewogen und händisch sortiert. Wie das um 1895 vor sich ging, erzählte Karl Mader: „Das auf Haufen geschichtete Obst kommt unter die Hand der Sortiererinnen, welche die fehlerfreien, schönen Stücke einer gewissen Größe als Prima- und Secunda-Kistenware sortieren. Der Rest der gesunden Ware kommt als Faßware und die kleineren oder beschädigten Früchte als Mostware in den Handel. Von einzelnen, besonders wertvollen Sorten scheidet das Detailgeschäft noch Hochprima und Cabinetware aus. Diese wird doppelt in Seidenpapier gewickelt und in Bozener Kisten zu 450 bis 500 Stück verkauft".

Neben Seidenpapier wurde auch Watte verwendet, wie man einem Bericht von Karl Zuegg entnehmen kann: „Mit gewissen Sorten, so zum Beispiel den Weißrosmarin, die größtenteils nach Rußland verkauft wurden, trieb man einen wahren Kult. Man legte die Kisten mit Wattedecken aus und wickelte dann die einzelnen Früchte in Watte. Diese nächtliche Apfelwicklerei war die schönste Arbeit des ganzen Herbstes. Es ging dabei immer recht lustig her, es wurde viel gesungen, erzählt und gelacht."

IM MÄRZEN DER BAUER

Das Arbeitsjahr eines Landwirtes unterschied sich in der Anfangsphase des Erwerbsobstbaues erheblich von dem eines heutigen Obstbauern. Die Wintermonate waren dem Baumputzen, Mistausbringen, Erdeinführen, Baumschneiden und Umpfropfen gewidmet. Im Frühjahr erfolgte im März die Winterspritzung und im April die erste Vollblütenspritzung mit Schwefelkalkbrühe und Kupfervitriol, das Umstechen der Baumscheiben und die Inbetriebnahme der Bewässerung mittels der Waale. Zur Blütezeit galt es mit Rauchöfen den Frost zu bekämpfen. Jedes 3. Jahr ging es sodann ans Maikäfersammeln, bevor Ende Mai die Heumahd einsetzte und im Juni neben dem Baumstützen, Spritzen und Baumscheibenlockern der Almauftrieb stattfand.

Als in den Obstwiesen noch das Heu eingebracht wurde.

Foto: Südtiroler Obstbaumuseum Lana

Je nach Witterung waren monatlich weitere Spritzeinsätze erforderlich. Im Juli fand die Ernte der Muskateller- oder Grummetbirnen und der Gravensteiner statt, dann war die Grummetmahd durchzuführen. Die Ernte der Frühsorten wurde im August fortgesetzt. Vor der Pofelmahd gingen Bauer und Knecht in die Sommerfrische, oft in eines der zahlreichen Badlen.

Mit dem September setzte die Haupterntezeit des Winterobstes ein, die im Oktober ihren Höhepunkt erreichte. Daneben fand der Almabtrieb statt, die Kastanien waren aufzulesen, und es erfolgte die Streu- und Schilfmahd. Mit Erdeinführen, Düngen, dem Ersetzen unproduktiver Bäume und der Wartung der Arbeitsgeräte endete das Arbeitsjahr.

Foto: Südtiroler Obstbaumuseum Lana

AUS WIESENBESITZERN WERDEN OBSTBAUERN

Bis zum 1. Weltkrieg wurde der Obstanbau nur im Nebenerwerb betrieben und größtenteils den Obsthändlern überlassen. Erst als diese in den Kriegsjahren keine Arbeiter für die Pflege und Ernte der gekauften Partien fanden, wurde aus Wiesenbesitzern Obstbauern. Diese Entwicklung wurde auch durch die Absatzkrise im Weinbau infolge der Angliederung Südtirols an den Großwein-Produzenten Italien und die guten Erlöse gefördert.

Mit bis zu 140 Centesimi bei den Äpfeln und 210 Centesimi bei den Birnen wurden Ende der 1920er-Jahre Spitzenpreise erzielt, die viele Jahre unerreicht blieben. Bis 1921 stieg die Zahl der gepflanzten Bäume von ca. 3.000 auf rund 100.000 an. Die Exportmengen an Tafelobst erhöhten sich von 10.000 bis 12.000 Tonnen vor dem 1. Weltkrieg auf 40.000 Tonnen im Jahre 1929

Obsthändler als Obstbaupioniere.

Foto: Südtiroler Obstbaumuseum Lana

und weiter auf knapp 100.000 Tonnen im Jahre 1932. Die Südtiroler Obstproduktion hatte sich innerhalb von 15 Jahren fast verzehnfacht!

Dementsprechend wuchs auch die Anbaufläche. 1929 weist die Statistik 7.800 Hektar Apfelwiesen und 7.700 Hektar Birnenanbau auf, wobei bei den Äpfeln nur 5.350 ha als „Reinkultur" und bei den Birnen sämtliche 7.700 ha als Mischkultur aufscheinen. Von den 5.306 ha reinen Apfelanlagen befanden sich 2.806 im Burggrafenamt, 1.940 im Großraum Bozen, 453 im Vinschgau und 107 ha im Eisacktal. 1931 wurden 8.400 Hektar gezählt, von denen 6.000 als Intensivkulturen bezeichnet werden, womit immerhin schon ein Drittel der heutigen Obstbaufläche erreicht war.

„DEM TIROLER OBSTHANDEL GEHÖRT DIE PALME"

Während die Bauern ihre Obstgüter nunmehr selbst bewirtschafteten, lag der Verkauf der Äpfel fast ausschließlich in den Händen privater Obsthändler. Diesen gelang es, das Südtiroler Obst auf dem europäischen Markt zu positionieren und auf den großen Obstausstellungen von Düsseldorf bis nach St. Petersburg einen Preis nach dem anderen einzuheimsen. Schon 1907 war Karl Mader voll des Lobes: „Dem Tiroler Obsthandel gehört wohl die Palme, denn er war es, der die Obstproduktion auf den richtigen Weg geleitet und vor Mißgriffen und Zersplitterung bewahrt hat".

Die größten Handelsfirmen wie Cadsky, Oberrauch, Mahlknecht, Eisenstecken, Kössler usw. hatten ihren Sitz in Bozen und profitierten von den internationalen Verbindungen der Messestadt. Aber auch in den sich langsam herausbildenden Apfeldörfern schossen die Betriebe wie Pilze aus dem Boden. In Lana gab es zum Beispiel bereits vor dem 1. Weltkrieg acht Obsthändler, deren Anzahl sich später noch vermehrte. In den 1920er- und 1930er-Jahren agierten in Südtirol 50 bis 60 größere Obsthandelsbetriebe.

Während bis 1918 Deutschland, Österreich und Russland die Hauptabnehmer des Südtiroler Obstes waren, musste man sich nach dem Krieg neu orientieren. 1934 wurden 51 Prozent der Ware in Deutschland, 22 % in Italien, 12 % in der Schweiz und 5 % in Österreich vermarktet. Auch England, Skandinavien, die Beneluxländer und sogar Ägypten tauchten bereits auf dem Radar des Südtiroler Obsthandels auf.

OBSTGENOSSEN

Bei allen Verdiensten des Obsthandels darf nicht vergessen werden, dass dessen Monopolstellung in der Vermarktung für die Obstproduzenten auch ihre Schattenseiten hatte. Die Bauern waren den Händlern auf Gedeih und Verderb ausgeliefert. Einen Ausweg aus dieser unbefriedigenden Situation bot das traditionsreiche Genossenschaftswesen, das 1881 durch ein eigenes Landesgesetz massiv gefördert wurde. In den letzten Jahrzehnten der k. u. k. Monarchie entstanden im heutigen Südtirol 126 Raiffeisen-Genossenschaftsbanken, ein Dutzend Kellerei- und zahlreiche Sennereigenossenschaften. Am 27. August 1893 erfolgte die Gründung der ersten Obstgenossenschaft, der „Obstproduzentengenossenschaft Meran-Burggrafenamt". 1909 lieferten 109 Mitglieder von Nals bis Latsch 87 Waggon Obst an, das nach Württemberg, Nordtirol, Kärnten, Salzburg, Wien, Ungarn, Böhmen, Mähren, Italien, die Schweiz und Russland ausgeführt wurde. 1894, 1898, 1900, 1901 und 1904 präsentierte die Genossenschaft ihre Ware bei internationalen Obstausstellungen in St. Petersburg, Wien, Paris und Düsseldorf. Erst 28 Jahre später wurde 1921 in Gries die zweite Obstgenossenschaft des Landes gegründet.

Obstgenossenschaften
lösen den privaten Obsthandel ab.

Foto: Schmachtenberger

Nun ging es Schlag auf Schlag: 1923 folgte Zwölfmalgreien, 1924 Eppan, 1926 Lana, 1929 Terlan und Nals, 1933 Gargazon, Kastelbell und Meran. Trotzdem dominierten die privaten Händler noch lange das Obstgeschäft. 1945 wurden 74 Prozent und 1965 immerhin noch 40 Prozent der Apfelernte von ihnen vermarktet.

DER „SCHLEPPER" EROBERT DIE OBSTWIESEN

Nach dem 2. Weltkrieg machte der Südtiroler Obstbau einen weiteren großen Sprung nach vorne. 1951 wurde ein Landesgesetz verabschiedet, das 50 Millionen Lire an Beiträgen im Jahr für die Obstwirtschaft vorsah. Zusammen mit staatlichen Förderungen konnten dadurch zahlreiche Investitionen getätigt werden, die in den 1950er- und 1960er-Jahren zu einer fortschreitenden Mechanisierung im Obstbau führten. In dieser Zeit traten die Traktoren ihren Siegeszug an – ihre Anzahl von stieg von 42 im Jahre 1950 auf 3.771 im Jahr 1961, darunter befanden sich viele Fahrzeuge der Marke Porsche, die am Bodensee hergestellt wurden.

Als Allzweckgerät und Zugmaschine für Anhänger, Mulch- und Sprühgeräte eroberte der „Schlepper" jene Obstwiesen, die an die maschinelle Bearbeitung angepasst wurden und wo sich neben den Hauptsorten Kalterer Böhmer und Champagner Renette die neuen „Amerikaner" Morgenduft, Jonathan und zaghaft auch schon Golden und Red Delicious auszubreiten begannen. Vorherrschend war immer noch die Rundkrone auf Sämlingunterlagen, jetzt allerdings im kleineren Abstand – 7x7 m bzw. 8x6 m.

Im Vergleich zur Vorkriegszeit verdoppelte sich die Anbaufläche bis 1960 auf 12.000 Hektar und die Erntemenge auf 220.000 Tonnen. Der Ertrag pro Hektar wird auf 1 Waggon (10 Tonnen) geschätzt, für 1 kg Äpfel wurden durchschnittlich 100 bis 120 Lire bezahlt. Da eine Arbeitsstunde damals aber nur 180 Lire kostete, konnten in den 1950er- und 1960er-Jahren trotzdem pro Hektar umgerechnet 11.300 € erwirtschaftet werden.

Nach dem 2. Weltkrieg wurde der Traktor zum unverzichtbaren Arbeitsgerät.

Foto: Südtiroler Obstbaumuseum Lana

Noch um 1940 nahmen die „Möser" einen beträchtlichen Teil des Etschtals ein.

Foto: Hugo Atzwanger

DAS ENDE EINER 1.000-JÄHRIGEN ÄRA

Ab der Mitte des 20. Jahrhunderts veränderte sich die Landwirtschaft von Grund auf. Über 1.000 Jahre lang stand das bäuerliche Wirtschaften im Zeichen der Selbstversorgung. Jetzt erfolgte eine Spezialisierung, im Tal zugunsten des Obst- und Weinbaus, in den Berggebieten in Richtung Milchwirtschaft. Dies hatte zur Folge, dass die Kornäcker aus dem Landschaftsbild verschwanden und in den Tallagen die Viehwirtschaft aufgegeben wurde. Diese Umstellung vollzog sich ab den 1950er-Jahren und fand in den 1960er-Jahren ihren Abschluss. Die entstandenen Monokulturen markierten den Beginn des modernen Obstbaus.

Eine weitere radikale Veränderung der Landwirtschaft brachte die chemische Industrie mit sich, die nach dem 2. Weltkrieg den Markt eroberte. In der Schädlingsbekämpfung wurden chemisch-synthetische Mittel wie chlorierte Kohlenwasserstoffe (DDT), Phosphorester und Carbamate vermehrt eingesetzt, die ab 1960 von den bis heute gebräuchlichen Sprühgeräten ausgebracht wurden. Statt Stallmist überschwemmten nun Kunstdünger aus Stickstoff, Phosphor und Kali die Obstwiesen. Die bis dahin vorherrschenden Rundkronen wurden in den 1960er-Jahren durch Palmetten nach Ferrareser Vorbild ersetzt, wodurch sich die Anzahl der Bäume pro Hektar auf etwa 500 verdoppelte. Bis 1970 entstanden ca. 6.000 Hektar Palmettenanlagen. Die Staffeleien ersetzten die „Luanen", der aus Holland eingeführte Pflückeimer die „Tschaggel".

INNOVATIONS- UND INVESTITIONSSCHUB

Die Entscheidung, sich ausschließlich auf den Obstbau zu konzentrieren, hatte einen Innovations- und Investitionsschub zur Folge. Der wachsende Maschinenpark wurde bei dem ab 1962 alle zwei Jahre stattfindenden „Tag der Technik" des Vereins der Absolventen landwirtschaftlicher Schulen präsentiert. Dieser organisiert seit 1954 jedes Jahr auch die Südtiroler Obstbautagung. In den immer größer werdenden Obstmagazinen folgten auf die ersten mechanischen Kalibriermaschinen („Krüger-Sortiermaschine") die Vorläufer der heutigen High-Tech-Anlagen. Um 1970 begann die Großkiste zu 300 kg die Apfelsteige abzulösen.

Vor allem aber revolutionierten neue „Gaszellen" (CA-Zellen) die Lagertechnik. Während Mitte der 1960er-Jahre noch rund ein Drittel der geernteten Äpfel in Normallagern, die Hälfte in Kühllagern und nur 15 % in CA-Lagern aufbewahrt wurden, gehörten die CA-Zellen mit kontrollierter Atmosphäre und niedrigem Sauerstoffgehalt bald zur Standardausstattung der Obstmagazine mit all den bekannten positiven Auswirkungen auf die Sortenwahl und Obstvermarktung.

Die häufigen Ernteausfälle durch die Frühjahrsfröste fanden durch die Frostberegnung ein Ende, die ab 1960 angelegten Tiefbrunnen („Ziggl") stellten auch die Bewässerung der Obstwiesen auf eine neue Grundlage. Durch das Ausdünnen konnten beträchtliche Ertragssteigerungen erzielt werden. Nicht bewährt haben sich die Raketen, mit denen man in den 1950er- und 1960er-Jahren den Hagel zu bekämpfen versuchte.

Die Technik erleichtert die Arbeit.

Foto: Christoph Gufler

WICHTIGE WEICHENSTELLUNGEN

Die wachsende Bedeutung des Obstbaus spiegelt die Zunahme der Anbaufläche von 7.000 Hektar im Jahre 1945 auf 15.000 Hektar im Jahre 1970 wider. Die Erntemenge verdoppelte sich auf 300.000 Tonnen. Die Birnen, die bis zu 16 % der Obsternte stellten, verschwanden ab 1971 von der Bildfläche.

Ab den 1950er-Jahren konnten Beiträge von Land, Region, Staat und der EWG für den Bau von Wirtschaftsräumen, für Bodenverbesserungen und den Ankauf von Maschinen verwendet werden. Der europäische FEOGA-Fond ermöglichte es den Obstgenossenschaften ab 1967 Beiträge von 40–50 % für Magazine, Sortieranlagen, Großkisten u. ä. zu erhalten, ebenso wurden die Hagelschutzversicherungen bezuschusst. Gleichzeitig investierte man massiv in die Aus- und Weiterbildung. 1953 eröffnete das Land Südtirol die Obst- und Weinbauschule Muris-Gries, aus der 1962 die „Fachschule für Obst- und Weinbau Laimburg" mit angeschlossener Landwirtschaft hervorging.

1957 gründeten 17 Obstbauern den Beratungsring für Obst- und Weinbau, der 10 Jahre später 2.000 Mitglieder und 20 Mitarbeiter zählte und seit 1972 vom Land mitfinanziert wird. Unter seinem Langzeitdirektor Hermann Oberhofer entwickelte sich der Beratungsring zum wichtigsten Impuls- und Ratgeber im Obstbau von Pflanzsystemen und Sortenwahl bis zur Schädlingsbekämpfung und Düngung. Die seit 1964 herausgegebene Fachzeitschrift „Obstbau Weinbau" genießt internationales Ansehen.

Hermann Oberhofer – der langjährige Direktor des Beratungsringes für Obst- und Weinbau zählt zu den wichtigsten Impulsgebern im Südtiroler Obstbau.

Foto: Südtiroler Beratungsring für Obst- und Weinbau

DIE „GOLDENEN" 1970ER-JAHRE

Einen ersten und in mehrfacher Hinsicht seitdem nicht übertroffenen Höhepunkt erreichte der Südtiroler Erwerbsobstbau in den 1970er-Jahren. Damals wurden die Obstanlagen auf die bis heute vorherrschenden Dichtplanzungen umgestellt. Anstelle der Palmetten auf Sämling wurden vegetativ vermehrte „Typenunterlagen" verwendet, von denen sich die Unterlage M9 allgemein durchsetzte. Die Anzahl der im Abstand von 1–1,5 Metern in Doppel- und Mehrreihen gepflanzten Bäume erhöhte sich von 400–500 auf 2.000–3.000 pro Hektar, eine Baumhöhe von 2–2,5 Metern ermöglichte es zudem, alle Arbeiten ohne Steighilfen durchzuführen.

Mehr Bäume produzieren mehr Äpfel, sodass die Produktion von 300.000 auf 500.000 Tonnen anstieg. Wesentlichen Anteil am Quantensprung im Südtiroler Obstbau in den 1970er-Jahren hatte die Sorte Golden Delicious, die sich vor Morgenduft, Jonathan und Red Delicious zum Aushängeschild der Südtiroler Obstwirtschaft entwickelte. 1972 nahm sie einen Anteil von 36 % und 1980 von 51 % der Obsternte ein. Jahrzehntelang war jeder 2. Apfel in Südtirol ein „Golden".

Vor allem waren es die Erlöse, die die 1970er-Jahre vergoldeten. Mit umgerechnet 81 Cent pro Kilogramm und einem Brutto-Hektarerlös von rund 21.700 € (laut Kurt Werth) waren dies die besten Südtiroler Obstjahre überhaupt, wobei noch dazu kommt, dass die Produktionskosten bedeutend geringer waren als heute. Im Spitzenjahr 1977 konnten sogar 40.000 € pro Hektar erwirtschaftet werden.

50 Jahre lang war jeder zweite Apfel in Südtirol ein Golden Delicious.

Moderne Obstanlage.

Foto: Christoph Gufler

DER ERFOLG HIELT AN

Auch wenn die Erlöse von 1980 bis 1990 mit 18.300 € pro Hektar etwas zurückgingen, so änderte dies nichts daran, dass der Obstbau mittlerweile definitiv zum wichtigsten Sektor in der Landwirtschaft aufgestiegen war. Mit 56 % der gesamten Wertschöpfung von 360 Milliarden Lire hatte der Obstbau 1980 die Viehwirtschaft und den Weinbau deutlich hinter sich gelassen. Die Anbaufläche stieg auf 17.000 Hektar, die Jahresernte auf 600.000–700.000 Tonnen an.

Die Südtiroler Baumschulen verdoppelten ihre Produktion von 1980 bis 1990 auf 2 Millionen Jungbäume. Versuche mit der Superspindel-Wuchsform, wodurch bis zu 20.000 Bäumchen auf einem Hektar Platz fanden, erwiesen sich als nicht nachhaltig. Die damals eingeführten elektronischen Temperaturmessungen stellten eine große Erleichterung in der Frostbekämpfung dar. Als Frühapfel löste der Gala den bisher weitverbreiteten Jonathan ab, auch andere Sorten wie Braeburn, Granny Smith, Jonagold, Gloster, Idared, Fuji und Elstar wurden mit mehr oder weniger gutem Erfolg angepflanzt. Das 1975 gegründete Versuchszentrum Laimburg prüfte die neuen Sorten auf ihre Tauglichkeit für den hiesigen Anbau. Dieser Forschungseinrichtung verdankt der Südtiroler Obstbau in allen Bereichen – von den Sorten und Anbauformen über die Bodenpflege, Düngung und den Pflanzenschutz bis zur Lagertechnik – grundlegende Impulse.

Die fachliche Ausbildung der Obstbauern wurde 1980 um die fünfjährige landwirtschaftliche Oberschule mit Matura in Auer ergänzt.

NEUE WEGE IM PFLANZENSCHUTZ

Schon in den 1970er-Jahren begannen sich die Grenzen und Schattenseiten der nach dem 2. Weltkrieg in der Schädlingsbekämpfung eingesetzten chemischen Wunderwaffen abzuzeichnen. Neue biologische Erkenntnisse ebneten den Weg zum integrierten Pflanzenschutz. 1988 wurde auf Initiative des Südtiroler Beratungsrings und seines Leiters Hermann Oberhofer die Arbeitsgruppe für den integrierten Anbau, kurz AGRIOS genannt, gegründet. 1991 befolgten bereits 85 Prozent der Südtiroler Obstbauern die ausgearbeiteten Richtlinien, die 1990 Eingang in ein eigens dafür erlassenen Landesgesetz gefunden hatten. Das Neue dabei war, dass man den bisher üblichen chemischen Rundumschlag durch eine ganzheitliche Vorgangsweise ersetzte, bei dem das gesamte Ökosystem mit Schädlingen und Nützlingen berücksichtigt wird. Es zeigte sich, dass nützlingsschonende Spritzeinsätze, kombiniert mit chemiefreien Bekämpfungsmethoden, zu besseren Ergebnissen führen als die chemische Keule.

Erste Erfolge bei den Spinnenmilben, die Verbesserung des Schorfwarndienstes, vor allem aber die Einführung der Verwirrungsmethode beim Apfelwickler ab 1995 führten dazu, dass bald nahezu alle Obstbaubetriebe auf den integrierten Pflanzenschutz umstiegen.

Der biologische Anbau kommt hingegen gänzlich ohne Chemie aus. Er umfasste 1993 ca. 50 Betriebe mit 138 Hektar, war 2008 auf 282 Betriebe mit 910 Hektar angewachsen und nahm 2020 mit 2.520 Hektar knapp 14 % der Obstbaufläche und 8,6 % der Ernte ein.

Von der Chemie zum integrierten Pflanzenschutz

Foto: Südtiroler Obstbaumuseum Lana

Foto: Christoph Gufler

Früher beherrschten die Burgen das Ortsbild, heute sind es vielfach die Obstmagazine.

HIGH-TECH BEI ERNTE UND LAGERUNG

Mit 18.500 Hektar, 850.000 Tonnen Ernte und 8.000 Betrieben näherte sich der Obstbau in Südtirol zu Beginn des neuen Jahrtausends dem heutigen Stand. Dies gilt auch für die technische Ausstattung. Bereits in den 1990er-Jahren hielten selbstfahrende Hebebühnen und Handwagen sowie vollautomatische Erntemaschinen mit Förderbändern und Kistenfüllern Einzug in die Apfelwiesen.

Ab 2000 wurde nahezu jeder Betrieb mit diesen High-Tech-Arbeitsgeräten ausgestattet, die den Baumschnitt, das Ausdünnen und die Ernte wesentlich erleichtern. Die meisten dieser Maschinen sowie die Sprüher wurden von Südtiroler Obstbauern und Tüftlern entwickelt. Die kostenintensiven Sortieranlagen in den Obstmagazinen kamen hingegen aus Holland und Amerika. Erste Geräte mit Gewichtskalibrierung und Förderbändern tauchten in den 1970ern und 1980ern in Südtirol auf. Eine Neuerung war auch die Sortierung der Äpfel in Wasserkanälen.

Heute verfügen die Anlagen über bis zu 75 Wasserkanäle, in denen die Äpfel unter Einsatz von Kameras und Infrarotaufnahmen nach Farbe, Größe und Schalenfehlern sortiert werden. Die zunehmende Ausstattung der Magazine mit Hochregallagern stellt eine willkommene

logistische Verbesserung dar. Auch die Lagertechnik entwickelte sich weiter. Die Kühl- und CA-Zellen wurden um 1-MCP-Lager ergänzt, wo Ethylenhemmer die Lagerfähigkeit verlängern. Den letzten Schritt stellt die dynamisch kontrollierte Atmosphäre (DCA) dar, bei der kein Chemieeinsatz mehr erforderlich ist. Eine erhebliche Wassereinsparung bringt die Umstellung von Kronen- bzw. Oberflächenregnern auf Tropfbewässerung mit sich.
5.400 Betriebe sind gegen Hagelschäden versichert, während Hagelnetzte ca. 25 % der Obstbaufläche bedecken.

EUROPÄISCHE SPITZE

Südtirol zählt heute zu den hochentwickeltsten Obstbaugebieten der Welt. Anbau, Sortenspiegel, Lagertechnik bzw. -kapazität, Forschung, Beratung und Vermarktung befinden sich auf Spitzenniveau. Mit rund 19.000 Hektar stellt Südtirol das größte zusammenhängende Apfelland Europas dar. Die Jahresernte von rund einer Million Tonnen entspricht 50 % der italienischen und 10 % der europäischen Produktion.

Ohne Fleiß, kein Preis.
Zeichnung von Rainer Kainrath.

Foto: Christoph Gufler

Seit 1998 findet alle zwei Jahre die internationale Apfelmesse „Interpoma" mit 500 Ausstellern und 20.000 Besuchern aus 70 Nationen statt. Der Südtiroler Beratungsring für Obst- und Weinbau beschäftigt 50 Fachleute in 7 Bezirksbüros. Im Versuchszentrum Laimburg sind über 200 ExpertInnen in der Forschung und Entwicklung tätig.

Ein Alleinstellungsmerkmal des Südtiroler Obstbaus stellt das Genossenschaftswesen dar. 93 Prozent der Produzenten gehören einer Obstgenossenschaft an. Die Anzahl der Obstgenossenschaften wurde im Laufe der Jahre von 68 auf 19 reduziert, von denen 7 der VI.P und 12 der VOG angehören. Die zwei Vermarktungsorganisationen VOG und VI.P beliefern weltweit über 50 Länder mit Südtiroler Äpfeln. Die wichtigsten Abnehmer sind zur Zeit Italien (40,5 %), Spanien (13 %), Deutschland (7 %) und Saudi Arabien (6 %).

Im Jahre 2000 entstand das Südtiroler Apfelkonsortium mit den Marken „Südtiroler Apfel g.g.A", „Marlene®" und „Vinschgau". Das 2002 ins Leben gerufene Sortenerneuerungskonsortium ermöglicht den Zugang zu Clubsorten wie Pink Lady®, Kanzi®, Envy®, Cosmic Crisp® und andere, die 2023 mit 2.224 Hektar 12 % der Anbaufläche einnahmen. Die Hauptsorten sind Golden Delicious (27 %) und Gala (21,5 %). Bei den Neuanpflanzungen liegen Gala und Pink Lady® vorne. Die durchschnittlichen Auszahlungsspreise beliefen sich von 2000 bis 2020 auf 50 Cent pro Kilogramm Äpfel.

VERWENDETE LITERATUR

Alexander, Helmut: Durch Eintracht und Gemeinschaftssinn, Bozen/Wien 1994.

Christoph, Willy: 50 Jahre Beratungsring für Obst- und Weinbau – eine Erfolgsgeschichte. In: Obst- und Weinbau im Wandel der Zeit, Lana 2007.

Ciacomoni, Fabio: L'Istituto Agrario di S. Michele all'Adige, S. Michele all'Adige 1994.

Drahorad, Wolfgang: Apfelland Südtirol. Südtiroler Apfelkonsortium (Hrsg.), Eppan 2010.

Drahorad, Wolfgang: Obstbau in Terlan, Bozen 1986.

Gufler, Christoph: Der Südtiroler Apfel, Bozen 2013.

Haider, Friedrich: Tiroler Brauch im Jahreslauf, Innsbruck 1985.

Huber, Bertrand: Ist malum gleich malum. In: 1.000 Jahre Lana, Lana 1990.

Kiem-Stickler, Matthias: Rückblick auf den Obstbau in Algund. In: 35 Jahre Burggräfler Obstgenossenschaft, Meran 1992.

Kiem, Toni: 25 Jahre Südtiroler Obst- und Weinbau. In: Obst- und Weinbau, 1982.

Kiem, Toni: Die Gründung der Agrios. In: Obst- und Weinbau im Wandel der Zeit, Lana 2007.

Mader, Karl: Der Obstbau, die Obstproduktion und der Obsthandel in Tirol, Bozen 1904.

Maier, Alois: Der Obstbau in Südtirol in seinen Entwicklungsphasen, Bozen 1924.

Mantinger, Hermann: Entwicklung des Kernobstbaues in den letzten 50 Jahren. In: Obst- und Weinbau im Wandel der Zeit, Lana 2007.

Martini, Silvio: Geschichte der Pomologie in Europa, Bern 1988.

Oberhofer, Hermann: Der Obstbau in Lana. In: Lana – Vergangenheit und Gegenwart, Lana 1985.

Oberhofer, Hermann: Lana: Die Apfelhauptstadt Südtirols. In: 1.000 Jahre Lana, Lana 1990.

Oberhofer, Hermann: Zur Geschichte des Südtiroler Obstbaus. In: Obst- und Weinbau im Wandel der Zeit, Lana 2007.

Obst- und Weinbau – Fachzeitschrift des Südtiroler Beratungsringes für Obst- und Weinbau.

Österreicher, Josef: Dichtpflanzungen – die bislang letzte Stufe der Entwicklung. In: Obst- und Weinbau im Wandel der Zeit, Lana 2007.

Pohl, Johann Jakob: Pomologie oder kurze Anleitung zur Obstbaumzucht, Bozen 1831.

Schirmer, Wilhelm: Die Obstgenossenschaften in Südtirol, Bozen 1968.

Staffler, Franz: 100 Jahre Wein-, Obst- und Gartenbauverein, Bozen 1984.

Staffler, Johann Jakob: Tirol und Vorarlberg, Innsbruck 1847.

Stolz, Otto: Die Ausbreitung des Deutschtums im Lichte der Urkunden, Bozen 1975

Stolz, Otto: Rechtsgeschichte des Bauernstandes und der Landwirtschaft, Bozen 1949.

Tarneller, Josef: Die Hofnamen im Burggrafenamt, Wien 1911.

Tschirner, Rainer: 25 Jahre Obst- und Weinbauschule Laimburg, Eppan 1988.

Votteler, Willi: Verzeichnis der Apfel- und Birnensorten, München 1993.

Weber, Beda: Das Land Tirol, Innsbruck 1838.

Wein-, Obst und Gartenbauverein Bozen (Hrsg.): 125 Jahre Wein-, Obst und Gartenbauverein Bozen, Bozen 2009.

Weiss, Harald: Baumschulwesen: Durch Intensivierung wirtschaftlicher Aufwind. In: Obst- und Weinbau im Wandel der Zeit, Lana 2007.

Werth, Kurt: Der Südtiroler Obstbau in Zahlen. Südtiroler Beratungsring für Obst- und Weinbau (Hrsg.), 1993.

Werth, Kurt: Erträge und Erlöse im Obstbau, Obst- und Weinbau im Wandel der Zeit, Lana 2007.

Werth, Kurt: Südtiroler Obstbaugeschichte(n), Neumarkt 2022.

Wolkenstein, Marx Sittich von: Landesbeschreibung von Südtirol (um 1615), Innsbruck 1936.

Zuegg, Karl: Lana in seinen Beziehungen zum Obstbau. In: Lana – dessen Entwicklung, Volks- und Wirtschaftsleben, Lana 1941.

Foto: Baumschule Gruber Genetti

Entwicklung des Kernobstsortiments von den Anfängen bis Ende der 1990er-Jahre

DAS KERNOBST IM 18. UND 19. JAHRHUNDERT

HERMANN MANTINGER

HERMANN MANTINGER

Entwicklung des Kernobstsortiments von den Anfängen bis Ende der 1990er-Jahre

DAS KERNOBST IM 18. UND 19. JAHRHUNDERT

Äpfel, Birnen und andere Obstarten wurden in Südtirol schon seit frühesten Zeiten produziert. Doch nicht nur in den Klöstern und Adelssitzen, sondern auch auf den Südtiroler „Zinshöfen" der verschiedenen Klöster Bayerns und Österreichs (z. B. Benediktbeuern, Wessobrunn, Tegernsee, Freising, St. Emmeram u. a) befanden sich Obstgärten, wie zahlreiche Urkunden bezeugen. Dieses Obst wurde vorerst nur im Hausanger, den sogenannten Baumgärten (pawngart) angepflanzt und diente vorwiegend dem Eigengebrauch.

An dieser Stelle soll nicht auf die vielen historischen Sorten eingegangen werden, die im Pelzbüchlein von Hans Haring (um 1500) oder in der Landesbeschreibung von Marx Sittich von Wolkenstein (1615) bzw. in der Ostbaumzählung 1755 auf der Churburg, Schluderns und von anderen Autoren vor dem 18. Jahrhundert genannt wurden.

Was das Kernobstsortiment ab 1800 betrifft, sei in erster Linie auf das Merkheftchen mit dem Titel „Pomologie oder kurze Anleitung zur Obstbaumzucht" hingewiesen, das der Direktor der Kreishauptschule in Bozen, Johann Jakob Pöll, im Jahre 1831 veröffentlichte. Darin werden bereits 21 Birnensorten und 18 Apfelsorten aufgezählt. Einige der bekanntesten Apfelsorten waren: Maschanzger, Taffetäpfel, Zwiebeläpfel, Lederäpfel, Weißer und roter Rosmarin, Böhmer

(Böheimer), Köstlicher (Lasserolapfel), Blattlingäpfel, Härtling, Jakobi- oder Frühäpfel und andere. Vom reichhaltigen Birnensortiment, zum Beispiel Sommerzitroni, Winterzitroni, Muskatell, Isenbart, Putzbirn, Kaiserbirn, Grummetbirn, Bergamott und andere, verblieben noch bis weit nach dem 2. Weltkrieg die Sorten Grummetbirne, Sommer- und Winterzitrone, Muskatellerbirne und Bergamottbirne. Pöll erwähnt zudem, dass der Obstbau in Südtirol bzw. in der Bozner und Meraner Gegend um 1800 und auch noch später eine große Mannigfaltigkeit aufwies und nicht nur für die Versorgung des Landes, sondern bereits für den Export eine ziemliche Bedeutung erlangt hatte. Vor allem in guten Jahren wurde Obst in bester Qualität nach München, Wien und sogar nach Russland exportiert, obwohl es noch keine Eisenbahn gab.

Am 10. Mai 1838 wurde der „k u. k. Landwirtschaftliche Verein für Tirol und Vorarlberg" gegründet. Hauptaufgabe des Vereins war „die Verbreitung landwirtschaftlicher Kenntnisse jeglicher Art in ganz Tirol und die bestmögliche Förderung der Agrarwirtschaft" [1]. Neu war nun, dass neben den adeligen und anderen Grundherren, die ihr Land traditionsgemäß nicht selbst bearbeiteten, auch zahlreiche Priester und Volksschullehrer Mitglieder der Landwirtschaftsgesellschaft waren. In verschiedenen Teilen des Kronlandes Tirols entstanden als Ableger des Landwirtschaftsvereins „Filialvereine", so auch bereits im Jahre 1839 einer in Bozen. Großen Wert legte dessen Vereinsleitung auf die Errichtung von Rebschulen. Es wurde aber auch beschlossen, sofort eine Art Baumschule – wohl eher einen landwirtschaftlichen Probegarten – zu errichten, um verschiedene Sorten von Äpfeln, Birnen, Zwetschgen und andere Obstarten zu sammeln. Diese Bäume dienten auch zur Gewinnung von Edelreisern für die Veredelung und Erzeugung von Jungbäumen.[2] Die verschiedenen Obstarten und -sorten wurden vor allem aus dem Ausland bezogen, so zum Beispiel aus der Baumschule des kaiserlichen Lustschlosses Schönbrunn in Wien, aus den pomologischen Gärten des Dr. G. Liegel in Braunau, aus der Hohenheimer Schule bei Stuttgart und anderen. Interessant und für die damalige Situation sehr fortschrittlich war die Tatsache, dass in der genannten Broschüre von verschiedenen Sorten bereits eine genaue Beschreibung der Früchte und des Baumes sowie eine Empfehlung für den Anbau bzw. für deren Anbaulagen gegeben wurde.

Einen entscheidenden Einfluss auf die Entwicklung des Obstbaus in Südtirol und dem Trentino (Welsch-Tirol) übte die im Jahre 1874 gegründete „Landeslehr- und Versuchsanstalt in San Michele a. d. Etsch" aus. In der 4,74 Hektar großen Baum- und Rebschule befand sich ein Quartier mit einem reichhaltigen Kernobstsortiment (164 Apfel- und 163 Birnensorten) und weiteren

1 Staffler F. u .a. 2009, Leonardi A. 2009.
2 Vgl. Staffler F. u. a. 2009, Leonardi A. 2009.

Obstarten, auch für die Gewinnung von Edelreisern. Ca. 6.000–7.000 Jungbäume wurden pro Jahr verteilt.[3] Bis zum Ersten Weltkrieg gelangten so über 80.000 Jungpflanzen der bereits erwähnten verschiedenen Apfel- und Birnensorten Südtirolweit in Umlauf[4].

Der Landwirtschaftsverein wurde in der außerordentlichen Hauptversammlung am 25. Oktober 1884 in Wein-, Obst- und Gartenbauverein umbenannt – diesen Namen behielt er bis zum heutigen Tag bei. Gemeinsam mit der Handelskammer Bozen, dem Landwirtschaftsverein und später mit dem Wein-, Obst- und Gartenbauverein Bozen nahmen auch die Südtiroler Obsthändler an den verschiedenen nationalen und internationalen Obstausstellungen teil – sie stellten das Obst bereit und wirkten entscheidend mit. Die ersten Ausstellungen fanden bereits in den Jahren 1852 und 1853 statt, weitere folgten von 1864 bis 1908.

Aus den Unterlagen bezüglich des Kernobstsortiments ist zu erkennen, dass um die Mitte des 19. Jahrhunderts der Weiße Rosmarin als der Tiroler Apfel schlechthin galt. Bald kamen der Edelrote, die Ananas Reinette, die Goldparmäne, der Herbst- und Wintertaffeter, verschiedene Reinetten, der Rosenapfel und die Kaiser-Alexander-Birne, die erstmals um 1850 auftauchte, dazu. Aus der Edelreisnachfrage im Vereinsgarten des Landwirtschaftsvereins in Bozen geht hervor, dass ca. 60 % der abgegebenen Edelreiser auf die Sorten Weißer und Roter Rosmarin, Maschanzger, Goldparmäne und Böhmer fielen. Beim Angebot von Jungbäumen (Baumschulkatalog 1856/57) wurde erstmals die Sorte Kalterer Böhmer genannt, die vermutlich als Mutation aus der Böhmer-Familie entstanden ist. Die ersten vereinzelten Morgenduftanlagen wurden um die Jahrhundertwende, die ersten Jonathanbäume um 1911 gepflanzt. Die Sorte „Weißer Winter Calville" wurde ab 1880 angepflanzt, meist auf der schwachwachsenden Unterlage, dem „Paradies- oder Johannis-Apfel".

In Meran und Umgebung entstanden die ersten Calville-Anlagen als Zwergobstbau. Dieser gärtnerische Obstbau wurde fast ausschließlich von städtischen und adeligen Gutsherren betrieben, denn solche Anlagen erforderten eine intensive gärtnerische Pflege.

1890 waren nach A. Meier (1923) bereits 63.000 Zwergbäume gepflanzt. Im Jahre 1889 entstand die „Meraner Calville Export-Gesellschaft GmbH", die im Jahre 1892 in Untermais ein eigenes Lager- und Versandmagazin baute. Die Gesellschaft bestand aus drei Mitgliedern, die insgesamt 6 Hektar Calville-Intensivanlagen mit insgesamt 25.000 Bäumen besaßen. Das waren bereits damals über 4.000 Bäume pro Hektar.[5] Die Spitzenware

3 Vgl. Mader K. 1894.
4 Vgl. Giacomoni F. 1994, S. 138.
5 Vgl. Mader K. 1894.

dieser Sorte und auch vom Weißen Rosmarin gingen nach München und besonders an die Kaiserhöfe nach Wien und Berlin, ja bis zum Zarenhof nach Sankt Petersburg. Mit dem Ende des Ersten Weltkriegs schied diese vornehme Kundschaft als Abnehmer aus. In der Folge sanken die Preise dieser Sorte zwischen 1928 und 1938 auf durchschnittlich 1,90 Lire/kg mit Preisschwankungen von rund 290 %[6], sodass die sehr pflegebedürftigen Calville-Anlagen nacheinander gerodet wurden. Damit war die „Goldene Ära" dieser Sorte, die man auch als „König der Äpfel" bezeichnete, vorbei.

DIE OBSTBAUSITUATION ZWISCHEN 1900 UND 1920

Im Laufe der Jahre wurden weiterhin viele Sorten verbreitet und es kam zwischen 1900 und dem Ersten Weltkrieg schließlich zu einem derartigen Sortenwirrwarr, dass sich weder die Produzenten noch die Exporteure zurechtfinden konnten. Die Vielzahl an Sorten in den Haus- und Obstgärten war für den Eigenbedarf sicherlich von großem Vorteil. Aber mit dem Aufkommen eines bestimmten Marktes war diese Sortenvielfalt nur hinderlich.

Um den Obstbau zu fördern und das Kernobstsortiment besser an den Markt anzupassen, wurde vom Kulturrat in Innsbruck im Jahre 1904 ein Förderungsprogramm zusammengestellt, für dessen Durchführung in den einzelnen Zonen Obstbau-Wanderlehrer eingestellt wurden. Die Betreuung dieser Lehrer wurde der Direktion der Landeslehr- und Versuchsanstalt in San Michele übertragen. Erwähnenswert ist auch, dass in der Folge zahlreiche Obstbauvereine entstanden sind und in einzelnen Tälern Distriktbaumschulen gegründet und zahlreiche Wanderkurse abgehalten wurden.

Mit dem Ausbruch des Ersten Weltkriegs brach für den Obstbau eine schwere Zeit an. Die zahlreichen Vereins- und Privatbaumschulen, die bisher jährlich ungefähr 40.000 bis 50.000 fertige Pflanzen lieferten, konnten wegen mangelnder Nachfrage nicht mehr weiterbestehen. Zudem fehlten die Mittel zur Bekämpfung der verschiedenen Krankheiten und Schädlinge, worunter am meisten jene Obstbaubetriebe zu leiden hatten, die den aufwendigen Zwergobstbau betrieben und zudem Sorten im Anbau hatten, die stärker schorf- und mehltauanfällig waren, zum Beispiel Weißer Winter-Calville, Weißer Rosmarin, Edelroter und andere. Dies hatte zur Folge, dass sich besonders die Calville-Bestände deutlich reduzierten und laut Meier (1924) gegen Kriegsende nur noch ca. 30 Hektar ausmachten.

6 Vgl. R. Ruatti, 1940.

DAS KERNOBSTSORTIMENT IN DEN JAHREN VON 1920 BIS 1945

Nach der Eingliederung Südtirols in den italienischen Staat hatte vor allem der Weinbau sehr zu leiden und der Absatz von Wein wurde immer schwieriger. Viele Rebanlagen, besonders in den tieferen Lagen, wurden daher gerodet und diese Flächen mit Äpfeln, insbesondere mit frühreifenden Apfelsorten, bepflanzt. Diese erzielten relativ gute Preise. So gewannen der Gravensteiner und die Goldparmäne zunehmend an Bedeutung. Auch die Sorten Kalterer Böhmer und Champagner Renette wurden häufig angepflanzt, wofür immer mehr bisher für die Heugewinnung genutzte Wiesenflächen verwendet wurden. Die Pflanzabstände für die hochstämmigen, hohen Rundkronen auf der Sämlingsunterlage betrugen vorerst 8–10 x 10 bis 10 x 20 m, nachdem die Grasnutzung für die Viehwirtschaft noch vorherrschend war. Im Jahre 1929 gab es nach A. Meier (1934) insgesamt 7.800 Hektar Apfelanbau (davon 5.350 Hektar Reinkultur) und 7.700 Hektar Birnenanbau, meist in Mischkultur mit Äpfeln. Birnen wurden vielfach auch nur an den Grenzen der Felder angepflanzt.

Immer wieder gab es rege Diskussionen bezüglich der amerikanischen Sorten Jonathan, Winesap und Morgenduft. Diese wurden bereits in den 1920er- und 1930er-Jahren vor allem in tieferen Tallagen gepflanzt, sie wurden aber vorerst nur zögerlich verbreitet. Stark Delicious war ab 1928 ebenso unter den neuen Sorten zu finden, wurde aber von den Fachleuten sowie auch von den offiziellen Stellen kaum beachtet.

Nach dem Ersten Weltkrieg kam es mit der Empfehlung von 15 Apfel- und 10 Birnensorten das erste Mal zu einer größeren Sortenbereinigung.[7] Dabei wurden je nach Anbauzone folgende Sorten empfohlen:

> **Apfelsorten:** Kalterer Böhmer, Gravensteiner, Champagner Renette, Goldparmäne, Kanada Renette, Ananas Renette, Spitzlederer, Taffeter, Morgenduft, Jonathan und Wagner.
>
> **Birnen:** Sommermuskateller, Williams Christ, Kaiser Alexander, Triumph von Vienne, Gute Luise, Hardenpont Butterbirne, Sommerzitrone, Winterdechant, Pastorenbirne und Clairgeau.

Unter diesen befanden sich auch noch die altbekannten, aber längst schon altmodisch gewordenen Apfelsorten, zum Biespiel Köstlicher, Weißer Rosmarin, Roter Rosmarin, Edelroter, Edelböhmer, Maschanzger und andere. Ein Vierteljahrhundert zuvor war der Südtiroler Obstbau mit diesen Sorten berühmt geworden. Das neue Sortiment bestimmte aber nun bis in die 1950er-Jahre den regionalen Obstbau.

Interessanterweise sprach bis Mitte 1930 noch niemand, oder kaum jemand über die später für unser Anbaugebiet so wichtige Spitzensorte Golden Delicious. Die ersten Bäume dieser Sorte wurden nach mündlicher Überlieferung von Herrn Karl Zuegg 1933

7 Vgl. A. Meier, 1920.

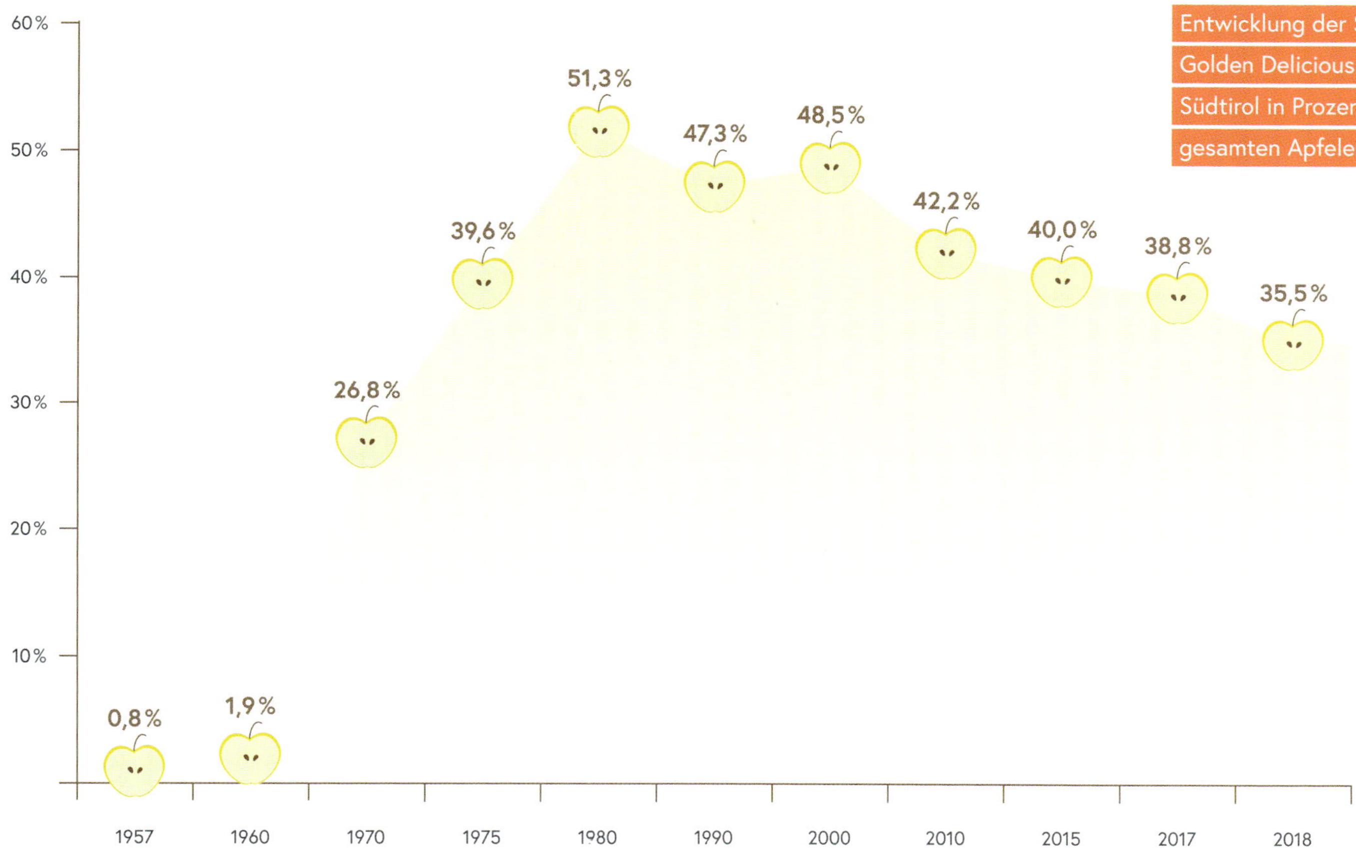

Entwicklung der Sorte Golden Delicious in Südtirol in Prozent der gesamten Apfelernte.

in einer seiner Wiesen in Lana gepflanzt. Edelreiser gelangten durch ihn im Jahre 1935 nach Latsch, wo die Firma Zuegg einen Sitz hatte. Diese fruchtbare, qualitativ hochwertige und gegen die Spätfröste relativ widerstandsfähige Sorte hat sich aber bis Anfang der 1950-Jahre kaum weiter ausgebreitet. Die damals eingesetzten harten Spritzmittel (Kupfer u. a.) vertrug Golden Delicious nicht (es kam immer wieder zu starken Fruchtberostungen). Der damalige zu schwache Schnitt und das Fehlen der Fruchtausdünnung taten ihr Übriges (Alternanz und kleine Früchte). Erst mit dem Aufkommen der organischen Fungizide nach dem Zweiten Weltkrieg, einem stärkeren Fruchtholzschnitt und der sich später verbreitenden Fruchtausdünnung änderte sich diese Situation, vor allem ab 1960, schlagartig. Die Entwicklung der Produktionsmenge dieser Sorte in Südtirol im Laufe der folgenden Jahre zeigt die obige Grafik deutlich.

NEUBEGINN DES OBSTBAUS NACH DEM ZWEITEN WELTKRIEG

Mit Ende der 1940er-Jahre und vor allem in den 1950er-Jahren begann sich das Kernobstsortiment in Südtirol deutlich zu verändern. Nach einer Erhebung des Baumschulbestandes in den heimischen Baumschulen von 1949[8] standen damals Kalterer Böhmer mit 27,8 % und Champagner Renette mit 23,7 % weitaus an der Spitze des Apfelsortiments. Deutlich zurück mit rund 4–6 % lagen die Sorten Winter Winesap, Wagner, Jonathan und Golden Delicious und mit 3,4–1,2 % bildeten Kanada Renette, Goldparmäne und Gravensteiner das Schlusslicht.

1953 empfahl August Felderer folgendes Hauptsortiment für die Erstellung von Neuanlagen, wobei die Sortenanpassung damals auch über massive Umveredlungsaktionen (umpelzen) erfolgte:

> **Apfelsorten:** Morgenduft, Jonathan, Stark Delicious, Winesap, gefolgt von Kalterer Böhmer, Champagner Renette und Gravensteiner. Dazu kamen noch Sorten von zweitrangiger Bedeutung wie Kanada Renette, Golden Delicious, Schöner von Boskoop und andere. Interessant, dass Jonathan zwar schon in den 1920er-Jahren im Sortiment aufgenommen wurde[9], sich aber in der Folge nur sehr langsam verbreitete. Die Sorte hatte immer wieder Schwierigkeiten mit der Qualität und besonders mit der Haltbarkeit, so dass sie in der Folge verstärkt gerodet wurde.
>
> **Birnensorten:** Kaiser Alexander, Williams Christ, Hardenponts Winterbutterbirne, Sommerzitrone und Pastorenbirne.

Es überrascht, dass die Sorte Golden Delicious in den Empfehlungen 1953 noch unter den Sorten von „zweitrangiger Bedeutung" geführt wurde. Es mussten noch einige Jahre vergehen, bis sie die Auszahlungspreise der bisherigen beiden Hauptsorten Kalterer Böhmer und Champagner Renette übertraf, wie die Zahlen einer Obstgenossenschaft im Mittelvinschgau beweisen (Tabelle 1).

In den Jahren 1955 bis 1960 wurden in Südtirol im Durchschnitt zwischen 203.000 und 262.000 Tonnen Äpfel sowie 44.000 bis 56.000 Tonnen Birnen produziert.
Die wichtigsten Sorten waren: *Kalterer Böhmer* (27–33 %), *Champagner Renette* (ca. 18 %), *Morgenduft* (12–16 %), *Gravensteiner* (11–14 %), *Goldparmäne* (4,5–5,7 %), *Kanada Renette* (5,3 %), *Jonathan* (3,6–6,4 %), *Winesap* (1,8–3 %), *Golden Delicious* (0,5–1,9 %), *Red Delicious* (0,7–1,1 %). Alle weiteren Sorten folgten mit unbedeutenden Mengen.

8 Vgl. Felderer, 1949.
9 Vgl. Meier A. 1920.

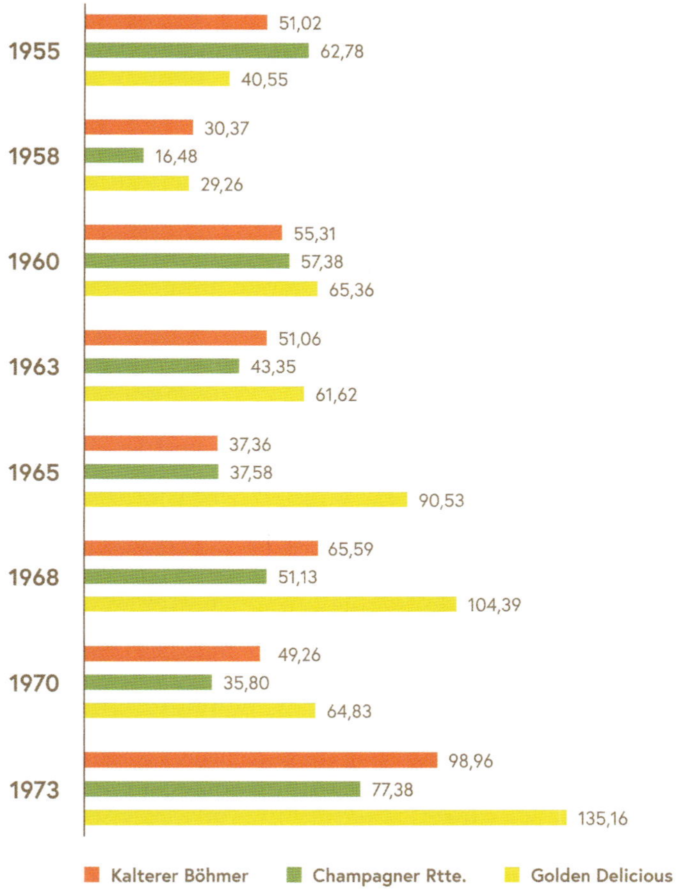

Tabelle 1: Auszahlungspreise in Lire pro kg.

Die Hauptsorten der Birnen waren: *Williams Christ* (42–45 %), *Kaiser Alexander* (ca. 30 %), *Muskateller* (4,4–5,7 %), *Hardenponts Winterbutterbirne* (3,6–4,6 %), *Triumph von Vienne* (3,9–4,3 %) und weitere Sorten von geringerer Bedeutung.

Damit fielen Ende der 1950er- bzw. Anfang der 1960er-Jahre von der gesamten Apfelproduktion 75 % auf die vier Sorten Kalterer Böhmer, Champagner Renette, Morgenduft und Gravensteiner. Dazu kamen in der Folge die qualitativ hochwertigen Welthandelssorten Golden Delicious, Jonathan und Red Delicious, die zumindest in den 10 Jahren zuvor etwas verstärkt im Anbau berücksichtigt wurden. August Felderer wies in einer Veröffentlichung 1961 darauf hin, dass viele Obstanlagen mit dem Sortengemisch längst überholt seien und die Produktionsleistung auf der Fläche von 12.000 Hektar mit 250.000 bis 280.000 Tonnen (ca. 20 Tonnen pro Hektar) absolut zu niedrig sei. Daher sollte vor allem das Sortiment schnellstens erneuert werden.

Für eine Sortenerneuerung war auch ein weiterer Faktor von entscheidender Bedeutung. Anfang der 1960er-Jahre wurden die ersten CA-Lager gebaut. Dies brachte vor allem für die Sorten Jonathan, Red Delicious, Golden Delicious und Morgenduft große Vorteile. Diese Sorten konnten nun zum Teil bis in das späte Frühjahr, Golden Delicious sogar bis in den frühen Sommer des nächsten Jahres gut gelagert und somit noch relativ frisch auf den Markt gebracht werden. Andererseits bedeutete dies für die bisherigen Lagersorten Kalterer Böhmer, Champagner Renette und andere das Aus, denn diese konnten geschmacklich mit den neuen Sorten nicht mithalten.

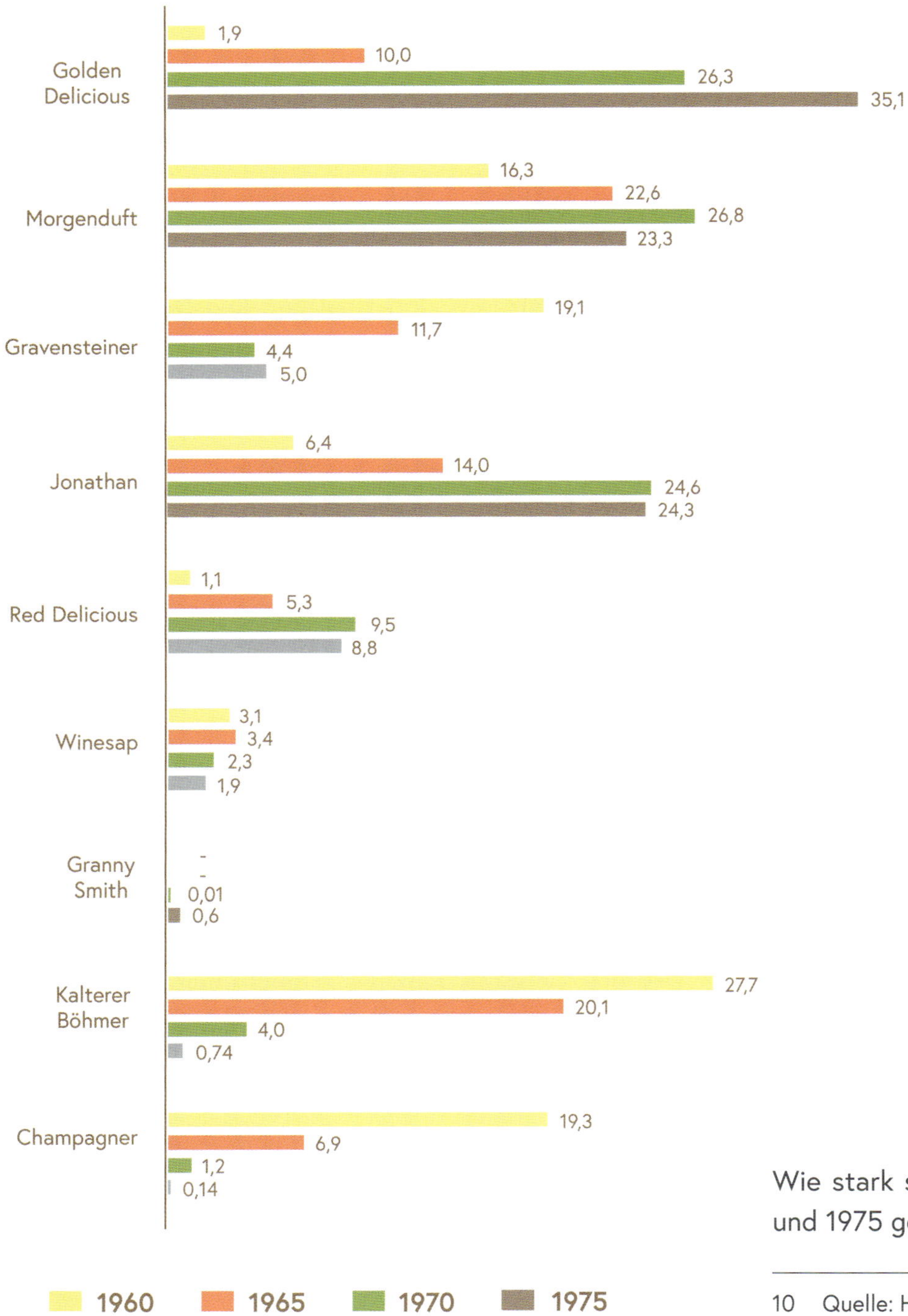

Tabelle 2: Sortenentwicklung 1960–1975, in Prozent der Gesamternte.[10]

Wie stark sich das Sortiment zwischen 1960 und 1975 geändert hat, zeigt Tabelle 2.

10 Quelle: Handelskammer, Bozen.

Daran ist zu erkennen, dass die früheren Hauptsorten Kalterer Böhmer und Champagner Renette, die 1955 bis 1960 noch über 55 % der gesamten Apfelproduktion Südtirols ausmachten, von 1960 bis 1975 bis zum unbedeutenden Anteil von 0,9 % abgebaut wurden.

Die übrigen alten Sorten wie Goldparmäne, Wagner Renette, Spitzlederer, Kanada Renette, Köstlicher, Weißer Rosmarin, Goldnobel und andere scheinen in der Erntestatistik bereits Mitte der 60er-Jahre nicht mehr oder nur noch in geringsten Mengen auf. Es konzentrierte sich alles auf Golden Delicious, Morgenduft, Jonathan und Red Delicious. Diese vier Sorten machten 1970 bereits 87 % und 1975 sogar 91,5 % der gesamten Apfelproduktion Südtirols aus. Dabei nahm Golden Delicious mit den verschiedenen Klonen wie Golden Klon B, Smoothee, Golden Reinders® im Laufe der weiteren Jahre am stärksten zu.

Die Verantwortlichen der Vermarktung hatten nur aber Bedenken, dass das Apfelsortiment mit den genannten vier Hauptsorten zu eng würde. Dabei zeichnete sich Mitte der 1970er-Jahre folgende Entwicklung ab:

- Birnen waren wegen der starken Konkurrenz aus der Emilia Romagna und der dadurch fallenden Preise, vor allem aber wegen der immer größeren Schwierigkeiten in der Bekämpfung des Birnblattsaugers (hohe Resistenz und damit sehr hohe Kosten für den Pflanzenschutz) uninteressant geworden. Die meist veralteten Bestände wurden daher in der Folge gerodet.
- Jonathan brachte immer mehr Probleme in der Lagerung und im Absatz (stärkere Düngung, Grasmulchen anstelle von Grasnutzung und andere) mit sich.
- Die Gravensteiner-Bestände waren veraltet und Neuanlagen auf M9 befriedigten nicht. Beide Sorten, Gravensteiner und Jonathan, wurden daher immer mehr gerodet und nicht oder kaum noch nachgepflanzt.
- Man wollte mehr rotschalige Sorten im Sortiment haben.
- In der Vermarktung wurden immer mehr Mischsendungen verlangt, denn der Konsument wünschte mehr Abwechslung im Sortenangebot.
- Die Lohnkosten stiegen ständig weiter an und je enger das Sortiment wurde, desto schwieriger war es, die Ernte rechtzeitig, d. h. zum optimalen Reifezeitpunkt, einzubringen.

Ende 1960/Anfang 1970 wurden als Sortenneuheit die ersten Granny-Smith-Anlagen erstellt. Aber es dauerte noch 10 bis 15 Jahre, bis von dieser Sorte eine für den Markt interessante Menge erzeugt wurde.

Aufgrund dieser Situation entschied man sich dafür, bei einer wichtigen Aussprache im November 1975 – an der neben den Fachleuten des Versuchszentrums Laimburg und des Beratungsrings auch Baumschuler,

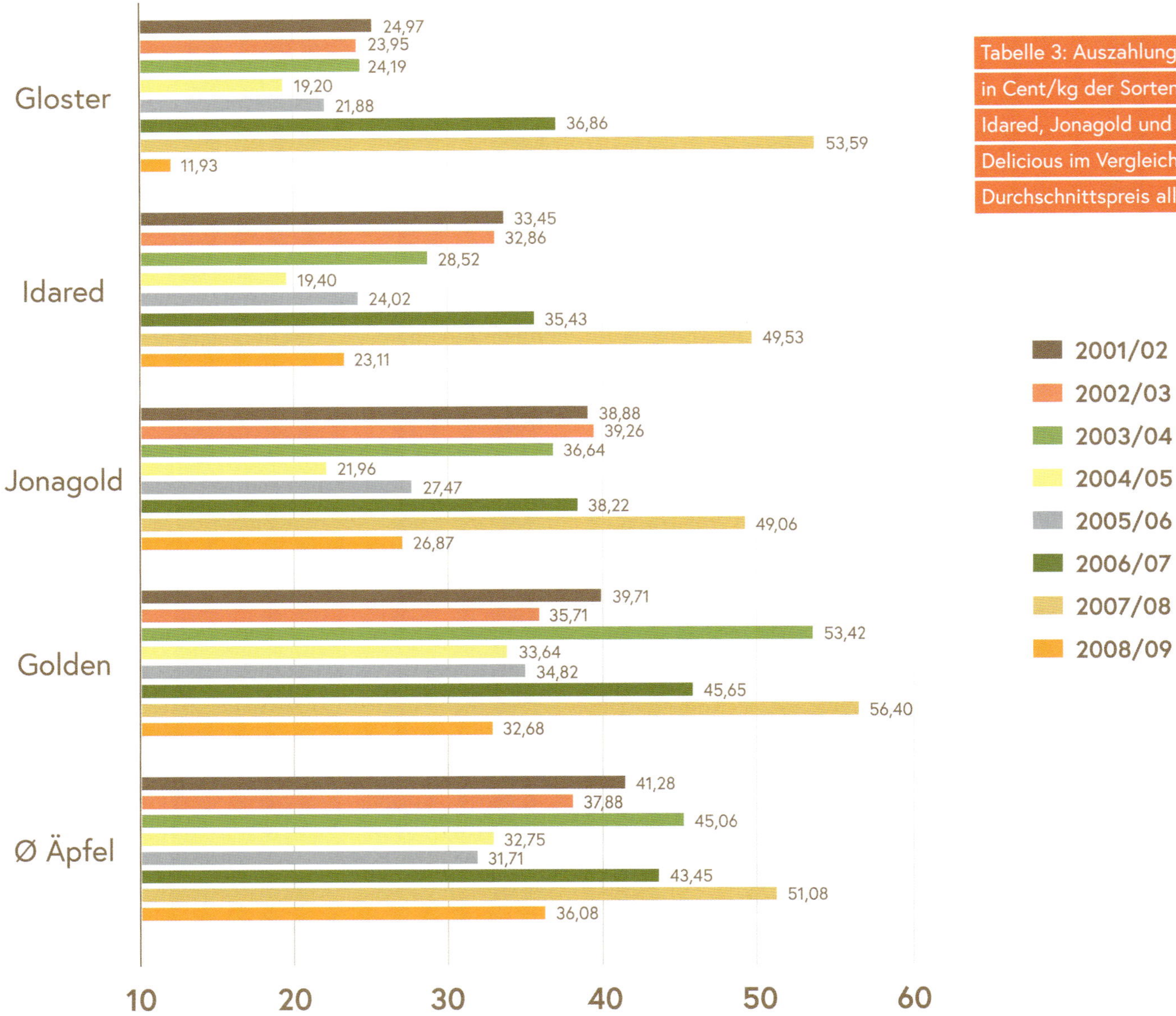

Tabelle 3: Auszahlungspreise in Cent/kg der Sorten Gloster, Idared, Jonagold und Golden Delicious im Vergleich zum Durchschnittspreis aller Apfelsorten.

verschiedene Praktiker und endlich auch Vermarkter teilnahmen – folgende drei neue Sorten ins bisherige enge Sortiment aufzunehmen: Jonagold, Gloster und Idared.

Bei der Obstbautagung im Jänner 1977 wurden diese Empfehlungen an die Obstbauern weitergegeben.11 Dabei wurde darauf hingewiesen, dass Gloster, aber auch Idared als rotschalige Sorten (vom Handel gewünscht) und wegen der größeren Frostresistenz während der Blütezeit besonders für unsere Tallagen geeignet wären.

Ein weiterer Vorteil dieser beiden Sorten bestand darin, dass sie nicht gegen Schalenbräune anfällig sind. Gerade die Nacherntebehandlungen mit Diphenylamin (DPA) und Ethoxiquin gegen diese physiologisch bedingte Krankheit wurden bereits damals von den Konsumenten immer mehr kritisiert. Jonagold dagegen eignet sich besser für Hang- und Hügellagen und wurde für die höheren Anbaulagen sogar als eine der wenigen „Zusatzsorten" zum Golden Delicious angesehen, während man anfänglich hoffte, dass Idared sogar eine gewisse Alternative zur Sorte Morgenduft in tieferen Tallagen werden könnte.

Leider zeigte sich nach einigen Jahren, dass alle drei Sorten im Anbau und zum Teil in der Lagerung ihre Tücken hatten. Die Erzeugerpreise fielen teilweise unter die Produktionskosten (Tabelle 3). Dies hatte zur Folge, dass diese Sorten nicht oder kaum mehr nachgepflanzt wurden. Nur Jonagold mit den roten Mutanten hielt sich in höheren Anbaulagen länger, ist aber in der Produktionsmenge bis heute auf geringe Mengen zurückgefallen.

11 Vgl. Mantinger 1977.

DAS PROBLEM MIT DEN FRÜHSORTEN

In den 1970er-Jahren gab es immer wieder Diskussionen über und Interesse an Frühsorten. Man wollte bereits zu Erntebeginn eine interessante Menge solcher Sorten anbieten, um dadurch frühzeitig eine größere Anzahl an Käufern zu den Versteigerungen zu bringen.

Der altbekannte Zufallssämling **Gravensteiner** konnte sich als Sommersorte zwar noch bis Anfang der 1980er-Jahre mit 10.000 bis 12.000 Tonnen Jahresproduktion gut halten, in den folgenden Jahren ging seine Erntemenge aber stetig zurück. Der Grund dafür lag darin, dass die Gravensteiner-Bestände mit ihren enorm großen und ausladenden Baumkronen auf der Sämlingsunterlage überaltert waren und diese Sorte auf der schwachen Unterlage M9 nicht befriedigte. Die Erntemengen gingen daher schnell zurück und schon ab dem Jahr 2004 scheint Gravensteiner in der Erntestatistik nicht mehr auf.

Eine größere Anzahl an Sommer- und frühen Herbstsorten wurden damals am Versuchszentrum Laimburg getestet und verschiedene Sorten wurden auch mit Vermarktern diskutiert. Diese waren Akane, Weißer Klarapfel, Rubra Precoce, Vista Bella, Cardinal, Jersey Mac, Julired, Summerred, Mollis Delicious, Alkmene, Ozark Gold, Rubinette und Delbarestival. Von all diesen

Sorten kamen nur Summerred (aus freier Abblüte eines Sämlings McIntosh und Golden Delicious in Kanada entstanden) und Ozark Gold in die engere Wahl und wurden dann auch empfohlen.

Die Erntemenge von **Summerred** nahm ab 1983 leicht zu, überstieg aber in den 1990er-Jahren kaum die 1.000 Tonnen pro Jahr. Summerred hat somit in Südtirol nie eine Bedeutung erlangt. Ähnlich kurz war auch die Lebensdauer des **Ozark Gold** in unserem Anbaugebiet.

WEITERE NEUHEITEN DRÄNGTEN AUF DEN MARKT

Inzwischen drehte sich das Sortenkarussell weiter. Erste Erntemengen von neuen und interessanteren Sorten aus dem Ausland wurden bereits auf verschiedenen Märkten Europas angeboten und erzielten zum Teil hohe Preise. Die Interessantesten unter ihnen waren die Sorten Elstar und Gala. Obwohl man in Südtirol noch wenig Erfahrung mit beiden Sorten hatte, wurden diese unter Fachleuten, Baumschulern, Vermarktern und Praktikern intensiv diskutiert und schlussendlich wegen ihrer Vorteile empfohlen.

Im Jahre 1934 entstand die Sorte **Gala** aus einer Kreuzung zwischen Kidds Orange Red und Golden Delicious in Neuseeland, wurde aber erst 1965 für den Markt freigegeben. Die Neuseeländer machten diese Sorte in den 1980er-Jahren auf den Weltmärkten bekannt. Die schöne, hellrote Deckfarbe, die feste, knackige und saftige Frucht mit ihrem süßen und leicht säuerlichen Geschmack sowie ihre gute Lagerfähigkeit, aber auch die frühere Reifezeit ab Mitte August in der Talsohle zwischen Salurn und Meran hatten allgemein das Interesse für diese Sorte auf sich gezogen. Bei der Obstbautagung 1985 wurde dann die erste, allerdings noch vorsichtige Empfehlung für den Anbau dieser Neuheit ausgegeben. Auf der Laimburg hatte man bereits vorher die ersten Erfahrungen mit den rotgestreiften Mutanten Tenroy Royal Gala®, Imperial Gala® und Mitchgla Mondial Gala® gemacht. Im Laufe der Jahre wurden immer wieder neue Mutanten mit besserer Fruchtfärbung gefunden, z.B. die hellrot gestreiften Typen Galaxy®, Red Gala 95, Gala Klon 4 (Tenfor), Gala Venus Fengal® und Regal Prince. Das große Problem bei der Vermehrung dieser Sorte bzw. deren Klone bestand darin, dass das Farbmerkmal bei den verschiedenen Mutanten nicht stabil blieb und es immer wieder zu Rückmutationen kam. In einer größeren wissenschaftlichen Arbeit am Versuchszentrum Laimburg wurde dieses Problem schließlich näher untersucht.[12] Anhand der Ergebnisse konnten dann die Richtlinien ausgearbeitet werden, wie bei der Vermehrung des Pflanzgutes von farbunstabilen Sorten und Klonen vorzugehen sei. Auf jeden Fall sollten Edelreiser nur von früchtetragenden Mutterbäumen gewonnen werden. Dies deswegen, damit wirklich

12 Vgl. Stainer et al. 2001.

nur Mutterbäume mit sehr gut und gleichmäßig gefärbten Früchten für die Weitervermehrung verwendet werden und der Obstbauer für die Erstellung von Neuanlagen tatsächlich Jungbäume bekommt, bei denen der Anteil an Pflanzen mit schlechter Fruchtfärbung (Rückmutation) bei null bzw. so gering wie möglich gehalten wird. Die Auszahlungspreise für Gala überragten bereits in den 1990er-Jahren die Preise aller übrigen Sorten, was natürlich ein gewaltiger Auslöser für weitere Neuanlagen war.

Nach der Sorte Gala kam mit **Elstar** eine weitere frühe Herbstsorte zum Südtiroler Apfelsortiment dazu. Es handelt sich dabei um eine in den Niederlanden durchgeführte Kreuzung zwischen Golden Delicious und Ingrid Marie. Aufgrund ihres hervorragenden Geschmacks, der ansprechenden Fruchtgröße und rotgestreiften Deckfarbe, der Erntezeit vor den Hauptsorten Red Delicious und Golden Delicious sowie wegen der sehr großen Beliebtheit bei den Konsumenten in den Niederlanden, Belgien und Deutschland glaubte man in Südtirol, mit dieser Sorte vor allem für höhere Anbaulagen eine rotschalige „Zusatzsorte" zum Golden Delicious gefunden zu haben. Die Empfehlungen für den Anbau von Elstar in Südtirol erfolgten Anfang der 1980er-Jahre, mit gewissen Vorbehalten für tiefere, warme Lagen. Die ersten Erntemengen wurden Mitte der 1980er-Jahre an die Absatzbetriebe geliefert und erreichten 1994 mit rund 20.500 Tonnen das Maximum, nahmen in den Folgejahren jedoch wieder stetig ab. Die Gründe für den Rückgang in der Produktion lagen darin, dass Elstar einige Nachteile wie starke Alternanz und kräftiges, dichtes Triebwachstum aufwies, sodass die Farbausbildung häufig mangelhaft blieb. Auch ist der Baum ziemlich anfällig für Winterfröste, was sich besonders im Vinschgau (kalte und trockene Winde) in einigen Jahren zeigte. Die Frucht ist zudem sehr anfällig für Sonnenbrand und kann besonders in der Talsohle bei Hitzeperioden während der Reifezeit bereits am Baum weich und morsch werden. Der relativ schnelle Abbau der Fruchtfleischfestigkeit im Lager ist für die Vermarktung ein weiterer negativer Aspekt dieser Sorte. Die rot-fruchtigen Mutanten Elanared® und Red Elstar verbesserten zwar die Fruchtfarbe, aber nicht die genannten negativen Eigenschaften der Sorte. Daher wurde Elstar in den folgenden Jahren fast gänzlich gerodet.

Die Sorte **Pinova** ist eine Kreuzung zwischen Clivia und Golden Delicious und kommt aus der Forschungsanstalt Dresden-Pillnitz in Deutschland. Die ersten Versuchsergebnisse bei uns zeigten, dass Pinova besser für höhere Anbaulagen geeignet ist. In der Talsohle zwischen Meran und Salurn mangelt es an der Farbausbildung. Im Vinschgau sah man in dieser Neuheit eine weitere interessante, zweifarbige, festfleischige und haltbare Sorte. Daher wurde sie auch von der Erzeugergemeinschaft VI.P über mehrere Jahre im Anbau, vor allem aber in der Vermarktung im Ausland getestet (Konsumententests und andere). Nach einigen

Jahren der Prüfung wurde sie im Vinschgau allgemein für den Anbau empfohlen.[13]

Eine genauere Betrachtung in diesem Sortenentwicklungsbericht verdient die Sorte **Meran.** Es handelt sich dabei um einen Zufallssämling, den der Obstbauer Franz Waldner (Stallelehof, Untermais/Meran) im Jahre 1976 als Baum an einem Wassergraben seiner Obstanlage entdeckte. Die schönen Früchte weckten das Interesse des Besitzers. Daher ließ er über den Baumschuler Walter Waldner, Lana, Jungbäume davon vermehren. Im Jahre 1982 meldete Prof. Karl Zanon gemeinsam mit dem Besitzer Franz Waldner diesen Zufallssämling beim italienischen Patentamt unter dem Namen „Meran" zum Sortenschutz an. Prof. Zanon wies darauf hin, dass es sich bei dieser Sorte um eine natürliche Kreuzung von Golden Delicious und Morgenduft handle. Dies wurde aufgrund des Aussehens der Früchte jedoch bald schon von den Fachleuten des Versuchszentrums bezweifelt. Tatsächlich konnte bei späteren molekularbiologischen Untersuchungen an der Laimburg[14] nachgewiesen werden, dass es sich dabei um eine Kreuzung von Golden Delicious und Jonathan handelt.
Man glaubte zunächst, dass man mit der Sorte Meran eine interessante Neuheit (Lokalsorte) aus Südtirol anbieten könne, die wegen ihres frühen und reichen Ertrags, des guten Geschmacks, der sehr guten Haltbarkeit der Früchte sowie der relativ guten Widerstandsfähigkeit gegen Krankheiten (Schorf, Mehltau) sowohl im Anbau als auch in der Vermarktung viele Vorteile biete. Daher erwarb im Jahre 1986 der Bund Südtiroler Baumschuler vorsichtshalber das Vermehrungsrecht dieser Sorte für Italien. Doch es zeigten sich alsbald einige Nachteile, wie starker, traubenartiger Fruchtbehang – was zu kleinen Früchten führte –, Schwierigkeiten in der Farbausbildung und in der Fruchtausdünnung und andere. Dies waren genug Gründe, die Sorte für den Anbau nicht weiterzuempfehlen und auch nicht weiter an ihr zu arbeiten.

WEITERE SORTENERNEUERUNG MIT BRAEBURN, FUJI UND CRIPPS PINK/PINK LADY®

Nach den besprochenen Frühsorten bzw. verschiedenen frühen Herbstsorten kamen in den 1990er-Jahren auch Jonagold, Morgenduft und sogar Golden Delicious in der Talsohle verstärkt unter die Räder. Die Morgenduftpreise fielen in diesem Zeitraum deutlich ab, sodass die Produktionsspesen in manchen Jahren vor allem in den alten Sämlingsanlagen kaum noch gedeckt werden konnten. Daher wurden die alten Obstanlagen dieser Sorte mit den großen dichten Baumkronen und der dadurch zu geringen Ausbeute an erster Qualität (schlechte Ausfärbung der Früchte, besonders beim Standardtyp) immer unrentabler und wurden im Laufe der Jahre sehr stark gerodet.

13 Vgl. Tscholl, 1999.
14 Vgl. Baric et al. 2012.

Nur die rotfarbige Mutation „Morgenduft Dallago" hat sich, allerdings in rationelleren Neuanlagen, bis heute relativ gut halten können. Da in der Talsohle zwischen Meran und Salurn die früher so wichtigen Sorten Jonathan und Morgenduft, aber auch die in den 1970er- und 1980er-Jahren neu aufgenommenen Sorten Jonagold, Gloster, Idared, Ozark Gold und andere zunehmend an Bedeutung verloren, war es umso wichtiger, gerade für diese Hauptanbauzone bessere und marktgängigere Sorten zu finden. Die Neuankömmlinge waren damals Braeburn, Fuji und später Cripps Pink/Pink Lady®, die sich in Bezug auf die Reifezeit nach den Hauptsorten Red Delicious und Golden Delicious einreihen.

Dr. Hermann Mantinger mit dem ersten in Europa importierten Braeburn.

Die Sorte **Braeburn** ist ein Zufallssämling aus der Sorte Lady Hamilton, gefunden in Neuseeland. Braeburn wurde ab Anfang der 1980er-Jahre nach Europa exportiert und auf den Weltmärkten bekannt gemacht. Die Nachfrage nach dieser Neuheit stieg rasch an und die Preise waren zunächst sehr hoch. Am Versuchszentrum Laimburg gab es bereits geringe Anbauerfahrungen mit dieser Sorte, nachdem die ersten Bäume dort schon im Jahre 1984 im Sortenversuchsfeld angepflanzt wurden. Daraus konnten bereits die positiven Seiten – wie knackige, feste Frucht, mittlere Fruchtgröße, gute Haltbarkeit, ausgewogenes Zucker-Säure-Verhältnis, frühe und regelmäßige Erträge –, aber auch die Probleme dieser Sorte – wie Stippeanfälligkeit, mangelhafte Farbausbildung beim Standardtyp und Abbau der Fruchtfleischfestigkeit im Lager bei zu aufgehellten Früchten – aufgezeigt werden. Da Braeburn vor allem auf den nordeuropäischen Märkten bereits sehr gut aufgenommen und hoch quotiert wurde, sind die ersten Empfehlungen für eine vorerst vorsichtige Anbauausweitung in Südtirol im Jahre 1990 ausgegangen.[15] In der Erntestatistik scheint Braeburn das erste Mal im Jahre 1991 mit 25 Tonnen auf. Die Produktion stieg in den folgenden Jahren relativ schnell an, sodass innerhalb weniger Jahre Erntemengen zwischen 75.000 und 84.000 Tonnen eingefahren wurden und Braeburn somit in der Erntestatistik den vierten bzw. den fünften Platz im Sortiment erreichte. Allerdings ging das Interesse für Braeburn im Laufe der folgenden Jahre zurück, sodass sich die Erntemengen in den letzten Jahren bei rund 55.000 Tonnen einpendelten.

Die Probleme von Braeburn im Anbau lagen vorerst in der mangelhaften Ausbildung der Deckfarbe. Man versprach sich daher viel von den besser färbenden Typen, die von verschiedenen Baumschulern angeboten wurden. Einige davon, zum Beispiel Braibred, Redburn oder Brillard, wiesen bei Vergleichsprüfungen am Versuchszentrum Laimburg leider keine Farbverbesserungen auf, wohl aber die Mutation Hillwell (Hidala®). Aber auch dieser Typ befriedigte nicht immer und vor allem nicht überall.

Später kamen intensiv rot bis dunkelrot gefärbte Mutanten auf, zum Beispiel Joburn®-Aurora, Eve®-Mariri Red und andere.

Die japanische Sorte **Fuji** stammt aus einer Kreuzung von Red Delicious und Ralls Janet. Die ersten Versuchsbäume am Versuchszentrum Laimburg wurden im Jahre 1984 gepflanzt. Damit konnten Anfang der 1990er-Jahre bereits erste Anbauerfahrungen zu dieser Sorte ausgegeben werden. Leider war die Farbausbildung des Standard-Fujis nicht zufriedenstellend. Der Markt bevorzugt nämlich gut gefärbte Früchte mit deutlicher Streifung. Aus der Vergleichsprüfung am Versuchszentrum Laimburg mit verschiedenen Mutanten, die der Baumschuler Luis Braun von einer Lehrfahrt aus Japan mitbrachte, ging der Typ Fuji Kiku®8 als der Bestgefärbteste und -gestreifteste hervor. Fuji entwickelte sich in den 1990er-Jahren weltweit zu einer der bedeutendsten Sorten-Neuheiten. Trotzdem schritt der Anbau dieser Sorte bei uns vorerst nur sehr langsam voran. Erst bei der Sortenbesprechung für die Veredlungssaison 1997 gaben auch die Vertreter der Vermarktungsorganisationen VOG und VI.P grünes Licht für die Aufnahme dieser Sorte ins Südtiroler Sortiment. In der Erntestatistik scheint Fuji das erste Mal im Jahre 1995 mit 366 t auf und nahm in den folgenden Jahren stetig zu. In der Sortenwahl für die Erstellung von Neuanlagen nahm Fuji vor allem in den Jahren zwischen 1999 und 2005 mit Gala die höchsten Prozentsätze ein (zwischen 25 und 32 %).

Durch die australische Neuheit **Cripps Pink/Pink Lady®**, die aus einer Kreuzung zwischen Golden Delicious und Lady Williams entstanden ist, kam in der Sortenentwicklung für die Obstbauern und die Vermarktung in Südtirol eine ganz neue Situation auf. Die französische Baumschulgruppe „Star Fruits", be-

15 Vgl. Stainer R. 1990.

stehend aus 6 Mitgliedern, ließ die Sortenrechte für die Vermehrung und für den Verkauf der Früchte von Cripps Pink/Pink Lady® für ganz Europa schützen. Man wollte damit diese Neuheit im Anbau begrenzen, die Qualität hochhalten und auch einen entsprechenden Preis realisieren. Somit musste nicht nur für das Pflanzmaterial, sondern auch für die verkaufte Ware eine Lizenzgebühr (Royalty) bezahlt werden. Vorerst konnte also in Südtirol kein Produzent diese Sorte anpflanzen, ohne dass sein Absatzbetrieb (Genossenschaft, Privathändler, Versteigerung) vorher einen Vertrag mit dem Sorteninhaber abgeschlossen hatte. Später hat sich der Club „Pink Lady Europa" gebildet, dem sich verschiedene Vermarktungsbetriebe und große Baumschulen als Mitglieder angeschlossen haben. VOG und ESO nahmen im Herbst 1997 mit den Lizenzinhabern Verhandlungen auf, um die Vermarktungsrechte für Cripps Pink/Pink Lady® zu erhalten. In einem Vorvertrag, der bis 2001 gültig war, wurde der Verkauf der Früchte dieser Sorte vorerst nur in Italien erlaubt. Dies wirkte sich allerdings auch im geringeren Auszahlungspreis für diese Sorte aus, nachdem sie als feste, knackige Frucht mit angenehmer Säure beim italienischen Konsumenten vorerst nicht so schnell Anklang fand. Die Vermehrungsrechte der Bäume behielt sich Star Fruits selbst vor. Erst ab 2001 wurde VOG als Mitglied in die Pink-Lady-Gruppe aufgenommen und der Verkauf der Ware auch für den Export genehmigt.

Cripps Pink/Pink Lady® sticht wegen seiner Attraktivität, seiner hohen Festigkeit, seines ausgeglichenen Zucker-Säure-Verhältnisses und der guten Haltbarkeit hervor. Für den Produzenten sind zudem die früh einsetzenden und regelmäßig hohen Erträge interessant. Allerdings reift Cripps Pink/Pink Lady® sehr spät, und zwar erst nach der Sorte Morgenduft. Trotzdem mangelt es oft an der Ausbildung der Deckfarbe, sodass öfters ausgepflückt werden muss. Im Lager gab es anfänglich Schwierigkeiten mit der Fleischbräune. Dieses Problem konnte aber dann aufgrund der Erkenntnisse von mehreren Lagerversuchen am Versuchszentrum Laimburg zum Großteil gelöst werden. In der Erntestatistik scheint Cripps Pink erstmals im Jahr 2000 mit 800 Tonnen auf. Bis 2006 stieg die Erntemenge bereits auf 30.579 Tonnen an und erreichte in den letzten Jahren bereits Mengen zwischen 50.000 und 60.000 Tonnen. Die Auszahlungspreise für Pink Lady® lagen von Anfang an etwas höher als jene der übrigen Sorten (um 4–5 Cent/kg), zu einem deutlichen Preisanstieg kam es aber erst, als der Vermarktungsbetrieb VOG diese Sorte ab 2001 auch exportieren durfte. In den Folgejahren erzielte dann die Sorte Pink Lady® gegenüber dem Durchschnitt aller Sorten einen deutlich höheren Preis pro kg.

Seit einigen Jahren wird von der Europäischen Pink-Lady-Allianz eine besser gefärbte Mutante von Cripps Pink mit dem Namen „Rosy Glow" angeboten und seitdem wird nur noch diese Mutante vermehrt. Durch die bessere Farbausbildung ist die Ausbeute an erster Qualität mit über 40 % Deckfarbe deutlich höher. In diesem Zusammenhang sei erwähnt, dass nur Früchte erster Qualität, also mit entsprechender Fruchtgröße und mit einem Deckfarbenanteil von über 40 % unter der Marke Pink Lady® verkauft werden dürfen. Früchte mit weniger Farbanteil müssen unter dem Sortennamen Cripps Pink vermarktet werden, allerdings mit einem deutlich geringeren Preis.

WER WAR UND IST IN SÜDTIROL FÜR DIE SORTENEMPFEHLUNG VERANTWORTLICH?

Betrachtet man die Sortenentwicklung im Laufe der letzten 100 Jahre, so gingen die Empfehlungen für die Sortenerneuerung bis zum Ersten Weltkrieg vor allem von Fachleuten der Lehr- und Versuchsanstalt in San Michele a. d. Etsch, von Wanderlehrern und vom Wein-, Obst- und Gartenbauverein in Bozen aus, später vom Absolventenverein landwirtschaftlicher Schulen und von Obsthändlern. In den 1950er- und 1960er-Jahren kamen wichtige Impulse von den zuständigen Fachleuten im Landwirtschaftsamt in Bozen (Prof. Alois Meier und Dr. August Felderer) sowie von den Baumschulern. Auch Techniker des Südtiroler Beratungsrings und des Versuchszentrums Laimburg bezogen immer öfter Stellung zu verschiedenen Sorten und zur Sortenwahl. So wurden von diesen unter anderem richtungsweisende Aussprachen zu den Sorten Gravensteiner (1967), Jonathan (1970 und 1979) und Winesap (1975) angeregt. Die erste große Sortendiskussion mit allen Verantwortlichen der Obstbranche kam 1976 im Kulturhaus in Gries zustande, bei der man sich erstmals gemeinsam auf eine Sortenerneuerung und Sortenerweiterung einigte (Jonagold, Gloster und Idared wurden neu aufgenommen). Auch später wurden von Fachleuten des Versuchszentrums Laimburg und des Südtiroler Beratungsrings bei Obstbautagungen und in Fachartikeln immer wieder Informationen über neue Sorten und Mutanten sowie Sortenempfehlungen ausgegeben. Leider ließen sich die Verantwortlichen der Vermarkter-Organisationen früher nur selten in entscheidendem Maße in diese Verantwortung einbinden.

Damit die Sortenempfehlung in der weiteren Folge nicht wie bisher von verschiedenen Organisationen, wie dem Versuchszentrum Laimburg, dem Südtiroler Beratungsring, Baumschulern und einzelnen Vermarktern ausgehe und dadurch oft bei den Produzenten Unsicherheiten entstanden, einigte man sich nach langen und mühevollen Besprechungen darauf, dass für Empfehlungen von Sorten- und Klon-Neuheiten nur noch ein Ansprechpartner verantwortlich sein soll.

Daher wurde 2003 von den Erzeugergemeinschaften VOG und VI.P das Sortenerneuerungs-Konsortium Südtirol (SK-Südtirol) gegründet. Die Verantwortlichen bzw. Träger des SK sind die Obmänner, Vize-Obmänner und die Direktoren der beiden Erzeugergemeinschaften. Die Finanzierung des SK erfolgt zu zwei Drittel durch die VOG und zu einem Drittel durch die VI.P . Neben diesem Konsortium gibt es die technische Sortenkommission, die sich aus Vertretern des Versuchszentrums Laimburg und des Südtiroler Beratungsrings zusammensetzt und bei der Einführung von neuen Sorten und Klonen neue Kriterien und Spielregeln festlegt. Das Konsortium unterstützt über eine Fachkraft im SK-Büro seine Mitglieder durch Marktforschung, internationale Kontakte und Recherchen sowie durch Sammlung aller wichtigen Daten und Informationen im Bereich der Sortenerneuerung, Sortenzüchtung, Vermehrungsrechte von Sorten, Patentrechte von Handelsmarken bis hin zur Sortenempfehlung und Markteinführung. Die Einführung einer neuen Sorte bzw. eines Klons spricht ab dieser Vereinbarung das Sortenerneuerungs-Konsortium nach einer einheitlichen Meinungsfindung und Anhörung der Sortenkommission aus. Dies führt dazu, dass neue Sorten bzw. Klone nur noch nach bestimmten Bewertungen und Auswahlkriterien und in Übereinstimmung aller im Sektor tätigen Organisationen in Südtirol Eingang finden. Diese Neukonzipierung der Sortenprüfung und Markteinführung von neuen Sorten und Klonen war sicher ein Weg, der den Produzenten in der Folge mehr Sicherheit in der Sortenerneuerung gibt.

Die Baumschuler sind wichtige Partner in der Beschaffung von neuen Sorten und Klonen. Sie sind in der ganzen Obstwelt unterwegs und pflegen mit Züchtern und Forschungsinstituten Kontakte, bekommen oft selbst neue Sorten bzw. Klone oder finden solche in der Praxis und prüfen diese. Aber als direkte Beteiligte konnten sie in der Sortenkommission nicht mit aufgenommen werden. Trotzdem wird eine enge Zusammenarbeit mit dem Baumschulwesen angestrebt, damit bei der Einführung einer neuen Sorte das entsprechende Pflanzmaterial auch rechtzeitig und in ausreichender Menge zur Verfügung steht.

LITERATUR

Attems Graf von H: Österreichs Obstbau – Deutsch-Südtirol. In: Geschichte der Österreichischen Land- und Forstwirtschaft und ihrer Industrien 1848–1898, Wien 1899.

Attems Graf von H: Österreichs Obstbau. In: Geschichte der österreichischen Land- und Forstwirtschaft und ihrer Industrien 1848–1898, Wien 1899.

Baric S., Storti A., Hofer M., Dallavia J.: Resolving the Parentage of the Apple Cultivar "Meran". Erwerbsobstbau, 2012.

Boyer, J. u. Liu, R. N: Apple phytochemicals and their health benefits. Nutrition Journal, 2004.

Bradlwarter, M., Guerra W.: Start mit Scilate ENVY®. Scilate ENVY®-Anbau Hektar weltweit. VI.P-Blick, 18 (1), 2012, S. 14–15.

Brixener Chronik, Separatdruck über Obstbau, Brixen 1900.

Bünemann, G.: Granny Smith aus verschiedenen Herkünften. Obstbau-Weinbau, 8 (1) 1971, S. 3–5.

Christoph, W.: Ist Granny Smith eine interessante Sorte auch für unser Anbaugebiet? Obstbau-Weinbau, 6 (8), 1969, S. 292–230.

Felderer, A.: Der Golden Delicious – Möglichkeiten und Grenzen seines Anbaus. In: Südtiroler Landwirt 21 (4), 1967, S. 111–113 und 149–151.

Felderer, A.: Die Erstellung neuer Obstanlagen. In: Südtiroler Bauernkalender, 1959, S. 102–111.

Felderer, A.: Die gegenwärtige Situation des heimischen Obstbaus und Richtlinien für die Sortenwahl und Erstellung von Neuanlagen. In: Südtiroler Landwirt 17 (7), 1963, S. 199–201.

Felderer, A.: Umstellung im Südtiroler Obstsortiment. In: Südtiroler Bauernkalender 1953, S. 80–83.

Felderer, A.: Wie steht es um unsere Obstbaumschulen? Erläuterungen zu den erhobenen statistischen Daten. In: Südtiroler Bauernkalender 1949, S. 107–110.

Felderer, A.: Zur Charakterisierung des Südtiroler Obstbaugebiets und seiner Produktion. In: Südtiroler Landwirt 15 (13), 1961, S. 407–408.

Fischer, R.: Ambrosia® – Beobachtungen im Piemont und in Kanada. In: Obstbau-Weinbau 49 (11), 2014, S. 366–367.

Gamper Krautsamer, J.: Anpassung der Produktion, der Lagerung und der Vermarktung des Kernobstes an die Ansprüche der Verbraucher. In: Südtiroler Landwirt 19 (14), S. 447, Teil I und (15), S. 517–519, Teil II, 1965.

Giacomoni, F.: L'Istituto Agrario di S. Michele all'Adige, 1994.

Griesmair, W.: Modí® 2009. In: Obstbau-Weinbau, ,(11) 46 2009, S. 378–379.

Gschnitzer, K.: „Annales Maisenses". Die Annalen von Mais, 2003.

Guerra, W., Österreicher, J.: Golden Parsi da rosa® – Stand der Ergebnisse und Erfahrungen in Südtirol. In: Obstbau-Weinbau 49 (5), 2012, S. 176–178.

Guerra, W.: Apfelsorten mit Resistenzeigenschaften – Derzeitiger Anbau und Perspektiven in der Züchtung. In: Obstbau-Weinbau 52 (5), 2015, S. 153–156.

Guerra, W.: Projekt Resistente Sorten Südtirol. In: VI.P-Blick 18 (1), 2012, S. 16–17.

Guerra, W.: Rotfleischige Apfelsorten für den Frischverzehr? In: Obstbau-Weinbau 49 (12), 2012, S. 410–413.

Guerra, W.: Weltweit erste Präsentation aller Clubsorten in ihrer Originalverpackung. In: Obstbau-Weinbau 49 (1), 2012, S. 10–13.

Guerra, W.: Zublasing Th.: Zehn Jahre Bonituren bei der poliklonalen Sorte Gala. In: Obstbau-Weinbau, 51 (10), 2014, S. 304–308.

Gufler, Ch.: Südtiroler Apfelbuch – Das Südtiroler Obstbaumuseum in Lana, Bozen 1994.

Haring, Hans: Hans Harings Pelzbüchl – erläutert und kommentiert von H. Theiner und H. Oberhofer. VI.P-Vinschgauer Obst- und Gemüseproduzenten (Hrsg.).

Hofinger, W. (Hrsg.): Der Mistapostel – ein Leben für den Bauernstand. Adolf Trientl 1817–1897, Innsbruck 1992.

Kofler Engl, W.: Vortrag über „Das Pomarium der ehemaligen Fürstbischöflichen Hofburg zu Brixen", gehalten bei der Tagung in der Cusanus-Akademie, Brixen am 30.10.2015.

Kranewitter, L.: Obsternte und Absatz 1958/59. Südtiroler Landwirt 14 (1), S. 5–7, und (2), S. 28–30, 1960.

Landwirtschaftlicher Verein in Bozen (Hrsg.): Die Baumschule des Landwirtschafts-Vereins in Bozen. Bozen 1856.

Landwirtschafts-Verein Bozen: Die Baumschule, ihre Absicht und Einteilung, Bozen 1856.

Leonardi, A.: 1809–2009. Südtiroler Landwirtschaft zwischen Tradition und Innovation. Südtiroler Bauernbund (Hrsg.), Bozen 2009.

Löschnig, J.: Obstbau Tirols. In: Der Obstzüchter, 1910.

Löschnig, J.: Weißer Winter-Calville. In: Der Obstzüchter, 1911.

Mach, E.: Werk über Tirol und Vorarlberg. In: Südtiroler Apfelbuch, 1994.

Mader, K.: Der Obstbau – Obstproduktion und der Obsthandel im Deutschen Südtirol, Bozen 1894.

Mader, K.: Der Obstbau, die Obstproduktion und der Obsthandel in Tirol. Information Obstausstellung in Düsseldorf, Bozen 1904.

Mader, K.: Der Wein- und Obstbau in Tyrol. VIII. Internationaler Landwirtschaftlicher Kongress, Wien 1907.

Mader, K.: Der Wein- und Obsthandel in Tirol, 1907.

Mantinger, H., Stainer, R., Nardin, C.: Die Apfelsorte Meran. In: Obstbau-Weinbau 23 (12), 1986, S. 298–301.

Mantinger, H., Stainer, R.: Rund um die Sorte Braeburr – Ist Braeburn auch in Südtirol interessant? In: Obstbau-Weinbau, 26 (6 und 7/8), S. 184–185 und 211–213, 1989.

Mantinger, H.: Empfehlungen zu unserem Kernobstsortiment. In: Obstbau-Weinbau 14 (2), 1977, S. 55–59.

Mantinger, H.: Entwicklung des Obstbaus im Vinschgau, insbesondere im Raume Latsch. Festschrift 50 Jahre MIVO 1954–2004, 2004.

Mantinger, H.: Tafelkernobst-Sortiment im Wandel – zukünftige Trends. Südtiroler Landwirt 53 (16), 1999, S. 35.

Mantinger, H.: Überlegungen zu neuen Apfelsorten. In: Obstbau-Weinbau, 22 (1), 1984, S. 12–15.

Mantinger, H.: Wirtschaftlicher Wert neuer Apfelsorten für unseren Obstbau. In: Südtiroler Landwirt 39 (6), 1985, S. 173–176.

Meier, A.: Der Etschtaler Obstbau. 1–14. Flugschrift, 1934.

Meier, A.: Die Apfelsorte Gravensteiner. In: Obstbau-Weinbau 2, 1965, S. 129–130.

Meier, A.: Die Entwicklung des Obstbaus in seinen verschiedenen Entwicklungsstadien. In: Landwirtschaftliche Zeitung 5, Nr. 19, S. 165–168; Nr. 21, S. 182–184; Nr. 22, S. 189–191; Nr. 24, S. 189–212, 1924.

Meier, A.: Empfehlungen für Apfel- und Birnensorten. In: Landwirtschaftlicher Kalender 1920, 1920.

Oberhofer H.: Obstbau im Wandel der Zeit – 50 Jahre Beratungsring, 2007, S. 178 ff.

Oberhofer, H. und Mitarbeiter: Birnentagung in Leifers: Hat der Birnenanbau noch Zukunft? In: Obstbau-Weinbau, 10 (3), 1973, S. 70 ff.

Oberhofer, H., Theiner, F., Pichler, P., Zanon, K.: Diskussion über die Sorte Jonathan. In: Obstbau-Weinbau 7 (7/8), 1970, S. 194 und 200–204.

Oberhofer, H.: Aktuelles zur Sortenfrage. In: Südtiroler Landwirt 34 (3), 1980, S. 105.

Oberhofer, H.: Hinweis auf eine Handschrift aus der Churburg, Schluderns, mit dem Titel: „Beschreibung aller Obst- und anderer Bäume im Churburger Anger und im Pfaffenegg Anno 1755, den 4. August". In: Obstbau-Weinbau 16 (1), 1979, S. 20–22.

Oberhofer, H.: Welche Sorten haben Zukunft? In: Obstbau-Weinbau 4 (1), 1967, S. 2–3.

Pernter, P.: Kanzi in der Lagerung. In: Obstbau-Weinbau, 46, (10), 2009, S. 340–341.

Pohl, B.: Was südlich des Brenners geschah. In: Bauern in Tirol – vor Jahren begann die Zukunft 1882–1982, Innsbruck 1984.

Pöll, J. J.: Pomologie oder kurze Anleitung zur Obstbaumzucht, Bozen 1831.

Ruatti, G.: Economia frutticola in Alto Adige. Fed. Naz. d. Consorzi Provinciali tra i produttori dell´Agricoltura. Sett. d. Ortofrutticoltura (Hrsg.), 1940.

Sansavini, S.: Un secolo e oltre di Frutticoltura. Estratto da: L'Agricoltura verso il terzo millennio attraverso i grandi mutamenti del XX secolo.

Schnitzer, Kasimir: Beschreibung des Obstbaus im Gebiet von Meran bis ins neunzehnte Jahrhundert. In: Südtiroler Apfelbuch, 1994.

Senoner, R.: Die Annalen von Mais; umgeschrieben und übersetzt aus dem lateinischen Original: „Annales Maisenses", Lana 2003.

Sittich, M. von Wolkenstein: Landbeschreibung der Tyrolischen Cronica. Schlern-Schriften, 34, 1936.

Staffler, F., Peterlini. H.K.: 125 Jahre (1884–2009) Wein-, Obst- und Gartenbauverein Bozen, Bozen 2009.

Staffler, Franz: 100 Jahre Wein-, Obst- und Gartenbauverein Bozen, 1984.

Staffler, Johann Jakob: Tirol und Vorarlberg, Innsbruck 1846.

Stainer R., Cecchinel M.: Rote Mutanten bringen Vorteile. In: Südtiroler Landwirt 56 (2), 2002, S. 42–43.

Stainer R., Wohlgemuth, H. von, Gummerer, K.: Rischi e opportunità dei mutanti di melo. In: Rivista di Frutticoltura Vol. LXIII (9), 2001, S. 19–23.

Stainer R.: Erste Erfahrungen mit schorf- und mehltauresistenten Apfelsorten. In: Obstbau-Weinbau 24 (6), 1988, S. 196–198.

Stainer R.: Gala, Braeburn und Fuji. In: Obstbau-Weinbau, 27 (2), 1990, S. 40–43.

Stainer R.: Rote Mutanten und kein Ende? In: Obstbau-Weinbau, 30 (3), S. 73–75, und (4), S. 111–113, 1992.

Stainer R.: Welche Braeburntypen stehen im Angebot? In: Obstbau-Weinbau 34 (2), 1997, S. 44–46.

Techniker des Beratungsrings: Sortenwahl in den Bezirken Unterland, Leifers, Etschtal, Burggrafenamt und Vinschgau. In: Obstbau-Weinbau, 34 (4), S. 99–106.

Thomann M.: Anbauerfahrungen mit Ambrosia® und Scilate/Envy® in Kanada und den USA. In: Obstbau-Weinbau 51 (5), 2014, S. 156–159.

Tscholl J.: Pinova – eine Sorte für Mittelgebirgslagen. In: Landwirt, 53 (4), 1999, S. 44.

Verschiedene Autoren: Aussprache über die Sorte Jonathan. In: Obstbau-Weinbau, 1979, S. 158–171.

VI.P.: Sortenempfehlung für den VI.P-Bereich. In: Landwirt, 58 (1), 2004, S. 41

VOG und ESO: Stellungnahme von VOG und ESO zu Pink Lady. In: Südtiroler Landwirt, 52 (11), 1998, S. 32.

VOG.: Sortenempfehlung für den VOG-Bereich. In: Apfel aktuell, 18 (5/6), 2004, S. 20.

Von der Planitz, A.: Der Obstbau in Deutschsüdtirol. In: Geschichte der österreichischen Land- und Forstwirtschaft und ihrer Industrien 1848–1898, II. Band, Wien 1899.

Waldner, W.: Informationstagung zu Jazz®. In: Obstbau-Weinbau, 46 (6), 2009, S. 235–236.

Weber, Beda: Das Land Tirol. Ein Handbuch für Reisende, Innsbruck 1838.

Weis H.: Apfelneupflanzungen 2018 – Gala dominiert, Golden verliert. In: Obstbau-Weinbau, 55 (11), 2018, S. 5–8.

Weis, H.: 2015 wurden wieder weniger Apfelneuanlagen erneuert. In: Obstbau-Weinbau, 52 (9), 2015, S. 257–259.

Weis, H.: Heuer wieder mehr Apfel-Neuanlagen. In: Obstbau-Weinbau, 51 (10), 2014, S. 301.

Weis, H.: Was wurde 2013 in Südtirols Apfelanlagen gepflanzt? In: Obstbau-Weinbau, 50 (12), 2013, S. 368–371.

Zallinger C., von: Bemerkungen über die wichtigsten Apfelsorten. In: Pomologie und praktischer Obstbau, 1855, S. 23–25.

Zanon K.: „Meran" – neue Südtiroler Apfelsorte. In: Besseres Obst, 33, 1988, S. 217.

Zanon K.: „Meran", die neue Südtiroler Apfelsorte. In: Fruchthandel, 24, 1988, S. 425. (korrigiert)

Zipperle J.: Tätigkeitsbericht 1911 des Vereins deutscher Absolventen der landwirtschaftlichen Landeslehranstalt S. Michele a. d. Etsch, 1912, S. 14.

Zöschg M.: Sortenempfehlung für den Raum Brixen, 1999.

Zuegg K.: Mündliches Interview, 2003.

Foto: Baumschule Braun

Geschichte der Baumschulen in Südtirol

HELMUTH SCARTEZZINI

HELMUTH SCARTEZZINI

Geschichte der Baumschulen in Südtirol

ERSTE ERWÄHNUNG VON OBSTBAUMSCHULEN

Der Beginn der Baumschulen wird in die Zeit der Barockgärten mit ihren geometrisch strengen Formen – vom Ende des 16. Jahrhunderts bis etwa um 1770 – eingeordnet. Zur Deckung des Eigenbedarfs wurden in den Hofgärten der Fürsten und in den Parks von Adelssitzen Baumschulquartiere angelegt. Zunächst dürften Forstbaumschulen entstanden sein, ab dem 17. Jahrhundert folgten auch Obstbaumschulen. Die war die Zeit des Formobstbaus an den zahlreichen Schlössern des französischen Adels. Ziel war es, Obst auf engem Raum zu erzeugen, weshalb die Obstpflanzen oft an Mauern entlanggezogen wurden. Dies verlangte bereits in der Baumschule eine spezielle Schnitttechnik. Ausgangspunkt dafür war der Küchengarten im Schloss Versailles, der zwischen 1678 und 1683 angelegt wurde. Eine erwerbsmäßige Obstbaumschule ist für Paris erstmals am dortigen Kartäuser Kloster belegt. Dort wurde nach 1650 eine Obstbaumschule errichtet, um die umliegenden Flächen von 25 Hektar mit Obstbäumen zu bepflanzen und sich dadurch eine Erwerbsquelle zu beschaffen. In den Folgejahren versorgten sich auch Bauern und Adelige aus der Umgebung mit Pflanzen aus dieser Baumschule. Ab 1712 soll diese jährlich 14.000 Obstbäume produziert haben. Im Jahr 1750 gab das Kloster die Baumschule an einen Privaten ab, der die jährliche Produktion auf über 400.000 Jungbäume steigerte. Das Kloster wurde im Zuge der Französischen Revolution aufgelöst, der Besitz vom Staat größtenteils verkauft.

Einer der Ausgangspunkte für Baumschulen war die Aufzucht von Obst- und Ziergehölzen in den geometrisch angeordneten Baumgärten französischer Schlösser.

Die Erziehung von Obstgehölzen auf Spalier (Formobst) ermöglichte Obst auf engstem Raum anzubauen. Sie ging auch von Frankreich aus.

BEGINN DER OBSTBAUMSCHULEN IN DEUTSCHLAND

Im heutigen Deutschland entstanden die ersten Initiativen für die Verbreitung des Obstbaus in Brandenburg. Der preußische König Friedrich Wilhelm I. verordnete 1737, dass jeder Bauer jährlich 50 Apfel- und Pflaumenbäume zu setzen habe. Die vielleicht überzogene Forderung zeigte nur geringe Auswirkung. Friedrich II. (der Große), König von Preußen von 1740 bis 1786, folgte dem Ansinnen seines Vaters und erlies zwei Pflanzedikte (1754 und 1765). Demnach sollten in den Dörfern Baumschulen angelegt werden und die Pflanzung der Bäume längs den Straßen erfolgen, während Adelige auf ihren Gütern Obstgärten anlegen sollten. Der Erfolg bei den Bauern blieb weiterhin mäßig. Der Garteninspektor Johann Gottlob Schulze legte 1790 eine zentrale Baumschule im Park des Schlosses Sanssouci in Potsdam an, die 1823 zur Landesbaumschule wurde und 1828 mit einem Sortiment von 87 Apfelsorten aufwarten konnte.

Als älteste Baumschule Deutschlands gilt die 1720 in Berlin-Treptow gegründete Baumschule Späth. Sie galt um 1920 und bis zum Fall der Mauer 1989 als größte Baumschule Europas. Heute gehören die Gärten zur Humboldt-Universität. Um 1800 entstanden Baumschulen in Schleswig-Holstein, das Bundesland ist noch heute als größtes Baumschulgebiet Europas bekannt. Obstpflanzen blieben dabei immer untergeordnet.

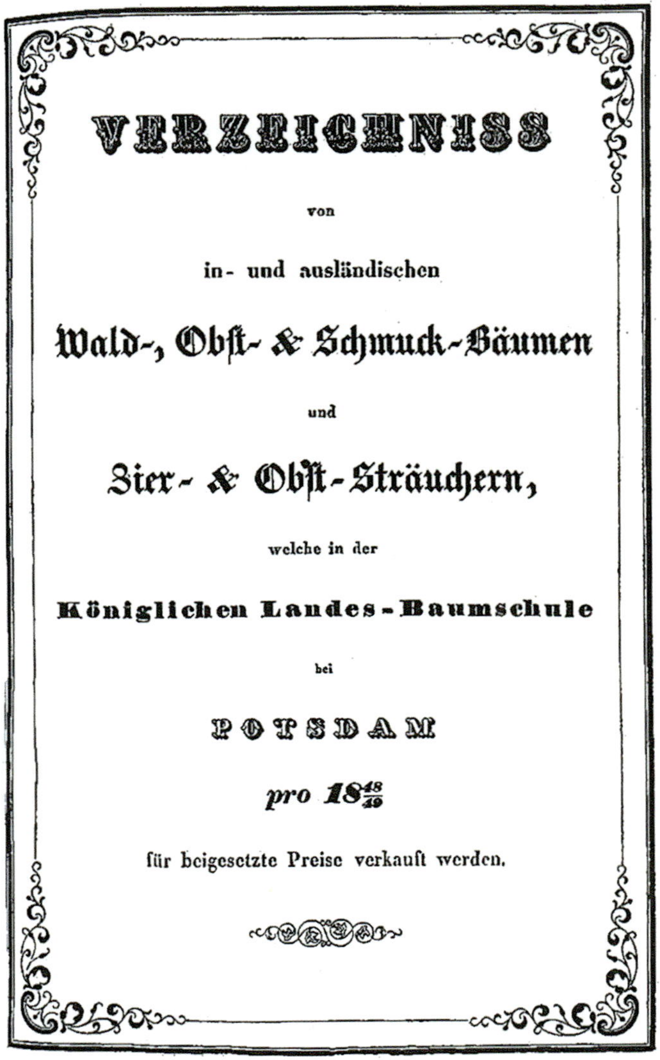
VERZEICHNISS

von

in- und ausländischen

Wald-, Obst- & Schmuck-Bäumen

und

Zier- & Obst-Sträuchern,

welche in der

Königlichen Landes-Baumschule

bei

POTSDAM

pro 18 48/49

für beigesetzte Preise verkauft werden.

Die Landesbaumschule in Potsdam/Preußen 1848.

Trotzdem bildeten diese Baumschulen für den Mitte des 19. Jahrhunderts aufstrebenden Obstbau im Alten Land die Bezugsquelle.

Johann Caspar Schiller.

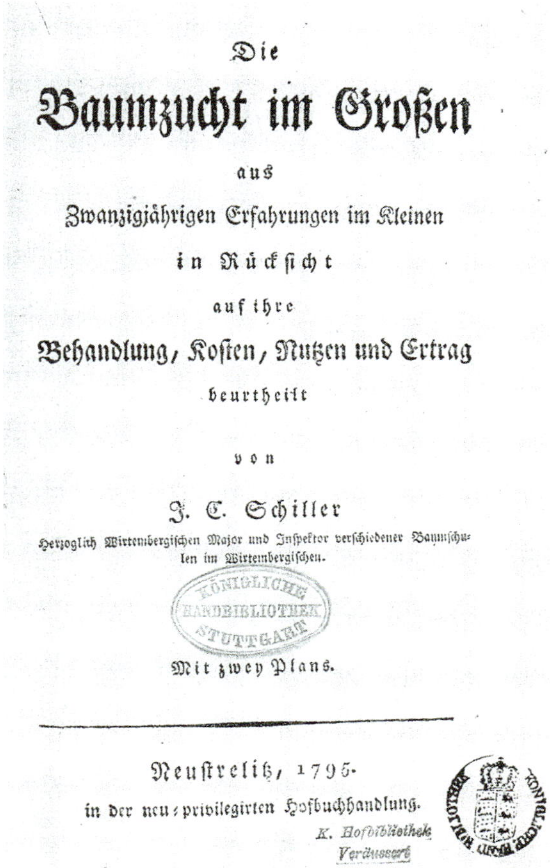

Die
Baumzucht im Großen
aus
Zwanzigjährigen Erfahrungen im Kleinen
in Rücksicht
auf ihre
Behandlung, Kosten, Nutzen und Ertrag
beurtheilt
von
J. C. Schiller
Herzoglich Wirtembergischen Major und Inspektor verschiedener Baumschulen im Wirtembergischen.

Mit zwey Plans.

Neustrelitz, 1795.
in der neu-privilegirten Hofbuchhandlung.

Johann Caspar Schiller, der Vater des berühmten deutschen Dichters, veröffentlichte 1794 das Buch „Die Baumzucht im Großen".

Ein weiteres Land, das sich um den Obstbau bemühte, war Württemberg. Der Vater des Dichters Friedrich Schiller, Johann Caspar Schiller, war ab 1775 Leiter der herzoglichen Hofgärten. Nachdem elf Jahre lang Forstbäume gezüchtet wurden, erweiterte er die Baumschule am Schloss Solitude in Stuttgart um Obstgehölze und begann mit 22.400 Bäumchen die Verteilung für ganz Württemberg. Anfänglich wurde noch der Großteil zur Bepflanzung der Schlossgärten verwendet, schließlich konnten mehr als 30.000 Stück für private Abnehmer zur Verfügung gestellt werden. Sein 1794 verfasstes Werk „Baumzucht im Großen" behandelt die Anforderungen und die Arbeitsschritte in den ersten fünf Jahren einer Obstbaumschule. Insgesamt dauerte es acht Jahre, bis ein Obstbäumchen gesetzt werden konnte, wobei die Bäumchen zur Bepflanzung entlang von Haupt- und Landesstraßen dienen sollten. Im ausgehenden 18. Jahrhundert galt

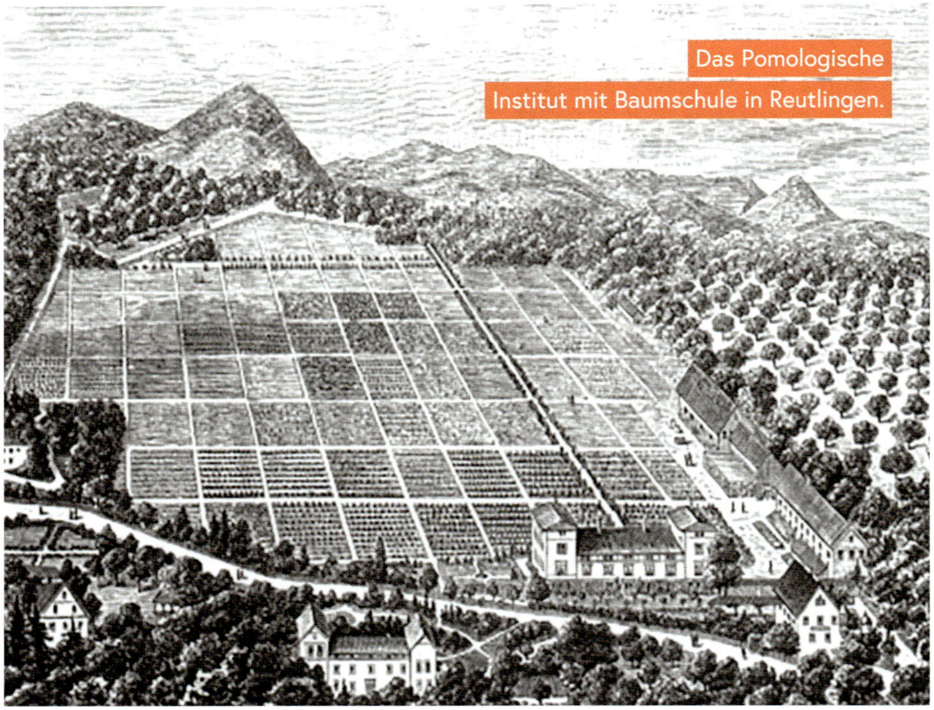

Das Pomologische Institut mit Baumschule in Reutlingen.

Eduard Lucas. Gründer des Pomologischen Institutes in Reutlingen.

Bild: Wikipedia

diese Obstbaumschule in Stuttgart als die größte in Süddeutschland. Später erschienen weitere Anleitungen für Obstbaumschulen, zum Beispiel der Katechismus der Obstbaumzucht 1830 bereits in der 2. Auflage, sowie 1839 von Johann Georg Dittrich in Jena und 1868 von Hermann Jäger in Leipzig.

Eduard Lucas gab in Stuttgart die Schrift „Die Gemeindebaumschule" heraus. Er war 18 Jahre lang Gartenbauinspektor an der Landesanstalt Hohenheim-Stuttgart und gründete 1860 die Lehranstalt für Gartenbau, Obstkultur und Pomologie in Reutlingen. Das Institut unterhielt eine eigene Baumschule, eine Gemüsesamenanzucht und ausgedehnte Obstanlagen. Ein Obstmuttergarten mit über 2.000 Obstsorten diente der Reisergewinnung. Die Tätigkeit des Institutes endete 1922.

Die obstbauinteressierten Bürger um Carl von Zallinger in Bozen standen mit Lucas in regem Kontakt, weshalb im weiteren Verlauf näher auf ihn eingegangen werden soll. Lucas war Schriftleiter des auch in Tirol bekannten Fachblattes „Monatsschrift für Pomologie und angewandten Obstbau".

DIE BAUMSCHULE ALS INSTRUMENT ZUR VERBREITUNG DER OBSTBAUMZUCHT IN TIROL

Der Ursprung der Baumschulen in Tirol war von Anfang an landwirtschaftlich geprägt.

Schlösser und Adelsansitze waren zwar vorhanden, die umliegenden Grünflächen wurden aber nur in wenigen Fällen zu Repräsentationszwecken genutzt. Die Bodenverfügbarkeit war seit jeher begrenzt und somit der Landwirtschaft vorbehalten. Der Obstbau spielte sich im Wesentlichen in umfriedeten Gärten der Landwirtschaftsbetriebe in den klimatisch begünstigten Tälern ab. Hierfür benötigten die Betriebe nur geringe Stückzahlen.

Zu Beginn des Wiesenostbaus ab ca. 1850 mit Pflanzdichten von weniger als 100 Bäumen pro Hektar war es noch nicht grundlegend anders. Die Pflanzenanzucht und Veredelung erfolgte in den Betrieben selbst. Erste Hinweise auf eine solche „Pelzschule" finden sich im Jahre 1755 anlässlich einer Obstbaumzählung auf der Churburg in Schluderns. Von einer Baumschule, diesmal für Maulbeerbäume, erfuhr man um 1770 in der Kaiserau bei Bozen, wo nach der Trockenlegung des sogenannten Neufeldes in Gries gezielt Maulbeeren für die Seidenraupenzucht angepflanzt wurden. Die nächsten Hinweise auf Obstbaumschulen stehen in Zusammenhang mit den behördlichen Maßnahmen zur Verbreitung des Obstanbaus in Tirol. Dort entstand auf Anordnung der Regentin Maria Theresia eine „kaiserliche Ackerbaugesellschaft", die 1767 eine erste Versammlung der 18 Mitglieder abhielt. Südtirol sollte eine eigene Filiale erhalten. Dazu kam es aber nicht, zudem waren nur Verbesserungen im Ackerbau geplant. Später war auch eine Baumschule im Hofgarten zu Innsbruck vorgesehen. Da keine Fachleute, sondern nur Staatsdiener als Mitglieder aufschienen, erschöpfte sich die Tätigkeit des Vereins 1807. Inzwischen kam Tirol 1806 zu Bayern.

Besser berücksichtigt wurde der Obstbau während des kurzen Vereinslebens des „Bayrischen Landwirtschaftsverein" in Tirol (von 1811 bis 1814), nachdem eine Baumschule vom Bezirkskomitee in Innsbruck errichtet worden war. Die Bemühungen der folgenden Landesregierung von Tirol zur Förderung der Obstbaumzucht und Veredlung der Baumfrüchte bezog sich nur auf den nördlichen Teil von Tirol, nämlich im Gebiet in und um Innsbruck, in Hall, Landeck, Schwaz und Imst.

Aus dem „Tiroler Boten" können einzelne Maßnahmen zur Schulung entnommen werden. So begann 1825 in Wilten (Innsbruck) ein Obstbaukurs für Lehrer. Im südlichen Tirol gab es 1823 Bestrebungen zur Errichtung einer pomologischen Lehranstalt am Priesterseminar in Brixen, wo Vorlesungen zum Obstbau stattfanden. 1830 wird über Schulgärten in Vahrn, Lüsen, Albeins und Milland berichtet. Auch das Augustiner Chorherrenstift in Neustift lieferte mehrere 100 veredelte Jungbäume an Landwirte. Bereits vorher gab es kleine,

stammten aus Oberösterreich, dem Kanton Thurgau und aus Italien.

In den Jahren 1854 und 1856 kamen drei neue Quadrate hinzu, die Baumschule und der Versuchsgarten erreichten ein Flächenausmaß von 1,5 Hektar. Die ersten sechs Quadrate umfassten 284 Sorten. Der Zweck dieser als Hochstämme, Pyramiden und Spaliere gezogenen Versuchsbäume bestand darin, die Sorten kennenzulernen, zu prüfen und, falls sie sich als geeignet erwiesen, die richtigen Reiser zu haben, um die neue Sorte auszupflanzen. Darüber hinaus standen mehrere hundert Hochstämme zur Gewinnung von Edelreisern von über 80 Apfelsorten zur Verfügung. In der eigentlichen Baumschule beschränkte man sich auf wenige vorwiegend-einheimische Sorten.

So standen im Herbst 1856 5.500 ein-oder zweijährige Apfel- und 427 Birnbäumchen zur Verfügung. Davon waren aufgrund ihres Bekanntheitsgrads über 1.100 Weißer Rosmarin, 900 Maschanzger, 500 Bozner Böhmer, 500 Winter-Goldparmäne und 240 Roter Rosmarin.

Darüber hinaus gab es weitere Sorten für Liebhaber je nach der erwarteten Nachfrage, dies waren, in absteigender Reihenfolge, Lederapfel, Zwiebelapfel, Halbweiße, Triangelapfel, Kalterer Böhmer und Weißer Wintercalvill. Von den Birnen waren die Sorten Grumetbirne, Sommerzitrone und Herbstbergamotte vorrätig.

Aus dem im Jahre 1856 in Bozen erschienenen Büchlein „Die Baumschule des Landwirtschaftsvereins" erfährt man, dass bis im Frühjahr 1857 Edelreiser von 193 Apfelsorten, 120 Birnen- und 36 Zwetschgensorten abgegeben werden konnten. Außerdem gab es einige Pfirsich-, Kirschen-, Marillen- und Mandelsorten. Die Preise betrugen pro Edelreis 1 Kreuzer, bei einjähriger Veredlung 30 Kreuzer, bei zweijähriger 40 Kreuzer. Das Büchlein beinhaltet zudem das System der Apfel- und Birnensorten nach Eduard Lucas, eingeteilt in Klassen (15 für Äpfel) und Ordnungen.

In einer abschließenden kurz gefassten Belehrung wird auf die Qualität der in der Baumschule vorhandenen Apfelsorten und auf neuere ausländische Sorten wie Weißer Calvill, Winter-Goldparmäne und verschiedene Reinetten hingewiesen. Es ist anzunehmen, dass bekannte Pomologen wie Lucas und Liegel bei der Errichtung der Baumschule mit Ratschlägen zur Seite standen. Von Lucas ist bekannt, dass er die Baumschule kurz nach deren Errichtung besuchte. Am 19. Juni 1856 besuchte Erzherzog Johann die Baumschule in St. Jakob und bewunderte die „mit Früchten prangenden Mutterbäume, 6.000 edle Obststämmchen und tausende Wildlinge jeden Alters".

Wie notwendig die Anlage der Baumschule war, beweist eine Zeitungsnotiz vom 27. April 1853, wonach es damals nur kleine „in den verlorenen Winkeln der Güter angelegte Baumschulen mit hohen Baumpreisen" gab. Nach einer Mitteilung des rührigen Bozner Pomologen Karl von Zallinger in der Pomologischen Monatszeitschrift von 1855 kosteten die Bäume aus den wenigen Baumschulen mit zwei- oder dreijähri-

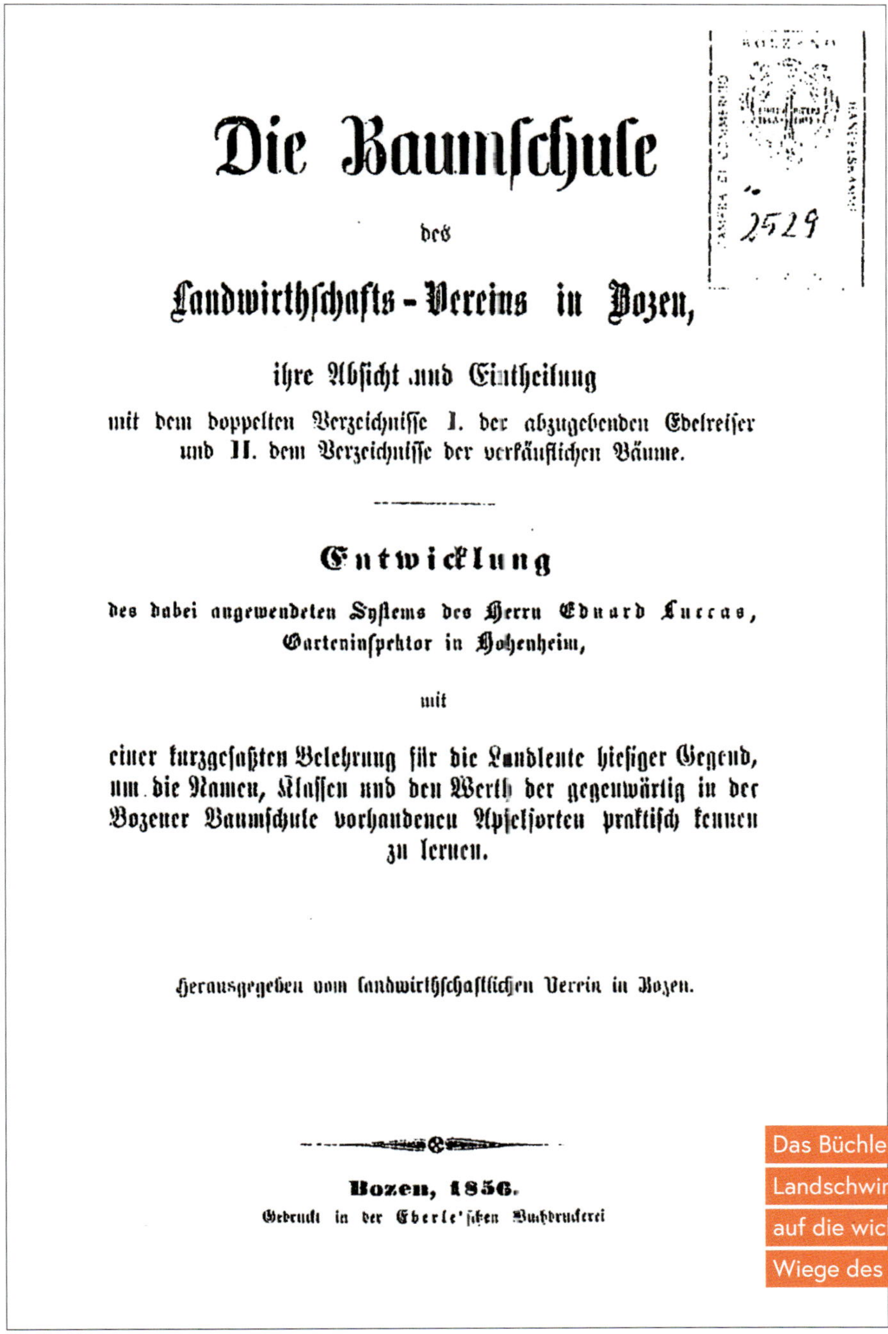

Die Baumschule

des

Landwirthschafts-Vereins in Bozen,

ihre Absicht und Eintheilung

mit dem doppelten Verzeichnisse I. der abzugebenden Edelreiser und II. dem Verzeichnisse der verkäuflichen Bäume.

Entwicklung

des dabei angewendeten Systems des Herrn Eduard Luccas, Garteninspektor in Hohenheim,

mit

einer kurzgefaßten Belehrung für die Landleute hiesiger Gegend, um die Namen, Klassen und den Werth der gegenwärtig in der Bozener Baumschule vorhandenen Apfelsorten praktisch kennen zu lernen.

Herausgegeben vom landwirthschaftlichen Verein in Bozen.

Bozen, 1856.

Gedruckt in der Eberle'schen Buchdruckerei

Das Büchlein „Die Baumschule des Landschwirtschaftsvereins in Bozen" weist auf die wichtige Rolle der Baumschulen als Wiege des Obstbaues hin.

ger Veredelung zwischen 1 Gulden, 30 Kreuzer und 2 Gulden (1 Gulden entspricht der heutigen Kaufkraft von 15,74 €). Er beschreibt darin die wichtigsten Tiroler Apfelsorten – wobei der Weiße Rosmarin als die gewinnbringendste Sorte in der Gegend von Bozen und Meran bezeichnet wird – und hält fest, dass die Nachfrage nach Pflanzgut nicht mehr befriedigt werden kann. Im Stadtarchiv Bozen finden sich Unterlagen zur Baumschule für das Jahr 1857, wonach rund 4.900 Bäumchen (4.300 Äpfel, 560 Birnen, 45 Zwetschgen und Marillen) zum Bezug bereitstanden.

Im Frühjahr dieses Jahres konnten an 80 Personen Reiser abgegeben werden, im Herbst an 33 Personen. Zum Zeitpunkt des Berichts waren 1.060 Äpfel mit 15 Gattungen, 1.007 Pfirsiche mit 22 Gattungen, 300 Birnen mit 14 Gattungen und 42 Aprikosen neu veredelt. Im Frühjahr darauf wurden 1.657 Bäumchen abgegeben (1.481 Äpfel, 59 Birnen, 79 Pfirsiche, 29 Kirschen, 8 Zwetschgen und ein Mandelbäumchen). Die Abgabe erfolgte jeweils im Herbst und vermehrt im Frühjahr. Es brauchte sicher einige Jahre, bis sich die Veredlungszahlen der Nachfrage anpassten. Bemerkenswert ist, dass der jeweilige Bezug bei durchschnittlich 20 bis 30 Bäumchen lag, maximal waren es 50, aber manche bezogen auch unter 10 Stück.

Die geringen Stückzahlen belegen, dass man sich erst am Beginn der Ausdehnung der Anbauflächen befand und spiegeln die geringe Pflanzdichte und die damalige Mode wider, im Obstgarten zu Liebhaberzwecken möglichst viele Sorten zu pflanzen. Dies zeigen auch die damaligen Früchteausstellungen der Bozner Handelskammer. Eine Schilderung aus dieser Epoche gibt durchschnittlich zehn Bäume pro Bauer an. Viele freie Flächen in der Etschtalsohle waren noch nicht zur Pflanzung geeignet und die Transportwege beschwerlich. In dieser Anfangszeit des Obstbaus stand der Eigenbedarf stärker im Vordergrund als der Handel.

Recht gut angenommen wurde die Anregung zur Anlegung von Obstbaumschulen für den Unterricht in den Schulen mit einer durchschnittlichen Größe von 500 m^2. 1867 standen in den 14 Schulen von Taufers bis Bruneck und Sterzing 11.400 Unterlagen und 6.200 Veredelungen. Erst mit der Eröffnung der Brennerbahn im Jahr 1868 konnte der Erwerbsobstbau zu Exportzwecken richtig Fuß fassen. Im ersten Jahr der Brennerbahn wurden 1.230 Tonnen Obst verladen. Die Hälfte davon waren Äpfel, 15 % Birnen, 15 % Trauben, 10 % Kastanien und 10 % Steinobst. 1868 wurde von den Bozner Kaufleuten Oettl, Christanell, Staffler, Holzknecht, Tschugguel, Mahlknecht und anderen die „Erste Südtiroler Früchteexportgesellschaft" gegründet, was größere Exportmengen und eine marktfähige Sortenvielfalt förderte.

Der weitere Verlauf der ersten Baumschule der Landwirtschaftsgesellschaft bleibt ungeklärt. Der Verein

Veredelungsmethoden, wie das Okulieren, das wir noch heute anwenden, zeigen, welches Wissen schon damals über das Pflanzenleben verbreitet war.

Auch das Pelzen und sogar die Schildveredelung kannte man. Bindematerial und Wachse haben inzwischen diese Arbeiten erfolgreicher beeinflusst.

Wandtafeln zum Anschauungs-Unterrichte über Zucht und Pflege der Obstbäume, zum Unterrichte an Volksschulen, landw. Fortbildungsschulen, sowie an Lehrer-Bildungs-Anstalten.

24 Tafeln.

Entworfen von C. MADER, Pomolog u. Wanderlehrer. Lithographirt von JOH. BAPT. KIENE.

BOZEN 1875.

Herausgegeben vom Landwirthschafts- und Gartenbau-Verein.

VERLAG des VEREINS.

Wandtafeln erstellt um 1875 von Karl Mader. Sie dienten der Belehrung für die Obstbaumzucht in den Grundschulen und Lehranstalten.

Vereins-Ausschuss 1869.

Obmann: Hugo Ritter v. Goldegg.
Geschäftsführer: med. Dr. Jos. v. Braitenberg.
Beiräthe: jur. Dr. Anton v. Reggla;
Andrä Kirchebner;
Josef Prucha.
Ersatzmänner: Josef Moser;
Joh. Bapt. v. Fogolari;
Johann Kieser.

Der Gartenbauverein von Bozen sorgte schon frühzeitig für die Beschaffung des Pflanzmaterials.

Satzungen

des

Gartenbau-Vereins in Bozen.

§. 1. Name und Zweck des Vereins. Zweck und Aufgabe des Gartenbau-Vereins in Bozen ist die Hebung der Obst-, Wein- und Gartenkultur.

Auch der Anbahnung und Verbreitung von Verbesserungen und neuen bewährten Erfindungen im Gebiete des Wiesen- und Ackerbaues sowie der Seiden-, Bienen- und Viehzucht wird der Verein seine Kräfte widmen.

Vorzüglich aber veranstaltet er Früchte-, Gemüse- und Blumenausstellungen und Weinproben in Bozen, besorgt die Beschickung auswärtiger landwirthschaftlicher Ausstellungen und befasst sich mit der Bezugsvermittlung von Pflanzen, Edelreisern, Knollen, Sämereien und einschlägigen Gegenständen.

pachtete 1869 ein 3.000 m² großes Grundstück von der Gemeinde Bozen für eine Baumschule samt Versuchsgarten, der auch den Schülern der Bürger- und Lehrerfortbildungsschule zur Verfügung stand. Im darauffolgenden Jahr erfolgte eine Verschmelzung mit dem Gartenbauverein zum „Landwirtschafts- und Gartenbauverein". Nach fünf Jahren zählte dieser bereits fast 1.200 Mitglieder. Von einer Baumschule dieses Vereins liegt im Stadtarchiv der Gemeinde Bozen eine Skizze des Grundrisses aus dem Jahre 1871 vor, allerdings in einer undeutlichen, schwer leserlichen Form. Der Versuchsgarten mit Baumschule lag vermutlich in der Nähe des Gasthofes „Rosengarten" in Zwölfmalgreien. Die Baumschulproduktion betrug 1884 2.500 Stück.

Die im Jahre 1873 erfolgte Gründung der landwirtschaftlichen Lehr- und Versuchsanstalt in San Michele mit dem damaligen Schwerpunkt Weinbau vor dem Obstbau kam den lokalen Bedürfnissen sehr entgegen. Der Tätigkeitsbericht 1879–1885 der neuen Anstalt gibt über die dortigen Baumschulen Auskunft: Auf einem Areal von 4,74 Hektar neben zwei Hektar für Mutterbäume wurden im Jahresdurchschnitt 7.177 Bäume gezüchtet. In diesem Zeitraum gelangten 50.260 Stück zur Verteilung, davon 75 % als Hochstamm, außerdem 20.400 Wildlinge.

Der Jahresbericht 1879 bis 1898 spricht von durchschnittlich 6.570 Bäumen (69 % Hochstamm, 18 % Pyramiden und Spalier, 13 % Kordon und Einjährige). Insgesamt wurden bis 1898 131.400 Bäume gezogen (81 % Kernobst und 19 % Steinobst). 35.200 Sämlinge gingen an kleinere Baumschulen und Obstbauern. Der folgende Bericht für den Zeitraum von 1900–1904 gibt durchschnittlich 7.320 Bäume an. In den darauffolgenden drei Jahren steigerte sich die Abgabe auf jährlich 10.000 Stück, sodass von 1879 bis 1907 rund 200.000 Bäumchen produziert wurden. Der Großteil dürfte für das heutige Südtirol bestimmt gewesen sein, da hauptsächlich die hier gebräuchlichen Obstsorten in den Berichten aufscheinen.

1890 erschien ein Bericht des Landeskulturrates, der seit 1881 als gesetzlicher Vertreter der Landwirtschaft mit öffentlicher Befugnis wie der Beihilfevergabe fungierte. Gegliedert war die Organisation in 20 Bezirksgenossenschaften, der Wein-, Obst- und Gartenbauverein Bozen nahm weiterhin die Vertretung des Obst- und Weinbaus wahr. Im Bericht wird auf die Baumschulsituation eingegangen: „Die Deckung des Bedarfs an Obstbäumen begegnet in Deutsch-Südtirol kaum mehr Schwierigkeiten. Es finden sich bereits eine Anzahl gut geleiteter Baumschulen namentlich der Landesanstalt in San Michele, die schöne, junge Obstbäumchen zu billigen Preisen abgibt."

Zu einer anderen Aussage gelangte 1904 Karl Mader, Direktor der Landesanstalt San Michele, in seinem Standartwerk „Der Obstbau, die Obstproduktion und der Obsthandel in Tirol". Er führte Folgendes aus:

„Im deutschen Landesteil befinden sich eine größere Anzahl Privatbaumschulen von verschiedener Größe. Auch die beiden Fachvereine in Bozen und Meran befassen sich mit der Baumzucht. Die Zahl der jährlich in Vertrieb kommenden Obstbäume dürfte 60.000–80.000 betragen. Trotzdem reichen die im Land erzeugten Baumschulartikel selbst auch nur für den landwirtschaftlichen Obstbau nicht vollkommen aus und werden fast immer Obstbäume vom Ausland oder aus anderen Ländern der Monarchie bezogen."

In der darauffolgenden Ausgabe der Schrift von 1907 wurden die Gesamtmengen auf 80.000–100.000 hinaufgesetzt. Die damaligen privaten Baumschulen sind leider nicht überliefert mit Ausnahme jener von Christoph Frank am Rebhof in Gries. Der 1884 in „Wein-, Obst- und Gartenbauverein Bozen", umbenannte „Landwirtschafts- und Gartenbauverein Bozen" legte 1896, 1904 und 1910 neue Quartiere an und betrieb bis 1931 eine Baumschule, wenn auch nicht durchgehend. Daneben war auch der Obst- und Gartenbauverein für Brixen und Umgebung tätig.

Durch den Wanderlehrer Josef Gasser entstanden ab 1874 kleinere Baumschulen, so in Albeins und Vahrn, ab 1880 an der Seeburg in Brixen mit 4.500 Bäumen Jahresproduktion und in den 1890er-Jahren in der Millander Au. 1901 fasste der Verband der landwirtschaftlichen Bezirksgenossenschaften einen Beschluss für die Anlage einer größeren Baumschule zur Hebung der Obstkultur. Etwas später entschloss sich 1905 der Obst- und Gartenbauverein Meran, eine Baumschule in Untermais und in Gargazon (5.000 Stück) zu führen.

Auch bei den 62 Obstbauvereinen des Landes (Stand 1913: im Vinschgau 13, im Etschtal 24, 10 im Pustertal und 15 im Eisacktal) dürften einige Baumschulen aktiv gewesen sein. Bekannt ist dies 1909 für den Obstbauverein Schlanders. Im Vinschgau ist bereits für 1874 eine durch den Lehrer Noggler in Mals betriebene Baumschule bekannt, die alljährlich tausende Obstbäume an Landwirte abgeben konnte. 1906 bis 1913 fanden an der Anstalt in San Michele Ausbildungen für 169 Baumwärter statt. Sie erfuhren Unterweisungen in Baumschularbeiten wie Schnitt und Verpackung der Edelreiser, Ausgraben und Verpacken der Bäume, die Reiserveredelung und Erziehung der Hochstämme.
Während des Ersten Weltkriegs gab es nur minimale Neupflanzungen, daher ging die Baumschultätigkeit allgemein stark zurück. 1919 erwog der Wein-, Obst- und Gartenbauverein Bozen eine zwei Hektar große geeignete Fläche vom Stadtmagistrat zu übernehmen, um die Wiederaufnahme des Baumschulbetriebs anzugehen. Ob dies auch zustande kam, ist nicht bekannt. Der Wanderlehrer Alois Meier berichtete 1924: *„In den Baumschulen sind nur unbedeutende Mengen schlechten, überständigen Pflanzmaterials vorhanden, sodass es unmöglich ist, die Erstpflanzungen entsprechend durchzuführen. Der Weltkrieg hat seine Spuren hinterlassen. Durch das gänzliche Fehlen an Unterlagen in*

Herbst 1889 | Ausgezeicnnet | Frühjahr 1890

1877 mit dem Kaiserpreis, 1880 Graz Mitarbeiter-Medaille, 1886 Bozen I. Ehrenpreis und der Ausstellungs-Medaille.

Die Baumschule von Chr. Frank

Rebenhof bei Bozen

empfiehlt

Obstbäume: Aepfelbäume, Hochstämme und Halbhochstämme per Stück 48—70 kr. Pyramiden und Spaliere 30—80 kr. Cordons 30—50 kr.
Birnbäume: Hochstämme und Halbhochstämme per Stück 50 kr. bis 1 fl., Pyramiden und Spaliere 30—80 kr., Cordons 30—50 kr.
Kirschen und Weichseln: Hochstämme per Stück 60 kr. bis 1 fl., Spaliere und Pyramiden 30—80 kr.
Pflaumen, Zwetschken, Aprikosen, Pfirsiche: Hochstämme 50—80 kr. Niederstämme 30—80 kr.
Mandeln, Nussbäume: Hochstämme 60 kr. bis 1 fl.
Obstwildlinge: Apfelsämlinge das Tausend zu 12—18 fl. Birnsämlinge 15—25 fl. Kirschensämlinge 20—25 fl., bewurzelte Quittensetzlinge 30 fl.
Johannisbeerstauden: kräftige Pflanzen 10—15 kr. per Stück.
Spargelpflanzen: 2jähr. das Tausend 15—20 fl. (frühe von Argenteul, Conovers, Colosal).

Obstsorten-Verzeichniss:

Aepfel: Weisser Rosmarin, Edelroth, Köstlicher, Edelböhmer, Kalterer Böhmer, W. W. Calvill, Ananas-Reinette, Canada-Reinette, Winter-Gold-Permine, W. W. Taffet-Aepfel, Oberdicks Reinette, Orleans-Reinette u. a. m.
Birnen: Winter-Dechants-Birn, Diels B. B., W. Herbst B. B., Hardenponts W. B. B., Gute Louise, William, Regentin, Olivier de serres, Pastorenbirn, Grummetbirn, Clairgeau, Esperens, Bergamotte, Grüne Sommer-Magdalene, Herzogin von Angouleme, Passa tutti u. a. m.
Kirschen und Weichseln: Frühe Freiberger Maikirsche, Fuchsenkirsche, bunte Knoppelkirsche Revier Lemercie, Montmorecy Lothkirsche, Osthelmer Weichsel u. a. m.
Aprikosen: Mühlbacher frühe, Apricosen von Brede, Frühe von Nancy, Muk-Muk.
Pflaumen und Zwetschken: Grosse grüne Reineclaude, Anna Späth, Reineclaude von Bavay, Reineclaude von Jodvigne, Italienische Zwetschke, Bozner Frühzwetschke u. a. m.
Pfirsiche: Madelaine rouge, Erzherzog Johann, Admirable rouge, Teton Venus, Madeleine Courssen, früher Juni-Pfirsich u. a. m.

Coniferen und Nadelhölzer, Allee- und Schattenbäume.

Ich führe ein grosses Sortiment Coniferen und sonstiges immergrünes Ziergehölze und werden dieselben mit guten Wurzelballen je nach der Stärke billigst berechnet.

Der Herbstversandt beginnt Mitte Oktober und dauert, so lange es die Witterung erlaubt. Emballage wird zum Kostenpreis berechnet.

Die Kellerei am Rebenhofe empfiehlt

gute Eigenbau-Weine

fass- und flaschenreife Weine und wird für Echtheit garantirt.

Der Baumschuler Christoph Frank inseriert 1889/1890 in der "Bozner Zeitung".

den Jahren 1919 und 1920 hat sich die Stockung im Baumschulbetrieb verlängert. Erst 1921 ist die Zahl der jährlich gepflanzten Wildlinge von 3000 auf nun ca. 100.000 gestiegen."

Rund zehn Jahre später gab Professor Alois Meier einen guten Einblick in den „Etschtaler Obstbau" der 1930er-Jahre. Die Obstbauflächen waren auf rund 8.400 Hektar angewachsen, 6.000 intensive und 2.400 extensive Anlagen. Der landwirtschaftliche Obstbau in Wiesenkultur herrschte vor. Auf einer Fläche von 100 Hektar wurde gärtnerischer Obstbau in Form von Spalier- und Buscherziehung auf Doucin-Unterlagen betrieben. Typisch war der Halbhochstamm. Pro Hektar wurden etwa 100 Hoch- oder Halbhochstämme gepflanzt, während die Anzahl der Niederstämme bei 200 pro Hektar lag. Gepflanzt wurden die Jungbäume als zwei- bis dreijährige Veredelungen auf Sämling. Über den Baumschulbereich berichtete Prof. Meier:

„Während in der Vorkriegszeit fast in jedem Bezirk eine Vereinsbaumschule bestanden hat, um an die Mitglieder der Vereine das Pflanzmaterial zu ermäßigten Preisen abzugeben, ist dermalen die Anzucht gänzlich der Privatinitiative überlassen, da die Kenntnis im Baumschulwesen sich sehr verbreitet hat und somit Beiträge aus öffentlichen Mitteln heute nicht mehr notwendig erscheinen. Außer 5 mittelgroßen Baumschulen bestehen sehr viele Kleinbetriebe, welche ihre Bäumchen in der nächsten Umgebung verkaufen. Großgrundbesitzer ziehen ihren Bedarf meistens selbst heran. Im Durchschnitt des letzten Jahrzehntes beträgt die Anzahl der im Land zwecks Veredlung gepflanzten Wildlinge 60.000 Stück. Seit zwei Jahren werden jedoch nicht unbeträchtliche Mengen an Veredelungen auch aus (alten?) Bundesländern bezogen. Die Anzucht des Unterlagenmaterials für die Baumschulen geschieht nur in ganz wenigen Betrieben. Größtenteils werden Setzlinge aus den alten Bundesländern oder aus dem Ausland bezogen."

Dies hing vermutlich auch mit dem neuen Sortiment schnelltragender, großfruchtiger Sorten zusammen (Champagner Renette und Morgenduft). In dieser Epoche erfuhr die Baumschultätigkeit eine erste gesetzliche Regelung. Das Staatsgesetz vom 18. Juni 1931 Nr. 987 beinhaltete Bestimmungen zum Schutz der Pflanzenkulturen und der landwirtschaftlichen Erzeugnisse vor schädlichen Ursachen und die diesbezüglichen Dienste. Mit Genehmigung des Präfekten der Provinz nach Anhören des Kommissärs für Pflanzenkrankheiten unterlagen den neuen Bestimmungen auch die Pflanzenschulen für Gemüse, die Saatgutbetriebe sowie die Handelsbetriebe für Pflanzen, Pflanzenteile und Saatgut. Die Überwachung erfolgte durch Inspektionen in den Betrieben. Das Königliche Dekret vom 12.10.1933 Nr. 1700 lieferte die Durchführungsbestimmungen, die mit dem Gesetz bis zur Jahrtausendwende in Kraft blieben. Die sogenannten Lizenzen des Pflanzenschutzdienstes bildeten über Jahrzehnte die Voraussetzung für die Ausübung der Baumschultätigkeit.

DIE BAUMSCHULE DES GUTSBETRIEBS CAMPOFRANCO IN BOZEN

Der Gutsbetrieb Campofranco im Süden von Bozen entstand nach 1848, als der bisherige Vize-König von Lombardo-Venetien, Erzherzog Rainer, nach Bozen übersiedelte. 1851 erwarb er auch den Ansitz Salegg in Kaltern mit ausgedehnten Gütern. Sein Sohn Heinrich (1828–1891) übernahm auf dem Erbwege die Liegenschaften und weitete den Besitz in Oberau und Leifers weiter aus. Er lebte nach seiner Militärkarriere von 1872 bis 1891 in seinem Palais in Bozen und widmete sich der Pflanzenzucht. 1892 trat seine einzige Tochter Maria Raniera das Erbe an, die mit Heinrich Graf Lucchese Palli Fürst von Campofranco verehelicht war. So erhielt der Betrieb in Oberau den Namen „Campofranco". Zu ihm gehörten fünf Höfe in Oberau und einer in Leifers. Der Gutsbetrieb umfasste

Edle Etiketten für die Baumschule in Porzellan

um 1900 über 130 Hektar hauptsächlich Wiesengrund und etwas Weinbau. Die Wiesen waren teils sumpfig, teilweise auch von Auwald umgeben, und wurden ab 1920 nach und nach bonifiziert. Es dürften aber bereits in den Jahren ab 1851 neben Reben auch Obstbäume sowie Maulbeerbäume angepflanzt worden sein. In der Früchteausstellung in Bozen von 1867 waren 74 Apfelsorten und 45 Birnensorten des Erzherzogs Heinrich ausgestellt, die vermutlich aus dem Garten bei der Kirche St. Oswald in Bozen stammten.

Der erste sichere Nachweis eines Baumschulbetriebs stammt aus den Jahren 1924 und 1929, als in Zeitungsannoncen Jungbäume aus der Baumschule der Gutsverwaltung der Frau Fürstin von Campofranco am Kapaunhof bzw. Auhof zum Verkauf angeboten wurden. In den fünf Jahren von 1934/35 bis 1938/39 wurden 27.000 Bäumchen, überwiegend als mehrjähriger Hochstamm, gezogen, wobei sich Äpfel und Birnen in etwa die Waage hielten. Neben dem eigenen Bedarf der Betriebe Auhof und Salegg wurde an Produzenten in Bozen und Leifers und an einen größeren Betrieb in Nals (Schwanburg) geliefert. Im Süden von Bozen hatten sich viele Kunden auf die Birnenproduktion spezialisiert. Der Steinobstanteil (Pfirsiche und Kirschen) belief sich auf weniger als 10 % des Absatzes. Die Apfelsorte mit der meisten Nachfrage war Champagner Renette, gefolgt von Kalterer Böhmer, Goldparmäne, Gravensteiner, Kanada und Wagener Apfel. Bei den Birnen galt die Flaschenbirne (Kaiser Alexander) als erste Wahl, gefolgt von Williams, Triumpf von Vienne, Clairgeau und Grumetbirne. Die Frühjahrslieferungen hörten im März auf. Die durchschnittlichen Stückzahlen pro Abnehmer betrugen um die 30 Stück.

Neben den eigenen Großbetrieben, die mehrere hundert Bäume im Jahr bezogen, waren es nur Einzelne, die über 100 Bäume kauften. Die Baumschule am Auhof bestand bis knapp vor der Jahrtausendwende und stellte somit jene mit der längsten Betriebsdauer dar.

DER NEUBEGINN NACH DEM ZWEITEN WELTKRIEG BIS ZUM JAHR 1980

Der Zweite Weltkrieg brachte wiederum eine Vernachlässigung der Baumschulen und einen Mangel an geeigneten Samen- und Unterlagenmaterial mit sich.

Von Dr. August Felderer stammen 1950 Ergebnisse zum Stand aus einer Erhebung der Baumschulen sowie Hinweise für deren Zukunft. *„In Südtirol gibt es über 80 teils größere, teils kleinere Baumschulen (im Unterland 11, im Etschtal 53, Vinschgau 14, Eisacktal 5), die gänzlich der Privatinitiative überlassen sind. Dadurch besteht die Gefahr einer unplanbaren Produktion, ohne Kontrolle auf Qualität und Gesundheitszustand".* Die San-Josè-Schildlaus war mit Baumschulmaterial von außen eingeschleppt worden. Dr. Felderer sprach sich für einen Baumschulverband aus, um die Produktion auszurichten und eine Baumschulkontrolle mit Garantieetiketten einzuführen.

In den Baumschulen standen 1948 78.400 Bäumchen als einjährige Ruten und 69.500 mehrjährige Apfelveredelungen; daneben 6.100 einjährige und 2.600 mehrjährige Birnenbäumchen. Zusätzlich gab es 4.800 Steinobstbäumchen. 87.000 Stück unveredelte Apfel- und 20.000 Stück Birnenunterlagen standen bereit.

Die Saatschulen im Land ergaben 76.000 Sämlinge, vorherrschend von Kalterer Böhmer, von denen nur 60 % eine veredelungsfähige Stärke erreichten. Das Baumschulsortiment an Äpfeln umfasste zu 27,8 % Kalterer Böhmer, 23,7 % Champagner Renette, 16,5 % Morgenduft, 5,8 % Winter-Winesap, 5,1 % Jonathan, 5 % Wagener und 4 % Golden Delicious. Nach der Auffassung von Dr. Felderer wurde Morgenduft bereits zu viel angepflanzt und Kaiser Alexander und andere Birnensorten zu wenig veredelt. Zur Deckung des jährlichen Bedarfs rechnete man mit rund 60.000 bis 69.000 Apfeljungbäumen, da sich der Obstbau infolge des Rückgangs des Weinbaus und der durchgeführten Bodenmeliorationen (Entsumpfungen) noch ausdehnte. Für 1955 betrug die Baumschulproduktion knapp 70.000 Stück, davon zwei Drittel Äpfel und ein Drittel Birnen. Um 1962 zählte man nur noch 34 erwerbsmäßige Baumschulen. Das Landwirtschaftsinspektorat verteilte 173.000 Apfelsämlinge (Bittenfelder) und rund 45.000 Birnensämlinge (Kirschensaller Mostbirne) und erstmals einige wenige tausend starkwachsende und mittelstarkwachsende EM-Unterlagen an 34 Betriebe mit einer Baumschullizenz.

Seit 1963 existieren alljährliche Baumschulstatistiken des Landwirtschaftsinspektorats. Die Änderung in den Baumformen in Neuanlagen mit der Palmette schlugen sich auch in den Baumschulen nieder.

Die Typenunterlagen stiegen von 18 % im Jahre 1963 auf 39 % im Jahre 1967, vorherrschend in abnehmender Reihenfolge von EM XI, VII bis IV. EM 9 pendelte zwischen 3.000 und 8.000 Stück. Die Sortenwahl drehte sich zu drei Viertel um Golden Delicious, Jonathan und Gravensteiner, etwas abgeschlagen war Red Delicious. Die jährliche Produktion bewegte sich zwischen 450.000 und 470.000, nur einmal wurden 720.000 Bäume produziert.

Um 1970 nahm der Sortenanteil von Gravensteiner und Jonathan ab. Golden Delicious übernahm mit über 50 % die Führung, gefolgt von 17–18 % Red Delicious, neu hinzu kam Granny Smith. Noch mehr Bewegung zeichnete sich in der Unterlagenwahl ab, denn innerhalb von 5 Jahren nahm der Sämling von 58 % auf 10 % ab. M 9 stieg hingegen von 12 % auf 32 % an, M 7 von 12 % auf 26 %, MM106 von 7 % auf 12 %, neu hinzu kam M 26 mit 9 %. Die Gesamtmengen an Jungbäumen gingen von 600.000 auf unter 300.000 Apfelveredelungen zurück, obwohl mit M9 höhere Pflanzdichten einhergingen.

In diesem Zeitraum wird die Baumschulproduktion ohne Lizenz, also für den Eigenbedarf, mit 15 % geschätzt. Diese scheinen aber in keiner Statistik auf. Birnenveredelungen hörten um 1970 schlagartig auf, das Steinobstangebot lag jährlich zwischen 7.000 bis 15.000 Stück. Die Baumschulproduktion hielt in diesem Jahrzehnt mit den neuen Anforderungen des heimischen Obstbaus nicht mehr Schritt und infolgedessen wurden mehreren hunderttausend Bäume aus dem Ausland (Niederlande) bezogen. Gegen 1980 wendete sich das Blatt zugunsten der heimischen Baumschulen, nachdem knapp eine Million Unterlagen aufgeschult worden waren, fast zur Hälfte M 9, 25 % M26, 12 % M 7 und 6 % MM111.

BAUMSCHULSTATISTIK 1963–1981

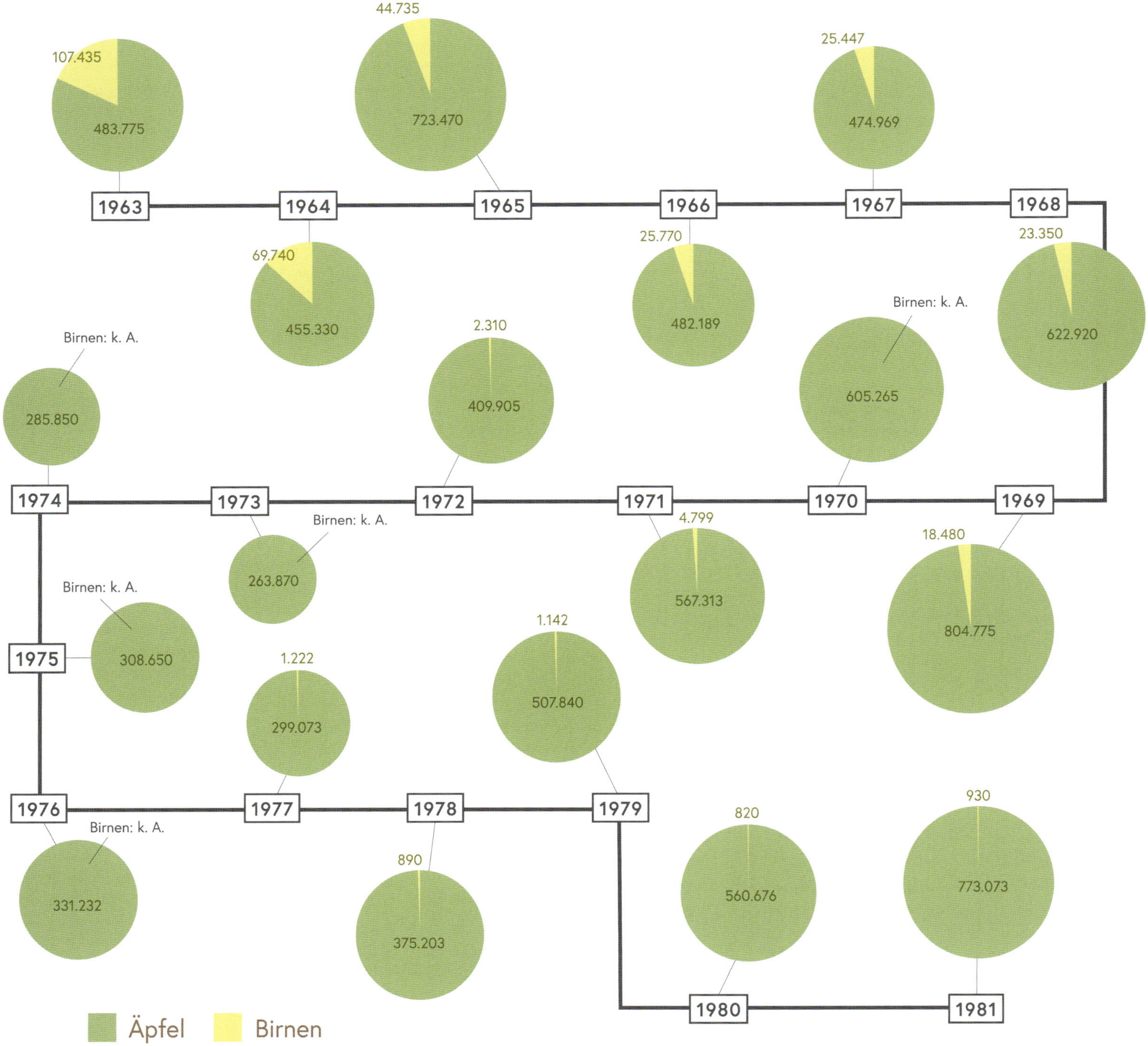

LITERATURVERZEICHNIS

Äpfel fürs Volk – Potsdamer Pomologische Geschichten, Potsdam 2004.

Der Wein- und Obstbau in Tirol, Landwirtschaftliche Lehranstalt S. Michele, 1907.

Die Baumschule des Landwirtschafts-Vereins in Bozen, 1856.

Felderer, August: Wie steht es mit unseren Obstbaumschulen? Südtiroler Bauernkalender 1949.

Festschrift zu 100 Jahre Wein-, Obst- und Gartenbauverein Bozen ,1984.

Festschrift zu 125 Jahre Wein-, Obst- und Gartenbauverein Bozen, 2009.

Mader, Karl: Der Obstbau, die Obstproduktion und der Obsthandel im Deutschen Südtirol, 1894.

Mader, Karl: Der Obstbau, die Obstproduktion und der Obsthandel in Tirol, 1904.

Meier, Alois: Etschtaler Obstbau. Sonderschrift, 1934.

Obst- und Weinbau im Wandel der Zeit, 50 Jahre Südtiroler Beratungsring, Lana 2007.

Obstbau in Tirol zwischen gestern und morgen, Festschrift vom 50-jährigen Bestehen der Obst- und Gartenbauvereine Tirols, Innsbruck 1959.

Schiller, Johann Caspar: Die Baumzucht im grossen. Aus zwanzigjährigen Erfahrungen im kleinen in Rücksicht auf ihre Behandlung, Kosten, Nutzen und Ertrag beurteilt, Tübingen 1993.

Staffler, Richard. Bozner Stadtbilder, Die Obstklauber. Schlern 1934.

Tätigkeitsberichte der Landwirtschaftlichen Lehr- und Versuchsanstalt S. Michele 1885, 1898, 1904.

Die Rolle des Versuchszentrums Laimburg und anderer Institutionen beim Aufbau des Baumschulwesens in Südtirol

HERMANN MANTINGER

HERMANN MANTINGER

Die Rolle des Versuchszentrums Laimburg und anderer Institutionen beim Aufbau des Baumschulwesens in Südtirol

DIE SITUATION DES BAUMSCHULWESENS UND DES OBSTBAUS IN SÜDTIROL BIS IN DIE 1970ER-JAHRE

Die Baumschuler in Südtirol waren früher mehrheitlich Einzelgänger und als ausgeprägte Individualisten kaum bereit zusammenzuarbeiten bzw. sich zusammenzuschließen, um ihre gemeinsamen Interessen und Probleme nach außen zu vertreten. Mangels alternativer Möglichkeiten waren sie gezwungen, Edelreiser für die Veredelungen in Ertragsanlagen zu schneiden und zu gewinnen. Zwar wurden dafür Bäume ausgesucht, die optisch gesund schienen, was aber keine Garantie für ihren echten Gesundheitszustand darstellte. Damals waren viele Bäume von Virosen und Mycoplasmen wie Gummiholzvirose (apple rubbery wood), Flachästigkeit (apple flat limb), virösen Besenwuchs (apple proliferation), Kleinfrüchtigkeit (apple chat fruit) und andere befallen. Diese Krankheiten zeigten sich vielfach erst nach einer bestimmten Zeit, oft erst nach Jahren an den Jungbäumen, auch wenn die Edelreiser für die Veredelung von optisch gesunden Bäumen stammten. Zudem gab es Ende der 1960er-Jahre eine große Absatzkrise für Obst, die sich auch auf die Baum-

Das Versuchszentrum Laimburg übernimmt eine tragende Rolle im Aufbau des Baumschulwesens.

schulbetriebe negativ auswirkte, da dadurch weniger Neuanlagen erstellt wurden. Ein weiteres Problem entstand für die Baumschuler, als ab den 1970er-Jahren die Umstellung von Altanlagen auf Neuanlagen mit schwachwachsenden Unterlagen einsetzte, wofür eine deutlich höhere Anzahl an Jungbäumen pro Hektar notwendig war. Diese Umstellung war verbunden mit einer Sortenerneuerung (zum Beispiel Jonagold, Gloster, Idared, Summerred, Ozark Gold u.a.). Erschwerend kam hinzu, dass Baumschuler in Südtirol damals kaum noch geeigneten, jungfräulichen Grund für ihre Baumschulen fanden. Man behalf sich

bestehenden Schnittgärten übernahm und diese in der Folge im Betrieb „Binnenland" in Auer zusammenlegte. Nach 1992 übernahm der KSB die Pflege der Schnittgärten und die Abgabe der Edelreiser an die Baumschuler. Die Muttergärten wurden von der Laimburg in den Außenbetrieb „Binnenland" verlegt, wo sich fortan auch der Sitz des KSB befand. Der Schnitt und die Verteilung der Edelreiser wurden weiterhin von Technikern des Amtes für Landwirtschaft in Bozen und des Versuchszentrums Laimburg kontrolliert.

In jener Zeit verlegten Südtirols Baumschuler ihre eigenen Baumschulen in die Po-Ebene, wo die neuen Anbaubedingungen auch neue Herausforderungen an die Baumschultechnik stellten. Dabei war die Zusammenarbeit mit dem Versuchszentrum Laimburg besonders in der Prüfung neuer Verfahren zur Steigerung der Seitenverzweigung besonders wertvoll. Der Aufbau eines zentralen, kontrollierten Edelreismuttergartens ab Mitte der 1970er-Jahre und die Abgabe von gesunden, sortenechten Edelreisern an die Baumschuler sowie die Zertifizierung der Jungbäume bedeuteten einen entscheidenden Meilenstein für den enormen Fortschritt des Südtiroler Obstbaus.

Sorten- und Unterlagenprüfungen

Es wurde bereits erwähnt, dass in Südtirol bis in die 1960er-Jahre fast ausschließlich die Sämlingsunterlage verwendet wurde. Mit der Empfehlung der Palmette Mitte der 1960er-Jahre wurden auch Anlagen auf den mittelstarkwachsenden Unterlagen M7, M4 und MM106 erstellt. Die schwachwachsende Unterlage M9 hatte vorerst keine Chance aufgenommen zu werden. Zu groß war der Widerstand von vielen Obstbauern sowie vom damaligen Landwirtschaftsinspektorat, von dem ja Beiträge für die Erstellung von Neuanlagen gegeben wurde.

Nach mehreren Besuchen der Techniker des Beratungsrings und des Versuchszentrums Laimburg in den Obstbaugebieten in den Niederlanden und Belgien, wo sich ein neues Anbausystem auf M9 mit hohen Baumzahlen pro Hektar bereits in der Praxis durchgesetzt hatte und es zudem auch bei uns einige positive Beispiele solcher Engpflanzungen gab (Campofranco in St. Jakob, Leifers durch Luis Braun, Höller Blaas in Terlan, Versuchszentrum Laimburg und andere), empfahl der Beratungsring Anfang der 1970er Jahre auch für unser Anbaugebiet dieses neue Anbausystem „Engpflanzung bzw. Dichtpflanzung auf M9". Erst dadurch war die enorme Intensivierung des Obstanbaus in Südtirol möglich; es gab allgemein einen neuen Aufschwung mit einer gewaltigen Produktionszunahme pro Hektar.

Die Nachfrage nach der schwachwachsenden Unterlage M9T337 und zum Teil nach einigen Klonen davon stieg in der Folge enorm an. M9 war vorerst allerdings nicht virusfrei. Vom Ausland bekam man virusfreies Material, aber nicht in genügendem Ausmaß. Zudem zeigten die ersten Vergleichsversuche an der Laimburg mit virusfreien und nicht virusfreien Unterlagen die großen Vorteile der vf-Unterlagen besonders bei M9 (höhere Produktion, bessere Fruchtgröße und weniger Fruchtberostungen bei Golden Delicious). Allerdings zeigte M9 neben ihren vielen Vorteilen auch einige Schwächen, zum Beispiel schlechte Standfestigkeit, Anfälligkeit für Feuerbrand (Erwinia Amylovora), für Blutlaus, bei Nachbauproblemen, bei Mausbefall und andere.

Daher wurden im Laufe der Jahre im Betrieb der Laimburg mehrere Sorten auf verschiedenen neuen, schwachwachsenden Unterlagen veredelt und im Vergleich mit M9 geprüft: zum Beispiel M9-Klone vom Burgmer, vom NAK-B, polnische und tschechische Unterlagen sowie solche aus Dresden Pillnitz, von der Cornell Universität aus den USA und weitere. Daraus sollten die geeignetsten Unterlagen beziehungsweise Klone bezüglich Standort, Bodenverhältnisse, Sorte und andere ausgewählt werden können.

Zudem wurden im Laufe der Jahre an der Laimburg sowie in dessen Außenbetrieben viele Sorten, Klone und Mutanten von neuen und älteren Apfelsorten pomologisch geprüft und deren Früchte auch in Hinblick auf die Lagerung untersucht.

Aus all diesen Versuchen am Versuchszentrum Laimburg sowie von Erhebungen durch die Techniker des Beratungsrings konnten wichtige Informationen für die Obstbauern, besonders aber für die Baumschuler bezüglich der Wahl der zu veredelnden Sorten und der geeigneten Unterlage gegeben werden.

BILDUNG EINER ANKÖRUNGSKOMMISSION

Eine wichtige Arbeit bestand darin, die genetische Stabilität von Reiserschnittbäumen festzustellen und zu erheben, nachdem man 1995 insbesondere bei den farbinstabilen Sorten wie Gala und deren Mutanten hohe Regressionsraten festgestellt hatte. Daher wurden ab nun vor dem Reiserschnitt jedes Jahr die Früchte von den einzelnen Mutterbäumen auf ihre Farbstabilität und auf die gewünschte, gleichmäßige Farbausbildung geprüft und bonitiert. Nur Bäume mit der geeigneten und stabilsten Farbausbildung der Früchte wurden für den Reiserschnitt frei gegeben.

Beim Schnitt der Edelreiser berücksichtigte man auch den Einfluss der Position der Augen innerhalb des Edelreiser sowie die Vorgangsweise beim Reiserschnitt selbst. Diese Kontrollen führten Techniker des Versuchszentrums Laimburg, des Pflanzenschutzamtes in Bozen und des Beratungsrings, manchmal auch mit einem Vertreter der Baumschuler, durch.

GESUNDHEITSKONTROLLEN AN DEN EDELREISSCHNITTBÄUMEN UND IN DEN UNTERLAGENQUARTIEREN

Neben der Stabilität der Früchte wurden die einzelnen Mutterbäume und die Unterlagenquartiere auf eventuell vorkommende Symptome von Krankheiten wie Virosen, Mycoplasmen, Feuerbrand und andere kontrolliert. Dazu wurden jedes Jahr von den Mutterbäumen und Unterlagen Stichproben genommen und diese im Treibhaus der Laimburg mittels verschiedener Indikatorpflanzen getestet. Bei geringstem Verdacht auf eine der genannten Krankheiten wurden solche Mutterpflanzen und Unterlagen von der Vermehrung ausgeschieden und gerodet.

KONTROLLEN IN DEN BAUMSCHULEN

Techniker des Pflanzenschutzamtes begutachten jährlich im Herbst vor der Rodung die Jungbäume auf ihre Qualität (Größe, Verzweigung, Stämmchendicke und Gesundheitszustand). Dann werden die vom Landwirtschaftsamt in Bozen vorgesehenen Etiketten (Art der Etiketten) angebracht. Damit sind die Jungpflanzen für den Verkauf frei. Sollte vom Abnehmer beispielsweise wegen Verwechslung der Sorte bzw. des Klons oder wegen Auftretens einer Krankheit (Virose, Triebsucht u. a.) eine Beanstandung eingehen, so kann die Herkunft des Pflanzmaterials mithilfe dieser Etikettierung jederzeit bis zum Edelreisschnitt oder zur Unterlage zurückverfolgt werden.

AUS- UND WEITERBILDUNG

Das Landesgesetz von 1981 zur Regelung des Baumschulwesens und der Baumschulproduktion sieht vor, dass angehende Baumschuler vorher verpflichtend einen Ausbildungskurs von bestimmter Dauer mit Theorie und Praxis absolvieren müssen. Dieser Kurs wird jeweils von der Obst-, Wein- und Gartenbauschule Laimburg organisiert, aber auch Fachkräfte des Versuchszentrums und anderer Institutionen unterrichten dort. Erst nach positivem Abschluss dieses Ausbildungslehrgangs bekommt der Neueinsteiger eine Linzenz zur Führung einer Baumschule.

Anhand all dieser Hinweise ist zu erkennen, dass vom Versuchszentrum Laimburg sowie von den anderen Institutionen des Landes (Landwirtschafts- und Pflanzenschutzamt in Bozen sowie vom Südtiroler Beratungsring) große Vorleistungen erfolgen und jährliche Kontrollen durchgeführt werden, die für die Entwicklung unseres Baumschulwesens von entscheidender Bedeutung sind.

Die Baumschuler bilden sich auch selbst durch Tagungen, Lehrfahrten im In- und Ausland, Besichtigungen der eigenen Baumschulen und weitere Aktivitäten weiter, wodurch sie in ihrem Fachgebiet einen sehr hohen Spezialisierungsgrad erreichen. Diese hohe Qualifikation ist sicher ihrem Fleiß und Bestreben nach immer weiteren Verbesserung der Produktion von gesundem, sortenechtem Pflanzgut von hoher Qualität zu verdanken.

Dies konnte aber nur in Zusammenarbeit mit den Fachleuten der verschiedenen Ämter und Institutionen im Lande erreicht werden.

Schlussendlich zieht der Obstbauer selbst davon den größten Vorteil, denn nur mit bestem Pflanzmaterial gelingt es bei Umstellungen schnell wieder hohe und regelmäßige Erträge von bester Qualität zu erreichen. Allerdings änderten sich die Voraussetzungen für die Produktion junger Apfelbäume ab der Jahrtausendwende mit dem Aufkommen der verschiedenen Klubsorten vollkommen, da die Rechte für die Erzeugung von Jungbäumen solcher Sorten nun gänzlich in den Händen der Klubsorten-Besitzer liegen und die Landesregierung in Bozen mit ihren zuständigen Ämtern und Institutionen keinen Einfluss auf die Produktion dieses Pflanzmaterials mehr hat.

Foto: Baumschule Braun

„Es waren intensive Jahre“

DIE GRÜNDUNG EINES SÜDTIROLER BAUMSCHULBUNDES

LUIS BRAUN

LUIS BRAUN

„Es waren intensive Jahre“

DIE GRÜNDUNG EINES SÜDTIROLER BAUMSCHULBUNDES

MÜHSAMER START

Bereits zu Beginn seiner Tätigkeit am Landwirtschaftsinspektorat Bozen versuchte Dr. August Felderer die Südtiroler Baumschuler zusammenzuführen. Die ersten beiden Versuche in den 1950er-Jahren bzw. Anfang der 1960er-Jahre scheiterten. Dr. Felderer unternahm einen dritten Anlauf und beauftragte Luis Braun Vorgespräche mit den Betroffenen zu führen. Eine aufreibende Sisyphusarbeit, denn zu viel Vergangenes und kleinkariertes Konkurrenzdenken belastete das Verhältnis zwischen den Baumschulen. Auch die praktischen Vorteile einer Interessenvertretung wurden anfänglich nicht erkannt.

In den 70er-Jahren gab es in Südtirol über 100 lizensierte Baumschulen, wenn auch nur ein kleiner Teil der Betreiber diese Tätigkeit als Vollerwerb ausübte. Da die Nachfrage nach hochwertigem Pflanzmaterial mit dem Aufkommen der Dichtpflanzungen sprunghaft zunahm, gelang es Luis Braun schließlich die Gründung der Vereinigung in die Wege zu leiten. Ende Jänner 1977 trafen sich fünf Baumschuler mit Dr. Luis Reifer, Inspektorat für Landwirtschaft, Dr. Carlo Garzena, Pflanzenschutzamt, Dr. Hermann Oberhofer, Südtiroler Beratungsring, Ing. Reinhold Stainer (in Vertretung von Dr. Hermann Mantinger) vom Versuchszentrum Laimburg und

Bearbeitung der Baumschule mit 1 PS in den 50er-Jahren.

Foto: Baumschule Zuech

Bearbeitung mit Fräse in den 60er-/70er-Jahren.

Rag. Konrad Palla vom Südtiroler Raiffeisenverband, um die Gründung eines Bundes der Südtiroler Baumschuler und die Ausarbeitung der notwendigen Statuten für die Produktion von gesundem zertifiziertem Pflanzmaterial zu besprechen.

Folgendes wurde ausgearbeitet:

- Bezeichnung: Bund Südtiroler Baumschulen (BSB)
- Sitz: Bozen, Horatzstraße
- Zweck: Die ständige Verbesserung des Pflanzmaterials hinsichtlich der inneren und äußeren Qualität sowie dessen Sortenecht und -reinheit zu garantieren
- Optimale Anpassung des Sortenangebots an die jeweilige Nachfrage für die Südtiroler Obstbauern schon in der Phase der Veredelung
- Gemeinsame Beschaffung von hochwertigen Unterlagen und Edelreisern
- Schutz der eigenen Erzeugnisse und Bekämpfung unlauterer Geschäftsgebarungen
- Errichtung von Mutterquartieren für Unterlagen und Edelreisschnittgärten unter Aufsicht der zuständigen Kontrollorgane (Behörden)
- Aufbau einer Berufslehre für Baumschuler mit Zugang zu fachlicher Aus- und Weiterbildung, Erfahrungsaustausch zwischen den Mitgliedern
- Organisation von Tagungen, Vorträgen und Lehrfahrten
- Vertretung der Mitgliederinteressen nach außen
- Hilfestellung und Motivierung der Mitglieder, sich an die Bestimmungen des zukünftigen Kontrolldienstes anzupassen und aktiv mitzuarbeiten

DIE GRÜNDUNGSVERSAMMLUNG

Zur der am 11. März 1977 im Gasthof Oberspeiser in Terlan anberaumten Gründungsversammlung wurden alle 56 Baumschuler eingeladen, die zu diesem Zeitpunkt im Besitz einer gültigen Vermehrungslizenz waren. Der Einladung folgten zehn aktive Baumschuler, die folgenden Vorstand wählten:

- Obmann: Luis Braun (Bozen)
- Obmann-Stellvertreter: Elmar Laimer (Lana)
- Ausschussmitglieder: Walter Waldner (Lana), Adolf Zuech (Lana), Alois Wellenzohn (Schlanders)
- Rechnungsrevisoren: Leonhard Huber (Terlan) und Josef Pircher (Lana)
- Weitere Gründungsmitglieder waren die Baumschuler Karl Laimer (Lana), Josef Nocker (Andrian) und Georg Tartarotti (Latsch).

Dr. Luis Raifer vom Inspektorat für Landwirtschaft, Dr. Carlo Garzena vom Pflanzenschutzamt, Dr. Hermann Oberhofer, Leiter des Südtiroler Beratungsrings, und Dr. Hermann Mantinger, Chef des Versuchszentrums Laimburg, wurden einstimmig in den Vorstand kooptiert.

Dadurch waren die führenden Amtsträger und Fachleute im Südtiroler Obstbau in der neuen Vereinigung vertreten, was sich für die Entwicklung des BSB und des Südtiroler Baumschulwesens überaus fruchtbringend auswirkte. Alle Beteiligten verfolgten das gemeinsame Ziel, für den Südtiroler Obstbau erstklassiges Pflanzmaterial aus heimischer Produktion zur Verfügung zu stellen. Der neugewählte Obmann und Vorstand machten sich sofort an die Arbeit, die im Statut gesetzten Ziele anzugehen und umzusetzen.

GEMEINSAME BESCHAFFUNG DES PFLANZGUTS

Schon im Jahre 1977 wurden vom Versuchszentrum Laimburg die Edelreiser Golden-Delicious Klon B, Klon A, Gloster 69, Granny Smith, Jonagold, Super Starking, Jonathan und Morgenduft für die BSB-Mitglieder zur Verfügung gestellt. Der BSB organisierte den gemeinsamen Ankauf von möglichst virusfreien Veredelungsunterlagen M9 und M26 für die Pflanzsaison 1978/79 aus dem Ausland.

Leider lieferten die Unterlagenbetriebe der Gebrüder Jansen (Niederlande), Renè Nikolei (Belgien) und Heinrich Burgmer (Deutschland) zu wenig zertifiziertes virusfreies Material. Diese Baumschulbetriebe hatten bereits seit Jahren bei M9 großartige Selektionsarbeit geleistet und waren in der Lage, Klone von einheitlichem Wuchs zu liefern. Zur Beurteilung des bestellten Unterlagenmaterials unternahm eine Gruppe von BSB-Mitgliedern eine Informationsreise zu den

3 Lieferanten, um die Qualität des bestellten Materials zu begutachten und wertvolle Informationen über neue Wege im Baumschulwesen und im modernen Obstbau einzuholen. Die Pflege guter geschäftlicher und auch persönlicher Beziehungen machte sich schon bald positiv bemerkbar.

Für ein gemeinsames Auftreten nach außen gab der BSB beim akademischen Maler Hans Prünster ein Logo in Auftrag, das bei Kunden und Geschäftspartnern eine hohe Akzeptanz fand und sich zu einem soliden Werbeträger entwickelte. Als sehr nützlich erwies sich auch die gemeinsame Bestellung von Bedarfsmaterial wie Veredelungsbänder, Veredelungsmesser und anderes.

Bonitierung bei verschiedenen Sorten – Binnenland.

ERFOLGSMODELL SORTENBESPRECHUNG

Mit der ersten Sortenbesprechung im Jahr 1977 nahm eine erfolgreiche Initiative ihren Anfang. Dazu hatten sich im Vereinssaal von Gries neben Baumschulern und Obstvermarktern die zuständigen Fachleute des Versuchszentrums und des Beratungsrings eingefunden. Dr. Hermann Mantiger und Dr. Hermann Oberhofer hielten Kurzvorträge über neue Frühsorten und berichteten über erste Erfahrungen mit Gloster 69, Idared und Jonagold. Weiteres wurden Versuchsergebnisse der Red und Golden Delicious- und Morgenduftklone vorgestellt. Willy Christof (Beratungsring) und Reinhold Stainer (Versuchszentrum) hielten Kurzreferate über neueste Erfahrungen mit verschiedenen Apfelsorten, vor allem aber über die schwachwachsen-

Reinhold Stainer und Mitglieder des KSB begutachten die Pflanzen.

Vorbereitung für das Pflanzen der Unterlagen mit dem Rillenzieher.

den Unterlagen M9 und M26. Aus dem intensiven Meinungsaustausch zwischen Fachleuten, Obstbauern und Obstvermarktern ergaben sich vor der anstehenden Veredelungssaison wertvolle Erkenntnisse und nützliche Tipps für die Baumschuler. Damit erreichte man ein optimal abgestimmtes Sorten-Unterlagen-Angebot für den Südtiroler Obstbau. Der Erfolg dieser Veranstaltung machte die jährliche Sortenbesprechung zu einer fixen Einrichtung des BSB.

EIGENE MUTTERGÄRTEN FÜR UNTERLAGEN

Die Intensivierung der Obstanlagen ließ die Nachfrage nach Jungbäumen enorm ansteigen. Gleichzeitig war es schwierig, geeignete Flächen für Baumschulen zu finden. Wird auf gerodeten Obstbauflächen eine

Bodenvorbereitung mit Vorratsdüngung für die Baumschule.

Baumschule betrieben, ist nur mit mäßiger Ausbeute zu rechnen, zu sehr behindert die Bodenmüdigkeit das Wachstum der jungen Pflanzen. Der BSB versuchte im Rahmen seiner Möglichkeiten Hilfestellung in der Beschaffung geeigneter Flächen zu leisten. So konnte mit der Gemeinde Kurtatsch ein Pachtvertrag über ein 11 Hektar großes Areal jungfräulichen Bodens abgeschlossen und dieses fünf Mitgliedern zur Verfügung gestellt werden. Nach wie vor bezog man den gesamten Bedarf an Unterlagen aus dem Ausland.

Während die Nachfrage für schwachwachsende Unterlagen bis zum Jahre 1981 stabil blieb, schnellten die Bestellungen von M9 und M26 ab 1982 in die Höhe und erreichten einen Anteil von 92 Prozent. Obwohl der BSB alle Hebel in Bewegung setzte, konnten die Lieferanten in Holland, Belgien und Deutschland den gestiegenen Bedarf an virusfreien Unterlagen bei weitem nicht abdecken. Dadurch erwies sich die Anlage von eigenen Unterlagen-Muttergärten als noch dringender. Das Versuchszentrum Laimburg bezog beim Niederländischen Ankörungsdienst für Baumschulgewächse (NAKB) virusfreies Basismaterial von M9 T337 und M26. Um seinen Mitgliedern nun Unterlagenmaterial zur Verfügung zu stellen, beauftragte der BSB die Baumschule Walther Waldner aus Lana mit der Errichtung eines Unterlagen-Muttergartens in Roverchiara, Provinz Verona.

Auch in Südtirol entstanden nach und nach kleinere Quartiere, immer mit demselben Ausgangsmaterial: bei den Baumschulen Heinz Visintin, Leonard Huber, Georg Mumelter, Eberhart Graf Kuenburg, Reinhard Kaneppele und Franz Hafner. Diese Muttergärten, sowohl in der Poebene als auch in Südtirol, unterlagen einer ständigen Kontrolle durch das Versuchszentrum Laimburg, in enger Zusammenarbeit mit Prof. Dr. Antonio Canova, Direktor des Instituts für Pflanzenpathologie an der Universität Bologna.

WOHER KAMEN DIE EDELREISER?

Inzwischen hatte das Versuchszentrum Laimburg seine 1977 angelegten Edelreisschnittgärten schrittweise ausgebaut, um die Südtiroler Baumschulen ausreichend mit hochwertigen Edelreisern zu versorgen. Fehlendes Material, wie bei patentrechtlich geschützten Sorten, wurde direkt vom Züchter oder vom Inhaber der Vermehrungsrechte bezogen. Dies betraf vorwiegend Mutanten, wie Jonagored vom Züchter Jos Morren, Royal Gala von Tenroy C.O.V. oder den Thermoklon 4111 von der Baumschule Delbard Frankreich. Gerade bei diesem letztgenannten wurde man mit großen Problemen in der Ausfärbung (orangerote Streifung) konfrontiert. Mitarbeiter des Südtiroler Beratungsrings, des Versuchszentrums und Mitglieder des BSB kontrollierten Junganlagen dieser Sorten, wobei eine hohe Neigung zu genetischer Regression (Zurückmutation in die Ausgangsform) festgestellt wurde. Daraufhin beschloss man, Edelreiser dieser Mutanten nur nach Sichtung der Früchte von ausgelesenen und markierten Bäumen zu entnehmen.

LANDESGESETZ VERABSCHIEDET

Der BSB hatte mehrfach auf die Notwendigkeit einer gesetzlichen Regelung des Baumschulwesens hingewiesen. Angeregt durch das in den Niederlanden gut funktionierende Zertifizierungssystem, einigte man sich mit den zuständigen Landesämtern darauf, ein ähnliches Regelwerk auf Landesebene zu erstellen. In zahlreichen Sitzungen und Begegnungen ab 1979 wurden die Grundlagen dafür erarbeitet. Nur über einen intensiven Gedankenaustausch mit den Verantwortlichen des niederländischen Ankörungsdienstes mit wiederholten Kontakten in den Niederlanden und in Südtirol war es möglich, in kürzester Zeit die Weichen für einen Neubeginn des gesamten Baumschulwesens zu stellen. In die Wunschliste des BSB

Zertifiziertes Pflanzenmaterial mit der roten Landesetikette.

Rodung mit Rüttelpflug.

für das Gelingen des angestrebten Projektes reihten sich folgende Vorschläge:

- Die Erstellung bzw. der Ausbau von Schnittgärten für Edelreiser, getragen von der öffentlichen Verwaltung oder einer anderen noch zu schaffenden Struktur
- Ausbildung und Einstellung von spezialisiertem Personal für die Kontrolltätigkeit des Pflanzmaterial (Inspektorat für Landwirtschaft)
- Einrichtung geeigneter Laboratorien für die Pflanzenpathologie (Versuchszentrum Laimburg)
- Errichtung von Index-Gärten für die biologischen Tests für Viruskrankheiten (Versuchszentrum Laimburg)
- Überprüfung der pomologischen Identität von Schnittgärten (Versuchszentrum Laimburg)
- Einrichtung einer Thermotherapieanlage mit der entsprechenden personellen Besetzung (Versuchszentrum Laimburg)

Im Jahre 1981 wurde dann das Landesgesetz zum Schutz der landwirtschaftlichen Kulturen und Bienen sowie zur Überwachung der Obstbaumschulen verabschiedet. 1983 rief der Landesausschuss einen Baumschulbeirat ins Leben, in dem Luis Braun und Walther Waldner vertreten waren. Damit bekam der BSB in diesem Gremium die Möglichkeit, die Wünsche und Forderungen der Baumschuler darzulegen. Die Präsenz im Baumschulbeirat ist deshalb wichtig, weil dort die Aufgaben und Probleme stufenweise im gegenseitigen Einvernehmen zur Zufriedenheit aller Vertreter und Fachleute gelöst werden können.

FACHLEUTE INFORMIEREN

Dem BSB war es ein wichtiges Anliegen, seine Mitglieder stets auf dem neuesten Informationsstand zu halten. Deshalb wurden jedes Jahr Tagungen und Vorträge mit hochkarätigen in- und ausländischen Fachleuten organisiert. Häufig vertreten waren das Versuchszentrum Laimburg und der Südtiroler Beratungsring für Obst- und Weinbau.

So stellte Dr. Hermann Oberhofer vom Südtiroler Beratungsring einen einheitlichen Bestellschein vor, der Name und Adresse des Käufers bzw. des Verkäufers, die bestellte Unterlage, die Sorte, die Pflanzqualität und die Stückzahl beinhalten sollte, um einen geordneten Geschäftsablauf zu garantieren.

Weitere Themen, die bei den Tagungen und Kursen behandelt wurden, waren folgende:

- Bedeutung der Viruskrankheiten im Obstbau
- Maßnahmen gegen die Einschleppung des Feuerbrandes aus anderen Ländern
- In-vitro-Kultur: Neue Wege in der vegetativen Vermehrung
- Bekämpfung von virusübertragenden Nematoden
- Verzweigungstechnik
- Sorten- und Unterlagenwahl
- Thermotherapie und pomologische Überwachung
- Vermehrung der Unterlagen im Warmbeet
- Gesetzliche Bestimmungen und Etikettierungen
- Biologische Wurzelkropfbekämpfung
- Buchhaltung, Mehrwertsteuer und Registerführung
- Berichte über Neuheiten aus anderen Ländern
- Ausgabe von Richtpreisen

BAUMSCHULEN ÜBERSIEDELN IN DIE POEBENE

Die jährlich vom BSB organisierten Begehungen in den Baumschulen stießen bei den Mitgliedern und Obstbaufachleuten auf großes Interesse. Dabei konnten die Auswirkungen neuer Techniken begutachtet werden und ein reger Erfahrungsaustausch fand statt. Insgesamt wurde ein deutlicher Qualitätsanstieg fest-

Einschlag der gerodeten fertigen Bäume.

Eintauchen der unbewurzelten virusverifizierten Unterlagen in „Indolyl-Buttersäure" zur Förderung der Bewurzelung.

Einschlag von unbewurzelten viruszertifizierten M9-Unterlagen ins Warmbeet.

Okulieren – ab Mitte August.

Der niederländische Sortenspezialist Peter Goodrie (re.) bei der Besichtigung einer Baumschule in Verona.

Im Winter, Lagerung im Baumeinschlag in der Poebene.

Verschiedene Jonagold-Klone in den Niederlanden

gestellt. Immer wieder in der Kritik stand der zu dichte Baumbesatz von bis zu 40.000 Bäumen pro Hektar. Die Knappheit an freien Flächen in Südtirol zwang die Baumschulen auf bereits genutzte Obstbauböden zurückzugreifen. Die dort vorhandene Bodenmüdigkeit war wohl der Hauptgrund für das schwache Wachstum der Jungbäume. Es entstanden nur sogenannte

Ruten ohne Seitenverzweigung – für den Obstbauer bedeutete dies eine Verlängerung der ertragslosen Zeit in seiner Neuanlage.

Die Nachfrage nach gutverzweigten Jungbäumen stieg rasant an, die Importe aus dem nördlichen Ausland nahmen zu, der Qualitätsvorsprung der Ware aus den Niederlanden und Belgien war groß. Auf diese neue Herausforderung musste reagiert werden.

Beinahe alle Baumschulbetriebe verlagerten nach und nach ihre Produktion in die Poebene mit ihren jungfräulichen, fruchtbaren Böden. So verlegte die Baumschule Franz Hafner als erster Südtiroler Betrieb bereits im Jahre 1971 ihre Produktion in die Poebene. Das üppige Wachstum gepaart mit dem Einsatz verschiedener neuer Techniken zur Förderung der Seitenverzweigung brachte die Qualität der Jungbäume auf ein ganz neues Niveau.

GEDIEGENE AUSBILDUNG FÜR BAUMSCHULER

Auf Vorschlag des Baumschulbeirates sollten die Baumschulanwärter für den Erhalt einer Baumschullizenz bzw. zur Ausübung einer gewerblichen Baumschultätigkeit einer fachspezifischen Berufsvorbereitung unterzogen werden. Unter der Koordination des damaligen Direktors der Schule Laimburg, Dr. Rainer Tschirner, übernahmen Fachleute der Schule, der Versuchsstation des Südtiroler Beratungsrings und des Assessorats für Landwirtschaft die Ausbildung. Die angehenden Jungbaumschuler sollten alle Techniken von der Bodenbearbeitung über Pflanzen bis zur Rodung und Lagerung gut kennenlernen.
Nach Abschluss des theoretischen Unterrichts und der praktischen Ausbildung wurde das Wissen der Kandidaten in einer Prüfung abgefragt, der positive Abschluss sicherte das Erlangen der Baumschullizenz. Folgende Lehrkräfte stellten sich für den Unterricht zur Verfügung:

- Ing. Reinhold Stainer: Sortenkunde, Pomologie, Schnittgärten und Vermehrung
- Willy Christof: Die Obstunterlagen
- Dr. Wolfgang Drahorad: Bodenpflege, Bodenvorbereitung, Nemathoden
- Ing. Josef Vigl: Krankheiten und Schädlinge
- Dr. Luis Gögele: Viruskrankheiten und Mikroplasmen
- Dr. Helmuth Scartezzini: Gesetzliche Bestimmungen
- Dr. Carlo Garzena: Importbestimmungen

Die praktischen Übungen wurden in den Betrieben einiger Mitglieder des BSB (Luis Braun, Curti Ernst, Walther Waldner, Josef Pircher, Paul Rautscher) abgehalten. Voraussetzung für den Besuch des Baumschulkurses waren ein Mindestalter von 18 Jahren und der Abschluss einer landwirtschaftlichen Schule.

BAUMSCHULKONTROLLRAT

Der für vier Jahre nominierte Baumschulkontrollrat setzt sich wie folgt zusammen:

- Drei Vertreter für das Assessorat für Landwirtschaft
- Zwei Vertreter für den Südtiroler Beratungsring
- Zwei Vertreter für die Baumschulen
- Zwei Vertreter für die Obstproduzenten

Die Vorsitzenden werden vom Landesausschuss bestimmt. Die Aufgaben des Baumschulkontrollrats sind die Kontrollen der äußeren und inneren Qualität und des Virusstatus der Pflanzen. Die Edelreiser müssen – soweit vorhanden – aus dem Versuchszentrum Laimburg bezogen werden. Die Meldung des erzeugten Pflanzgutes umfasst:

- Lageplan und Quartierbuch
- Kontrolltermine mit Vertretern des Landwirtschaftsinspektorats
- Qualitätsnormen Klassen eins und zwei
- Beschreibung der Etiketten für Unterlagen und Jungbäume
- Etikettierung: Rote Etikette für virusfreies Material, weiße Etikette für Standardmaterial
- Einstufung des Pflanzgutes: Elitevermehrungspflanzgut oder Verbrauchspflanzgut
- Kontrollbericht des Kontrolleurs

LEHRFAHRTEN

1978: Bologna, Ferrara
Im Jahr 1978 reisten eine Delegation des BSB und verschiedene Fachleute nach Bologna zur Besichtigung des Instituts für Pflanzenpathologie. Dort stellte der Direktor und Phytopathologe Prof. Antonio Canova die Technik der Thermotherapie sowie die Tests im Indexgarten im Freiland und mit krautigen Indikatorpflanzen im Glashaus vor. Das Basismaterial stand in einer vier Hektar großen Anlage. Hier waren im Quartier von Red Delicious vermehrt Abweichungen in der Ausfärbung der Früchte aufgrund genetischer Regression (Rückmutation) festzustellen. Dies führte zur wichtigen Erkenntnis, dass vor dem Reiserschnitt eine mehrjährige pomologische Prüfung bei allen Sorten notwendig ist.

In dem Versuchsbetrieb konnte auch die Vermehrung der virusfreien M9-Unterlagen in einer Warmbeetanlage besichtigt werden. Die Ausbeute war je nach Unterlage unterschiedlich hoch und erzielte bei M26 gute Ergebnisse. Prof. Umberto Mazucchi erläuterte die Möglichkeit einer biologischen Bekämpfung des Wurzelkropfes (Agrobakterium tumefaciens) und stellte einen Versuch mit unserem Material in Aussicht.

Die Baumschule Burgmer (NL) war schon früh auf M9-Unterlagen-Klone spezialisiert.

Deutschland, Niederlande

Besuch der Baumschule Heinrich Burgmer in Straelen und deren Unterlagen-Muttergärten: Burgmer Senior hatte damals schon verschiedene virusfreie M9-Klone selektioniert und mit den Nummern B915, B984, B1719 und B751 bezeichnet. Sie zeichneten sich durch unterschiedliche Wachstumsstärken (juvenile bis adulte Typen) aus. Die juvenilen Typen waren etwas stärker im Wachstum und neigten zu mehr Luftwurzeln und Seitenspießen.

In Nederweert in den Niederlanden wurde die Baumschule der Gebrüder Janssen besucht, um die Quartiere mit den vorbestellten Unterlagen des M9-Weert sowie die neuen virusfreien Quartiere mit den Selektionen des Nakb, M9-T337, M9-T338 und M26 zu begutachten.

Große Aufmerksamkeit galt dem neueingerichteten System für die Lagerung von Unterlagen in Kühlzellen, das die Baumschule Janssen entwickelt und auf den Punkt gebracht hatte. Die Unterlagen wurden im Spät-

Unterlagen-Muttergarten
in Frankreich in der Baumschule
Davodeau-Ligonnier.

Neuer viruszertifizierter Unterlagen-Muttergarten bei Janssen (NL).

herbst in entlaubtem Zustand geerntet, in Kühlzellen bei +1 °C mit 90-95 % Luftfeuchtigkeit eingelagert um dann im Laufe des Winters sortiert, gebündelt und verkaufsfertig bereitgestellt. Die Teilnehmer waren beeindruckt von der großen Professionalität, mit der dieser Betrieb den hohen Qualitätsstandard seiner Unterlagen garantierte.

Im nahegelegenen Versuchsbetrieb „Horst" konnten die neuesten Entwicklungen bei Pflanzsystemen im Apfelanbau besichtigt werden, bei der Diskussion mit Fachleuten wurden wertvolle Informationen ausgetauscht.

1982: England

Eine Studienfahrt zu einem der bekanntesten Forschungsinstitute Europas, nach East Malling in der Grafschaft Kent im Süden Englands, ergab entscheidende Impulse in der Baumschultechnik. Begleitet von Fachleuten des Südtiroler Beratungsrings, des Inspektorats für Landwirtschaft und des Versuchszentrums Laimburg, wurden die folgenden Themen besprochen:

- Die verschiedenen Apfelunterlagen
- Lagertechnik von Pflanzen
- Veredelungstechnik
- Bodenpflege-Vorbereitung
- Entblätterungstechnik

Prof. B. H. Howard zeigte die neue Veredelungstechnik des „Chip-budding" und ihre praktische Handhabung, und wies auf die großen Vorteile gegenüber der Okulation hin. Mit dieser Technik wächst das Auge schneller und besser an. Durch die bessere Affinität sind höhere Anwuchsraten zu erreichen sowie ein gleichmäßigeres Wachstum im Frühjahr mit deutlich mehr an vorzeitigen Trieben. Auch das Ödem oder Papierpast (Einwelken/Verbluten) des Neuaustriebs wird unterbunden.

BSB-Lehrfahrt nach East Malling, England, mit den Fachleuten vom Versuchszentrum Laimburg, dem Inspektorat für Landwirtschaft und dem Südtiroler Beratungsring.

Der Zeitpunkt der Veredelung ist darüber hinaus weniger zeitgebunden. Chip-budding funktioniert auch sehr gut im März/April mit gelagertem Winterholz (Veredelung mit treibendem Auge).

Professor B. Howard bei der Vorführung der neuen Veredelungstechnik „Chip Budding".

Die Reisegruppe war über diese für sie neue Veredelungstechnik restlos begeistert. Sehr schnell erkannten Südtirols Betriebe die Vorteile und stellten von der Okulation auf das Chip-budding um. Prof. Howard gab einen weiteren wertvollen Tipp, und zwar den Einsatz von Kupferchelat für die rechtzeitige Entblätterung und Förderung der Holzreife der Jungbäume vor dem Roden im Herbst.

1984: Deutschland, Niederlande, Belgien

In Deutschland konnte Kontakt mit der Universität Bonn aufgenommen werden, um von Frau Dr. Neumann den Stand der Virussanierung in Deutschland zu erfahren. In den deutschen Baumschulen wurde zu dieser Zeit nur virusgetestetes Pflanzmaterial eingesetzt.

Im niederländischen Horst wurden mit Herrn Peerbooms die neu angelegten Edelreisschnittgärten des NAKB im Betrieb „Meterikse Veld" besichtigt. Diese hatte man in Form eines Beetsystems angelegt, um möglichst hohe Pflanzdichte mit einer rasch einsetzenden Reiserproduktion zu erreichen. Das Sortenangebot betraf zu diesem Zeitpunkt vor allem Golden Delicious Klon B und Golden Smoothee, aber auch verschiedene Jonagold-Mutanten, Elstar, Boskoop und viele weitere Sorten.

Der unmittelbar benachbarte Betrieb – Zentrale und Sitz des NAKB – war mit der vollständigen Struktur ausgestattet, virusfreies Material zu gewinnen und zu erhalten. Neben der Edelreisausgabe war dort auch die zentrale Verwaltung der Etiketten für die gesamte Baumschulproduktion in den Niederlanden angesiedelt. Eine neuentwickelte Entlaubungsmaschine für Edelreiser stand im Einsatz. Schon bald darauf kam ein solches Gerät für die Entlaubung am Versuchszentrum Laimburg zum Einsatz.

In zwei weiteren Vermehrungszentren – Zeeland und Flevoland – hatte sich NAKB auf die Gewinnung von virusfreien Eliteunterlagen (Basismaterial) als Ausgangsmaterial für die Unterlagen-Muttergärten in den Baumschulbetrieben konzentriert. Hier fanden mit Herrn Elzenga, dem Direktor des NAKB, und mit seinem Mitarbeiter Herrn Bolschen erste Gespräche und Verhandlungen zur möglichen Lieferungen von Elite-Material an das Versuchszentrum Laimburg statt.

In der Versuchsanstalt Wilhelminadorp wurde die Begegnung mit Herrn van Oosten, Fachmann für das Baumschulwesen, und Herrn Baarends, zuständig für Anbaufragen, zu einem besonderen Informationsaustausch. Ergebnisse mit den verschiedenen Golden-Delicious-Herkünften, wie Klon B, Golden Smoothee, Klon Reinders, Crillart, Beldgolden und Lisgolden gaben Auskunft über Glattschaligkeit und die Fruchtform. In Versuchen mit neuen Unterlagen wie P22, P2, P3, Ottowa, Mac 9, Mark, Budakovski und B9 sollte abge-

Die Firma Gebrüder Janssen (NL) belieferte viele Jahre den BSB mit Unterlagen.

klärt werden, ob es Alternativen zu M9 gibt. Die neue Technik der Fertigation (düngende Tropfbewässerung) in den Baumschulen hatte interessante Ergebnisse in den ersten Versuchen aufgezeigt.

Weiters konnten unterschiedliche Veredelungstechniken in Zusammenhang mit dem Einwelken und dem Kümmerwuchs des Edelauges sowie mit der Förderung der Seitenverzweigung besprochen werden. Im Züchtungsbetrieb für Obstgehölze IVT (Institut voor Tuinbow) in Elst wurde auf 40 Hektar Sortenzüchtung betrieben. Jährlich wurden hier an die 6.000 Apfelsämlinge neu angepflanzt und nach Abschluss der Jugendphase auf pomologische Eigenschaften überprüft. Die Zuchtziele betrafen Fruchtfarbe, Geschmack und gute Lagerfähigkeit. Parallel wurde eine Resistenzzüchtung gegen die wichtigsten Pilzkrankheiten aufgebaut.

Wichtig waren auch die Verhandlungen mit dem Verwalter der Patentrechte in Holland, Herrn Saathoff, um den Erwerb der Vermehrungsrechte für Jonagold- und Elstar-Mutanten, (Red Elstar, Elshof und andere).

In Belgien waren Joseph de Coster, Direktor der Versuchsstation in Glaadbeck, und sein Mitarbeiter Van den Veengaard die Ansprechpartner zu Fragen über neue Apfelsorten bzw. Mutanten von Elstar, Jonagold und Golden Delicious. Das Hauptaugenmerk galt jedoch den Edelreisschnittgärten bzw der Handhabung der Abgabe von Edelreisern an die Baumschulen. Herr De Coster sprach sich für eine strenge Selektionsarbeit bei Sorten und Mutanten in den Versuchsanstalten aus. Es zeigte sich, dass mit New Jonagored eine deutlich bessere Ausfärbung mit ausgeprägter Farbsteifung gegenüber dem Standard-Jonagold erreicht wird. Bei Golden Smoothee war der Thermoklon 2832 der Beste unter den verschiedenen Smoothee-Herkünften. Auch der Stand der Zertifizierung und deren gesetzliche Regelung in Belgien wurde intensiv besprochen.

In Halen, Belgien, weckte eine dunkelrot gefärbte Mutante von Jonagored im Betrieb Morren großes Interesse.

Joseph de Coster (rechts), der große belgische Obst- und Baumschulfachmann.

Baumschulkontrolle von Jos Morren bei der Sorte Jonagored in Südtirol.

Rene Nicolai, der Spezialist für Baumschultechniken und Unterlagen-Züchtung in Belgien.

Der BSB übernahm nach zähen Verhandlungen mit Jos Morren 1986 die Vermehrungsrechte dieser Mutante für Italien.

Beim Besuch der Baumschule Renè Nicolai in Aalken standen Fragen zur Baumschultechnik sowie über Ergebnisse seiner Selektionsarbeit mit M9-Klonen mit dem Namen Renic 1825 und M9 RN29 (Juvenile und Adulte-Typen) an. Die neue Renic 1825 setzte sich in der Praxis nicht durch, während M9 Renic29 als etwas stärker wachsender Klon in einigen Baumschulen Eingang fand.

Charles André (2.v.l.), der große Sorten- und Baumschulpionier von Frankreich, erklärt den Einsatz von Promalin für die bessere Verzweigung.

Frankreich

Anfang der 1980er-Jahre organisierte der BSB mehrere Studienreisen nach Frankreich. Die Versuchsanstalten in Nimes (Lanxade) und Bordeaux (Grand Ferrade) wurden besucht, um den Stand der Neuzüchtungen kennenzulernen.

Auf dem Programm stand auch der Besuch der halbstaatlichen Berufsorganisation CTIFL, die die Aufgabe hat, Edelreiser als Basismaterial zu erzeugen, die Baumschulen zu organisieren und die Obstbauern zu beraten.

Das besondere Interesse der Reisegruppe galt den Edelreisschnittgärten, deren Anlage und der Schnitttechnik der Edelreiser, einer neu entwickelten Entblätterungsmaschine und der Bündelung und Lagerung der Edelreiser im Kühlraum. Im Baumschulbetrieb Herrmann (Domaine de Castang) wurden die Mutanten von Golden Delicious Smoothee und von Red Delicious Spur der Red Chief begutachtet. Der BSB erwarb bei Domaine de Castang die Vermehrungsrechte dieser beiden Sorten. Weitere Red-Delicious-Mutanten erregten in der Baumschule Demol im Rhone Tal das Interesse der Reisegruppe, und zwar Early Red One und Top Red.

1985: Frankreich

Im Jahr darauf führte die Studienreise in den Baumschulbetrieb von Charles Andrè in Villers-Cotterets nördlich von Paris, wo vor allem die roten Mutanten New Jonagold, Royal Gala, Galaxy Gala und Gala Imperial begutachtet wurden.
Wichtige Themen für den BSB, wie die Zertifizierung der Baumschulware in Frankreich, und die Erfahrungen mit dem damals neuen „Promalin" in seinen Verzweigungsversuchen konnten mit dem Altmeister des französischen Obstbaus, Charles Andrè, diskutiert werden.

Neues Häufelgerät für den Unterlagen-Muttergarten beim NakB (NL).

Niederlande

1985 fand ein Treffen im Versuchsbetrieb Horst mit Herrn H. Klostermann, Fachbereich für Baumschultechnik, statt, bei dem Untersuchungen zur Seitenverzweigung mit verschiedenen Pflanzabständen in der Baumschule im Mittelpunkt standen. Am besten bewährte sich in den Versuchen der Abstand 80 cm x 30 cm. Verschiedene adulte und juvenile M9-Klone wurden geprüft. Für die Förderung der Verzweigung wurde die Wirkung von sechs verschiedenen Wachstumsregulatoren im Vergleich zum manuellen Toppen (Entfernen junger Blätter im Wipfelbereich ohne die Triebspitze zu beschädigen) geprüft. Der mehrmalige Einsatz mit Promalin im Gipfelbereich zeigte vorerst die beste Wirkung auf die Förderung vorzeitiger Triebe. Mit den Herren Kersten und Poulsen konnte das Thema Schnittgärten, Reiserschnitt, Lagerung der Edelreiser im Sommer und im Winter sowie deren Versand angesprochen werden. Auch die Bedeutung neuer Sorten und die Klone von Elstar kamen zur Sprache.

1986 und 1987: Niederlande

In der Versuchsanstalt Wilhelminadorp wurden mit dem Sortenfachmann Peter Goddrie 56 verschiedene Jonagold- und 23 Elstar-Mutanten begutachtet. Das Motto zur Sortenempfehlung von Herrn Goddrie lautete: „Warte nie auf den besten Klon, der Beste wird immer morgen kommen." Er stellte auch fest, dass Red Elstar genetisch sehr instabil ist und stark zurückmutiert, und durch die Mutante Elshof ersetzt werden sollte. Bei Jonagold kommen immer neue Mutanten hinzu, wie King Jonagold, Crown Gold, Jonica, Jonagored u. a. Auch bei Gala wurden verschiedene Mutanten wie Royal Gala, Imperial Gala und Gala Must geprüft und mit Gala Standard verglichen. Im Bereich der schorfresistenten Sorten standen Prima, Prischilla, Florina (Querina), Liberty und Freedom im Sortenprüffeld.

Besuch bei Dr. G. Elzenga, Direktor des NAKB (NL)

In Wageningen wurde an der Universität mit Frau Dr. J. Jansen und Herrn Dr. Hoogenboom über die Vermehrungsrechte niederländischer Apfel-Neuzüchtungen und über die Formalitäten einer möglichen Übernahme derselben durch den BSB verhandelt.
In Horst, am Sitz des NAKB, konnte mit dem Direktor Dr. Koning und dem Virologen Ir. Jonge Dijk das Schwerpunktthema Vermehrung und Zertifizierung behandelt werden. Dabei wurden die Probleme der Vermehrung von Brebasis und Basismaterial in der Thermotherapie erörtert. Im Nordostpolder ist ein neuer Vermehrungsbetrieb des NAKB entstanden. Der Direktor Dr. G. Elzenga führte durch die jungen neu angelegten Mutterbeete für das Basismaterial von Apfelunterlagen sowie von Hecken für die Gewinnung von Steckhölzern der Steinobstunterlagen. Das Ausgangsmaterial stammte aus den Prebasisbeständen in Horst.
In Wilhelminadorp sprachen wir mit den beiden Baumschulspezialisten H. v. Osten und S. J. Wertheim über Probleme in der Baumschule und über neue Techniken in der Produktion von Jungbäumen.

Der Sortenspezialist Babin (2.v.l.)
in Frankreich.
13

1988: Frankreich

1988 führte eine weitere Studienreise des BSB nach Frankreich. Schwerpunkte waren diesmal die Virusfreimachung des Ausgangsmaterials, der Ablauf der Zertifizierung der Baumschulware und Sortenneuheiten beim Apfel. In der Versuchsanstalt Balandran ist das nationale französische Sortendepot untergebracht. Dort konnte eine Kollektion von Mutterbäumen mit den gängigen Apfelsorten besichtigt werden. Zu unserer Überraschung stellten wir fest, dass die drei originalen Braeburn-Mutterbäume nicht wirklich der Sorte Braeburn entsprachen – es handelte sich um deren Muttersorte Lady Hamilton. Zuerst glaubten das die französischen Fachleute nicht und waren sehr erstaunt. Später berichtigten die Verantwortlichen des Versuchsbetriebs dies.

In der Versuchsstation Lanxade in der Nähe von Bergerac erklärte Direktor La Berger die Thermotherapie, die Virustests, pomologische Überprüfung und den Ablauf der Zertifizierung der Baumschulwaren in Frankreich. In der Domaine de Castang in Bergerac wurde die frühreife Fuji-Mutante Yataka begutachtet. Außerdem waren die französischen M9-Selektionen Pajam 1 und 2 sowie die verschiedenen OHF-Birnenunterlagen zu sehen.

Einen Schwerpunkt bildete auch die Überprüfung der pomologischen Eigenschaften und die Fruchtfarbe von Braeburn-Mutanten, darunter der virusfreie Typ 6315. Dieser schien für die Vermehrung in Südtirol in Frage zu kommen. Am Institut der INRA war ein Gedankenaustausch mit dem namhaften Chefpomologen Yves Lespinasse möglich. Er konzentrierte sich auf die Resistenz-Züchtung von Schorf, Mehltau, Feuerbrand, mehliger Apfelblatt- und Blutlaus. Er und sein Mitarbeiter gewährten Einblick in das Sortenquartier, wo sich die Reisegruppe hauptsächlich für die Klone von Breaburn (Hilwell) und Fuji (Red Fuji, Fuji Red Sport, Nagafu 2-6, Fuji Hossei) interessierte.

In der Baumschule Delbard waren einige viel diskutierte Mutanten der Sorte Gala zu sehen, wie Obrogala und Gala 4. Beide Typen sind besser ausgefärbt als Royal Gala.

Mehr als Bäume.

DER BUND SÜDTIROLER BAUMSCHULEN VON 1977 BIS 2024

CHRISTOPH GUFLER

CHRISTOPH GUFLER

Mehr als Bäume.

DER BUND SÜDTIROLER BAUMSCHULEN VON 1977 BIS 2024

ERFOLGREICHER AUFBAU – OBMANN LUIS BRAUN (1977–1987)

Die ereignisreichen ersten 10 Jahre des BSB wurden bereits von Gründungsobmann Luis Braun ausführlich dargestellt. Die lückenlos vorliegenden Protokolle spiegeln die intensive Aufbauarbeit wider. Die Vorstandssitzungen, Mitgliederversammlungen, Sortenbesprechungen und die jährliche Vollversammlung fanden fast durchwegs in einer der Terlaner Gastwirtschaften statt, lediglich 1986/87 in Lana. Neben den Mitgliedern waren regelmäßig auch Vertreter des Landwirtschaftsinspektorats, des Beratungsrings, der Laimburg und des Landesamts für Pflanzenschutz bei den Versammlungen anwesend, die immer wieder Fachreferate zu aktuellen Themen wie Unterlagen, Edelreiser, Sorten usw. hielten. Berichtet wurde auch über die jedes Jahr durchgeführten Lehrfahrten und die dabei gewonnenen Einblicke, die zu richtungsweisenden Innovationen im Südtiroler Obstbau und Baumschulwesen führten. Ein wichtiger Punkt war die jährliche Festlegung des Richtpreises für das Pflanzgut, der dann im „Landwirt" und in „Obstbau Weinbau" veröffentlicht wurde. Er belief sich zunächst auf 2.500 Lire und stieg bis Mitte der 1980er-Jahre auf 3.500 Lire an. 1978 nahm der Muttergarten in der Laimburg seine Tätigkeit auf, dort wurden Mitte der 1980er-Jahre 1

Million Edelreiser produziert. Die infolge des Landesgesetzes von 1981 von der Laimburg durchgeführten Zertifizierungen stiegen von der Mitte der 1980er- bis zur Mitte der 1990er-Jahre von 11 % auf 79 % an. Der dabei amtlich beglaubigte, einwandfreie Zustand der Pflanzen stellte für den Verkauf im In- und Ausland einen erheblichen Wettbewerbsvorteil dar, da dieses Qualitätssiegel weltweit einzigartig war.
1979 setzte sich der Bund aus zwölf Mitgliedern zusammen, es fanden fünf Vorstandsitzungen, sechs Mitgliederversammlungen und eine Lehrfahrt statt. Bis 1981 stieg die Mitgliederzahl auf 14 an. Einerseits waren mehr Mitglieder erwünscht – einmal wurde sogar die Kritik geäußert, dass bei den Treffen mehr Beamte als Baumschuler anwesend wären –, andererseits war man bei Neuaufnahmen durchaus wählerisch.

Über mehrere Jahre beschäftigte der Pachtvertrag von 11 Hektar Grund von der Gemeinde Kurtatsch „für Baumschulzwecke" die Funktionäre und Mitglieder, der 1982 für 1 Million Lire pro Hektar zum Abschluss kam.

Einen weiteren Muttergarten für Unterlagen errichtete der Bund in Verona. 1983 wurde etwa die Hälfte der insgesamt ca. 600.000 Unterlagen bei Südtiroler Baumschulen bestellt. Mitglied Leonhard Huber trat die von ihm erworbenen Vermehrungsrechte für Italien der Sorte Elstar an den Bund ab, der später unter anderem auch die Patentrechte für die Sorten Meran, Jonagored und andere übernahm. 1983 betrug die Beitrittsgebühr 1,5 Millionen Lire, ein Geschäftsanteil 50.000 Lire. 1985 wurden 2,5 Millionen Unterlagen zum Verkauf angeboten. Im selben Jahr wurde der Landesbaumschulbeirat eingesetzt und ein einheitlicher Bestellschein eingeführt, was der Sicherstellung einheitlicher Standards diente. Dies war notwendig, da Ende der 1980er-Jahre die Baumschultätigkeit und der Export zertifizierter Jungbäume ein bislang unbekanntes Ausmaß erreichte. So konnte der scheidende Obmann Luis Braun bei der außerordentlichen „Generalversammlung" am 31. Juli 1987 im Gasthof Oberhauser in Terlan über eine mehr als erfolgreiche Tätigkeit in den 10 Jahren seit der Gründung berichten. Die dabei verabschiedeten neuen Statuten regeln in 44 Artikeln die Tätigkeit des BSB. Zum neuen Obmann wurde Leonhard Huber gewählt.

IMMER MEHR BAUMSCHULEN – OBMANN LEONHARD HUBER (1987–1993)

Unter dem neuen Obmann Leonhard Huber fanden die Vorstandssitzungen und Mitgliederversammlungen an verschiedenen Orten statt, häufig im Sparerhof in Frangart und am Hauptsitz des Südtiroler Bauernbundes.

Die siebenjährige Amtszeit des Terlaner Schwarzhof-Bauern und Baumschulers war von einem starken

AUTONOME PROVINZ BOZEN-SÜDTIROL - LANDESAUSSCHUSS

OBST- UND WEINBAUSCHULE
LAIMBURG

I-39040 Post AUER (BOZEN) - TEL. (0471) 96 31 92

Prot. Nr. VI/AB/122/797/Dr.Tsch/ak   Pfatten (Post Auer), am 13.06.1985

Betrifft: weiteres Kursprogramm

An alle
Teilnehmer des Kurses
für Baumschulanwärter

In der Konferenz vom 07. Juni 1985 wurde das weitere Kursprogramm für Baumschulanwärter mit folgenden Lehrinhalten und Terminen festgelegt:

1. Einführung in das Okulieren
   Dauer und Termin: 1 Tag
   am 29. Juli 1985
   Beginn um 8,00 Uhr im Lagerhaus des Versuchszentrums Laimburg mit Herrn Eduard Spitaler und Herrn Georg Fernter.
   Jeder Teilnehmer soll ein gut geschliffenes Okuliermesser mitbringen.
   Am gleichen Tag wird Herr Dr. Helmuth Scartezzini für ca. 2 Stunden über gesetzliche Bestimmungen im Baumschulwesen referieren.

2. Okulieren im Baumschulbetrieb
   Dauer und Termin: 3 Tage in der zweiten Juli bzw. ersten Augusthälfte.
   Die Praxistage werden vom Baumschuler zu welchem der Kursteilnehmer zugeteilt ist, bestimmt.

3. Etikettieren
   Dauer und Termin: zweimal einen halben Tag
   der Termin kann mit dem Baumschuler beim Okulieren ausgemacht werden.

4. Roden, Aufladen, Abladen, Aussuchen, Bündeln usw
   Dauer und Termin: einmal einen Tag
   der Termin kann mit dem Baumschuler bei der vorhergehenden Praxis ausgemacht werden.

5. Besichtigung von Baumschulen im Lande
   Der Termin und der Treffpunkt zur Führung wird durch die Schule bekanntgegeben werden.

6. Besichtigung von Baumschulen in anderen Provinzen
   Der Termin wird von der Schule bekanntgegeben werden.

Das Kursprogramm des Kurses für Baumschulanwärter 1985.

P R A X I S G R U P P E N

Bei: Herrn Curti Ernst - Leifers, Fabio Filzistraße, 11 Tel. 951005

Dissertori Reinhard, Tramin	Tel.85529	Weis Wolfgang, Tramin	Tel.
Vill Robert, Neumarkt	Tel. 82389	Obrist Josef, Tramin	Tel. 86108
Puff Werner, Bozen	Tel.930192		

Bei: Herrn Braun Alois - St.Jakob/Bozen, Campofrancostr. 7 Tel. 940181

Oberrauch Michael, Bozen	Tel.920177	Springeth Lorenz, Bozen	Tel. 45365
Tutzer Georg, Bozen	Tel.31628	Kerer Walter, Inspektorat	Tel. 995084

Bei: Herrn Waldner Walter - Lana, Lautengasse, 20/A Tel. 0473 / 51673

Ganterer Jakob, Lana/Völlan	Tel.58023	Holzner Walter, Lana	Tel. 52105
Piock Josef, Lana	Tel.52678	Zuech Norbert, Lana	Tel. 51003

Bei: Herrn Pircher Josef - Lana, Maria-Hilf-Str. 10 Tel. 0473 / 51467

Garber Sieghart, Partschins	Tel.97037	Neuhauser Hans, Terlan	Tel. 57254
Gasser Johann, Klausen	Tel.45452	Gasser August, Klausen	Tel.45529
Forcher Leo, Kastelbell	Tel.74043		

Bei: Herrn Laimer Elmar - Lana, Walter v.d. Vogelweidestr.7 Tel. 0473 / 52017

Spitaler David, Frangart	Tel.633266	Felderer Anton, Kaltern	Tel.962545
Giuliani Günther, Versuchsz.	Tel.963609	Kofler Josef, Versuchsz.	Tel.963193
Gostner Walter	Tel.962380		

Bei: Herrn Rautscher Paul - Missian/Eppan, Apolloniastr. 5 Tel. 633238

Battisti Stefan, Kaltern	Tel.962008	Chizzali Martin, Kaltern	Tel.962394
Raifer Wilhelm, Girlan	Tel. 52512		

Bei: Herrn Huber Leonhard - Terlan, Hauptstraße, 46 Tel. 57030

Runer Erwin, Terlan	Tel.57158	Tauber Klaus, Natz/Schabs	Tel.42275
Erschbamer Oswald, Vilpian	Tel.678760	Luiprecht Sighart, Nals	Tel. 678494

Die Einteilung der Baumschulanwärter in Praxisgruppen. Ein Praktikum bei einer Baumschule war Pflicht, um den Anwärterkurs mit Prüfung zu bestehen.

Aufschwung im Obstbau geprägt: Von 1980 bis 1990 verdoppelte sich die Zahl der Jungbäume von einer auf zwei Millionen. Dementsprechend wuchs auch die Anzahl der Baumschulen, die um Aufnahme in den BSB ansuchten: 1987 lagen 51 Ansuchen vor, von denen nach strenger Überprüfung der Gesuche und Betriebe 20 positiv bewertet wurden.

Die Eintrittsgebühr wurde auf 2 Millionen Lire angehoben. Die Mitgliederzahl stieg auf 30 aktive Mitglieder, die 90 % der beim Landwirtschaftsinspektorat gemeldeten Pflanzen produzierten. Damit waren so gut wie alle Südtiroler Baumschulen im BSB vertreten, was dessen Rolle als Interessenvertretung stärkte. Im Sommer 1987 wurden laut Protokoll „3.166.505 Unterlagen okuliert". Im selben Jahr wurde der BSB als eigene Sektion im Südtiroler Bauernbund aufgenommen. Anschließend zog man eine Hausnummer weiter: Bisher hatte der BSB seinen (formellen) Sitz beim Assessorat für Landwirtschaft und Forstwesen in der Brennerstraße 6 – der Bauernbund war damals in der Brennerstraße 7 untergebracht.

Die Richtpreise wurden in drei Kategorien – „Extra", „1. Qualität" und „normal" – nach Sorten festgelegt und lagen zwischen 3.500 und 4.800 Lire. Lehrfahrten führten in die Schweiz und nach Frankreich. 1987 gründeten einige Mitglieder des BSB eine Genossenschaft mit der Bezeichnung „Erste Baumschulgenossenschaft Südtirol" (EBAS), die die Lizenzrechte des BSB übernahm und an das bald darauf gegründete Konsortium Südtiroler Baumschulen (KSB) übertrug. 1983 wurde die Baumschulgenossenschaft Griba (Grieser Baumschulen) ins Leben gerufen.

Bei der Vollversammlung am 28. Februar 1989, wo 24 von 32 Mitgliedern anwesend waren, wies der „Präsident darauf hin, daß das gegenseitige Verhalten der Mitglieder untereinander vielfach noch zu wünschen übrig läßt und daß eine Verbesserung dieses Zustandes deshalb besonders wünschenswert sei". In diesem Jahr setzte sich der Bund für Entschädigungen ein, da Baumschulen durch die Witterung große Schäden am Pflanzmaterial erleiden mussten.

Erstmals kam das Thema Patentrecht/Sorten- und Markenschutz zur Sprache, das den BSB noch lange beschäftigen sollte. Lehrfahrten führten nach Cesena und nach Neuseeland.

Ein wichtiges Anliegen war dem BSB eine gediegene Fachausbildung, aus diesem Grund fanden Baumschulanwärterkurse statt. Zum Anwärterkurs 1989 hatten sich 30 Personen gemeldet, die von den Baumschulen Huber, Curti, Kaneppele, Braun, Pircher und Waldner betreut wurden. Die Produktion von ca. 3 Millionen Jungbäumen erfolgte zu dieser Zeit bereits überwiegend in der Poebene. Als „sehr nützlich und erfolgreich" wurden die Lehrfahrten bewertet, die in diesem Jahr ins Veneto und nach (Süd-)England führten. Die jährlich abgehaltene Baumschulbegehung und Sortenbesprechung gaben Aufschluss über den erreichten Qualitätsstandard in den Betrieben.

Baumschultagungen informierten die Mitglieder unter anderem zum Thema Bodenmüdigkeit. Ein spezielles

Problem stellte die geplante nationale Zertifizierung dar. Damals wurden erste Fühler in Richtung der ehemaligen Ostblockgebiete, insbesondere der Ex-DDR ausgestreckt.

Zu Beginn der 1990er-Jahre wurden das Baumschulwesen und der BSB vor neue Herausforderungen gestellt. In den Quartieren löste das Chip-budding das traditionelle Okulieren ab, was zu einer weiteren Produktions- und Qualitätssteigerung führte. Noch einschneidender war die Gründung des Konsortiums Südtiroler Baumschulen (KSB) im Jahre 1991. Bereits in den vorangegangenen Jahren hatte sich der BSB mit dem Thema Vermehrungsrechte für patentrechtlich geschützte Sorten befasst, wobei sich immer mehr herausstellte, dass der Bund nicht die gesetzlichen Voraussetzungen erfüllen konnte, um dieses wichtige Tätigkeitsfeld zu besetzen. Außerdem sah sich das Versuchszentrum Laimburg nicht mehr in der Lage, den Landesschnittgarten mit geschützten Sorten fortzuführen.

Deshalb erfolgte bei der ordentlichen Vollversammlung des BSB am 26. Februar 1991 im Restaurant Sparerhof in Eppan/Frangart die Gründung des Konsortiums Südtiroler Baumschulen, das in Zukunft die Produktion und die Verteilung von Edelreisern an die Mitglieder sowie den Ankauf und die Verwaltung von geschützten Sorten übernehmen sollte, dafür sprachen sich 26 der anwesenden 34 Mitglieder aus.

Mit 17 Ja- zu 16 Nein-Stimmen wurde der Vorschlag von Luis Braun angenommen, dass der Obmann des BSB dem Vorstand des KSB angehören muss. Vorsitzender des KSB wurde der Obmann-Stellvertreter des BSB, Reinhard Kaneppele. Im Protokoll werden die anwesenden Mitglieder namentlich angeführt: Leonhard Huber, Hans Huber, Karl Werth, Franz Hafner, Ernst Curti (Kassier), Georg Gasser, Johann Gasser, Kurt Komiss, Lorenz Springeth, Josef Pircher, Alois Braun, Elmar Laimer, Adolf Zuech, Walter Waldner, Alois Wellenzohn, Erhard Tapfer, Sieghart Garber, Josef Piock, Paul Rautscher, Willi Tapfer, Peter Amort, Otto Wenter, Oskar Prister, Hans Neuhauser, Georg Tutzer, Bruno Rossi, Heinz Visentin, Jakob Ganterer, Leo Forcher, Reinhard Dissertori, Eberhard Graf Kuenburg, Georg Mumelter und Kurt Franzelin.

Bei der Vorstandssitzung am 29. April 1991 wurden Luis Braun, Leonhard Huber als sein Ersatz und der jeweilige Obmann des KSB zu Mitgliedern der Arbeitsgemeinschaft für Sortenfragen bestellt. Die Kontakte zur ehemaligen DDR hatten sich intensiviert, sodass eine Lehrfahrt dorthin beschlossen wurde, eine weitere sollte nach Frankreich führen.

Da Leonhard Huber aus Gesundheitsgründen ab 1993 nicht mehr als Obmann zur Verfügung stand, wurden Neuwahlen erforderlich, die am 23. Februar 1993 stattfanden.

SCHWIERIGKEITEN ÜBERWINDEN – OBMANN JOHANN (HANS) HUBER (1993–2000)

Bei der Vollversammlung vom 23. Februar 1993 wurde Hans Huber zum neuen Obmann des BSB gewählt. Der gebürtige Grieser war Verwalter der Landwirtschaft des Klosters Muri Gries. 1983 rief er die Baumschulgenossenschaft Griba ins Leben, der er mehrere Jahre als Obmann vorstand.

Der als sehr dynamisch geltende neue Obmann machte sich gleich an die Arbeit. Schon am 15. März fand ein erstes Treffen mit dem Obmann des Südtiroler Bauernbundes Arthur Feichter und Direktor Thomas Widmann bezüglich einer besseren Betreuung des BSB statt, dem mehrere weitere Treffen folgen sollten. Dabei verwies Huber auf die jährlich eingezahlten Mitgliedsbeiträge von 45 Millionen Lire und bemängelte, „daß man zu den einzelnen Abteilungen ohne bzw. mit schlechter und unfreundlicher Auskunft verschickt wird". Gemeinsam mit der Gärtnervereinigung gelang es schließlich, dass eine Mitarbeiterin an ein einhalb Tagen in der Woche zur Verfügung gestellt wurde.

Im Bund löste Leo Forcher den langjährigen Kassier Ernst Curti ab. Helmuth Scartezzini vom Amt für Obst- und Weinbau ersuchte den BSB um einen Vorschlag zur Vereinfachung der Zertifizierung. Landesrat Sepp Mayr holte dessen Meinung bezüglich des in Rom in Ausarbeitung befindlichen Pflanzenpasses ein. Flurbegehungen fanden in den Baumschulen Kaneppele und Ganterer in der Nähe von Padua statt.

Eine weitere Lehrfahrt hatte die Besichtigung des Großcontainerbetriebs „Baldacci" und des Agrumenbetriebs „Tintori Oscar" in Pistoia und Florenz zum Ziel. Eine Sortenbesprechung in der Laimburg diente dem Zweck, neue Sortentrends kennenzulernen. Bei der mit 55 anwesenden Mitgliedern gutbesuchten Vollversammlung am 8. Februar 1994 wurde die ausufernde Bürokratie beklagt – es sei „nicht mehr tragbar, dass man sich fast ausschließlich mit Papierkram beschäftigen muß, während man auf der anderen Seite für die eigentliche Baumschultätigkeit keine Zeit mehr hat", heißt es im Protokoll. Im Besonderen ging es um die Mehrwertsteuer, den europäischen Pflanzenpass und das vor der Einführung stehende „Spritzheft". Hans Huber für den BSB und Luis Braun für den SBB wurden zu Vertretern im Baumschulbeirat bestimmt. Für den geplanten Baumschulanwärterkurs zum Erhalt einer Baumschullizenz sollte der theoretische Teil in der Schule Laimburg und im Inspektorat, der praktische Teil in den Baumschulbetrieben durchgeführt werden. Die Praktikanten sollten an 50 Tagen zum „Setzen, Aufput-

RICHTPREISE FÜR DIE PFLANZSAISON HERBST 1992 FRÜHJAHR 1993
(OHNE IVA, Incl. Royalty)
Knipp: + 500 Lire

SORTEN	EXTRA QUALITÄT	I. QUALITÄT	II. QUALITÄT 10/11	II. QUALITÄT
Elstar / Red (r)	5.500	3.500	3.000	
Gloster (R)		5.000	3.000	
Golden Klon B	5.800	5.000	3.000	
Golden Smoothee (R)	5.800	5.000	3.000	
Golden Reinders (R)	5.800	5.000	3.000	
Granny Smith	5.500	4.500	3.000	
Idared	5.500	4.500	3.000	
Jonagold Thermoklone	5.500	4.500	3.000	
Jonagold Wilmuta (R)	5.500	4.500	3.000	
Jonagored Morrens (R)	5.500	4.500	3.000	
Jonica (R)	4.200	3.800	3.000	
Mondial Gala (R)	5.800	5.000	3.800	
Royal Gala (R)	5.800	5.000	3.800	
Hapke Delicious	5.800	4.500	3.000.	

Die Richtpreise für die Saison 92/93 für einjährige Bäume. Sie erhöhten sich für Knip-Bäume und zweijährige um 500 Lire.

zen, Garnieren, Chippen, Etikettieren und Bambus wegnehmen" eingesetzt werden. Die Preise für die Saison wurden mit 5.500 bis 6.000 Lire pro Baum festgelegt. Mit der Baumschulgenossenschaft Griba gab es Probleme wegen eigener Ausstellungen und Werbung – es hätte „keinen Sinn, Sitzungen abzuhalten, wenn die Spielregeln nicht eingehalten werden", wurde im Protokoll vermerkt.

Eine Auflistung zeigt die rege Tätigkeit des Bundes: Aussprache Beratungsring, Flurbegehung für Mitglieder, Landwirtschaftsmesse, Werbetätigkeit, Sortenaussprache, Fahrt mit Beratungsring, Baumschulfahrt Spanien, Fachvortrag, Baumschultagung über Verzweigungsförderung.

Die Preise für 1995 wurden auf 5.500–6.500 Lire angehoben. In diesem Jahr wurde der Südtiroler Obstbau von einer mittleren Katastrophe heimgesucht. 250.000 Bäume der Sorte Mondial Gala wiesen eine hohe Regressionsrate auf, der daraus entstandene Schaden von 1,4 Milliarden Lire konnte teilweise durch einen Landeskredit abgefedert werden. Noch größer war jedoch der befürchtete Imageschaden für den bislang guten Ruf der Südtiroler Baumschulen, dem der Bund durch neue Informations- und Werbestrategien zu begegnen versuchte. Die betroffenen Obstbauern wurden von Obmann Hans Huber und dem Mitarbeiter des Landwirtschaftsinspekorats Walter Kerer besucht und von den Baumschulern entschädigt. Dieser Fall führte allen eindrucksvoll vor Augen wie wichtig die Bonitur

In den 90er Jahren begann man die Verzweigung der Jungbäume in den Baumschulen mit Wachstumsregulatoren zu fördern. Das Bild zeigt rechts den behandelten Trieb, links unbehandelt.

der Schnittgärten und das Edelreiserschneiden von früchtetragenden Bäumen bei instabilen Mutanten ist. Natürlich blieben auch Schuldzuweisungen nicht aus.

Dieser Vorfall führte in den folgenden Jahren zu einer radikalen Änderung der Arbeitsweise in den Edelreiserschnittgärten. Trotzdem konnten die Richtpreise bereits im Jahr darauf auf 5.500 bis 7.200 Lire angehoben werden.
Kaum war diese Krise überstanden, tauchten durch das Auftreten von Feuerbrand in der Emilia Romagna neue Probleme am Horizont des Südtiroler Obstbauhimmels auf. Auch das Verhältnis zwischen dem BSB und dem KSB verschlechterte sich zunehmend. Hatte man einige Jahre gemeinsame Vorstandssitzungen unter dem Vorsitz des Obmannes des Bundes abgehalten, so ging das Konsortium ab 1998 wieder eigene Wege, „da sehr starke Meinungsschwankungen und verschiedene Interessen aufeinandertreffen", so ein Vorstandsmitglied des KSB. Im Bund gab es Kritik an der Edelreiserproduktion und -verteilung und Lizenzvergabe des KSB – es wurde eine bessere Abgrenzung der Tätigkeiten der beiden Verbände gefordert.

1998 wurden 3 Millionen Edelaugen verteilt, wovon 45 % Gala, 14 % Golden Delicious, 12 % Red Delicous, 10 % Braeburn und 6 % Fuji waren. Bei der Vollversammlung am 12.2.1999 in Kaltern verzeichnete der Kassabericht Einnahmen in Höhe von 28,5 Millionen Lire und Ausgaben in Höhe von 16,5 Millionen Lire.

Bezug auf Anwachsgarantien, Trockenschäden und den prozentuellen Anteil bei der Regression. In einem Referat von Markus Junker ging es um Versuche zum Triebwachstum der Bäume, welche vom BSB in Auftrag gegeben worden waren. Reinhold Stainer berichtete über neue Wege in der Züchtung und Vermarktung in Zusammenhang mit den neu aufkommenden Clubsorten. Walter Guerra stellte den Stand der Züchtungen an der Laimburg vor.

Im Jahr 2003 beschäftigte sich der BSB mit dem im Vorjahr gegründeten Südtiroler Sortenerneuerungskonsortium, wobei bemängelt wurde, dass die Baumschulen in diesem wichtigen Gremium nicht vertreten waren. Breiten Raum nahm das Thema Feuerbrand ein. Dieser hatte mittlerweile Südtirol erreicht, was anfänglich zu heftigen Polemiken führte, gegen die sich der BSB zur Wehr setzen musste. Die konsequente Bekämpfung des Feuerbrands in Südtirol wurde in der Fachwelt als beispielgebend bewertet, wie der Direktor des Versuchszentrums Josef Dalla Via bei der Vollversammlung vom 17. Januar 2003 bekräftigte. Bei dieser wurde Luis Braun zum Ehrenmitglied des BSB ernannt. In diesem Jahr bestand der Bund aus 45 Mitgliedern. Nach einem vom BSB mitorganisierten Baumschulkurs konnten 13 neue Baumschullizenzen vergeben werden. Ein Kurs für Arbeitssicherheit wurde von sieben Teilnehmern besucht. Die Lehrfahrten führten nach Deutschland und Tschechien.
Ein Jahr später fanden Neuwahlen statt, bei denen Armin Hafner als Obmann bestätigt wurde. Im Anschluss an die Vollversammlung am 16. Jänner 2004 fand die Baumschultagung statt, bei der es unter anderem um Mikroorganismen im Boden, die Pachtsituation in der Poebene im Zuge der EU-Agrarreform und Versuche der Laimburg mit Klonen verschiedener Apfelsorten ging. Das Ziel der Lehrfahrt war diesmal das Alte Land bei Hamburg mit der dortigen Versuchsanstalt und dem Beraterzentrum, auch zwei Baumschulen wurden besichtigt.

2005 besuchten elf Mitglieder eine Versuchs- und Vermehrungsanstalt sowie Baumschulen in Spanien.
Die nationale Zertifizierung und deren Auswirkungen auf die Südtiroler Baumschulen war Gegenstand der Baumschultagung im Jahr 2006. Mittels Rundschreiben wurden die Mitglieder unter anderem über den Besenwuchs informiert, Lehrfahrten führten nach Slowenien und in die Steiermark.

2007 konnte der BSB sein 30-jähriges Bestehen feiern. Bei der Vollversammlung am 5. Februar 2007 in Kaltern hielt Reinhold Stainer einen reichbebilderten und informativen Vortrag über die vergangenen drei Jahrzehnte. Das Jubiläumsjahr bot nicht nur Gelegenheit, auf die Erfolge des BSB zurückzublicken, sondern diente auch dazu, in die Zukunft zu schauen.

Bei der Vorstandssitzung am 22. Juli 2008 stellte der Obmann die provokante Frage, ob der BSB aufgelöst werden sollte. Als Gründe dafür wurden angeführt, dass bei der Vollversammlung kein Vertreter der FENO-Grup-

Die Obmänner des BSB.
v.l.n.r. Luis Braun, Peter Laimer, Armin Hafner, Johann Huber, Leo Forcher, nicht im Bild der all zu früh verstorbene Leonhard Huber.

pe anwesend war und auch bei anderen Veranstaltungen nur noch KSB-Mitglieder erschienen. Die Organisation der Sortenbegehungen würden sich immer schwieriger gestalten, da sich die Vermehrungsrechte der neuesten Sorten bzw. Klone in den Händen von verschiedenen Südtiroler Baumschulgruppierungen befanden. Vorstandsmitglieder betonten, dass der BSB weiterhin als politischer Ansprechpartner für die Berufsgruppe fungieren sollte, zum Beispiel wenn es um wichtige Themen wie Zertifizierung oder Richtpreise geht.

In der Folge beschäftigte sich eine siebenköpfige Arbeitsgruppe unter dem Vorsitz von Leo Forcher bei mehreren Treffen mit einer Neuausrichtung des BSB.

Die Fachgruppe stellte die Ergebnisse ihrer Arbeit bei der Vollversammlung am 29. Jänner 2009 in Bozen vor. Als Schwerpunkte wurden „Weiterbildung, politische Interessenvertretung, Fach- und Baumschultagungen, Sicherung der Existenz der Baumschulen" genannt.

Die Zusammenarbeit mit dem Landwirtschaftsinspektorat, dem Pflanzenschutzamt, der Laimburg, dem Beratungsring und dem Sortenkonsortium sollte vertieft und je ein Vertreter des KSB, der FENO und der Griba in den Vorstand aufgenommen werden. In monatlichen Rundschreiben sollten Informationen zu aktuellen Themen wie Zertifizierung, Steuerangelegenheiten, Beiträge usw. gegeben werden, auch sollten gemeinsame Ankäufe von Materialien wie Pellets, Pflanzenschutzmittel, Bindematerialien, landwirtschaftlicher Treibstoff und ähnliches organisiert werden.

Die BSB Lehrfahrt 2010 führte in die USA nach Geneva (New York State).

ES GEHT WEITER – OBMANN LEO FORCHER (2009–2017)

Da der bisherige Vorsitzende Armin Hafner nicht mehr kandidierte, wurden bei der in Kaltern abgehaltenen Vollversammlung am 8. März 2009 Leo Forcher zum neuen Obmann des BSB und Waltraud Huber zu seiner Stellvertreterin gewählt. Beide waren wie der frühere Obmann Hans Huber, Michael Malleier, Armin Hafner, Dieter Bologna und Andreas Gruber Genetti Mitglieder der Arbeitsgruppe „Zukunft BSB". Der neue Obmann Leo Forcher war in unterschiedlichen Funktionen beim BSB tätig gewesen. Bereits in jungen Jahren hatte er die 10 Hektar Obst-

Die Teilnehmer der Lehrfahrt nach Polen 2011 mit Betreibern einer polnischen Baumschule.

güter seiner Heimatfraktion Galsaun verwaltet, bevor er eine der großen Baumschulen des Landes aufbaute. Neben den Äpfeln gehört sein Herz dem „Vinschger Wein", der auch dank seines Einsatzes vom Stiefkind zu einem der Musterknaben des Südtiroler Weinbaus aufstieg. 40 Jahre lang leitete Leo Forcher den 1981 von ihm gegründeten Vinschgauer Weinbauverein, dessen Mitgliederzahl sich in dieser Zeit von 60 auf 280 erhöhte, während sich die Weinbaufläche von 48 auf 90 Hektar vergrößerte.

So ist es nicht verwunderlich, wenn auch der BSB unter seiner Führung neuen Aufschwung bekam. Wenige Tage nach der Neuwahl fand die erste Vorstandssitzung statt, weitere folgten in fast monatlichem Rhythmus. Im Juni und Juli fanden am Hauptsitz der VI.P in Latsch und im „Haus des Apfels" der VOG in Terlan Sortenbesprechungen statt, bei denen Fachleute über neue Sorten und Klone referierten und über die Produktion der Südtiroler Baumschulen und die Pläne der Obstgenossenschaften informiert wurde. Wegen der Erhöhung des UMA-Treibstoffkontingents für die Berufsgruppe der Baumschuler fanden Aussprachen mit Vertretern der Covift und der Regionen Lombardei und Emilia Romagna statt. Weiters wurden eine Baumschulbegehung und ein Treffen mit dem neuen Direktor des Versuchszentrums Laimburg Michael Oberhuber abgehalten, bei dem der Obmann die

Vor dem Julius-Kühn-Institut für Pflanzenzüchtung in Dresden Pillnitz (2019).

NEUE ZEITEN – OBMANN PETER LAIMER (2017 BIS HEUTE)

Der neue Obmann des BSB stammt aus einer alten Baumschulfamilie. Sein Großvater zählt zu den Pionieren des Südtiroler Baumschulwesens. „Besondere Erwähnung verdient Karl Laimer, der seit Anfang der 1930er-Jahre Jungbäume vermehrte und inzwischen für einige 1.000 Hektar Obstanlagen in ganz Südtirol das nötige Pflanzgut geliefert hat. Als noch in erster Linie Sämlingsunterlagen gepflanzt wurden und das Landwirtschaftsinspektorat jährlich an die 100.000 Apfelkerne der Sorte Bitterfelder Sämling aus Deutschland einführte, betrieb Laimer die Saatschule für alle Baumschulen in Südtirol", schreibt Hermann Oberhofer in seinem grundlegenden Beitrag über die Geschichte des Obstbaues in Lana (1976).

Karl Laimers Sohn Elmar gehörte 1977 zu den Gründungsmitgliedern des Bundes Südtiroler Baumschulen und arbeitete in den ersten Jahren im Vorstand mit. So war es naheliegend, dass sich auch Peter Laimer, Sohn und Enkel der vorigen, im BSB engagierte. Der Agronom übernahm den Bund zu einer Zeit, als sich weitere massive Veränderungen im Baumschulwesen ankündigten. Die Jahresproduktion stieg auf über 10 Millionen Bäume an, die nunmehr weltweit vermarktet werden. Gleichzeitig schränkte die zunehmende Dominanz der Clubsorten, deren Management in den Händen von einzelnen Unternehmen bzw. der Genossenschaftsverbände VOG und VI.P liegt, den Spielraum der Baumschulen ein. Auch die Klimaveränderungen stellen die Betriebe vor neue Herausforderungen. Umso wichtiger sei es, zukunftsweisende Trends zu erkennen und neue Akzente zu setzen, ist der Obmann überzeugt. In einem Interview mit der österreichischen Fachzeitschrift „Besseres Obst" plädierte er 2019 für

Bei der 40-Jahr-Feier 2017 nach einem Rundgang durch die Freilandversuche der Laimburg.

einen besseren und gezielten Versicherungsschutz, da extreme Wetterereignisse durch den Klimawandel immer häufiger auftreten werden.
Nach alter Tradition veranstaltete der BSB ab 2017 jedes Jahr eine oder mehrere Lehrfahrten mit fachlicher Begleitung, um neue Einsichten zu gewinnen. Bei der Reise in die Schweiz ging es um Gentechnik, weitere Lehrfahrten führten nach Kanada und in die Normandie, wo man die dortige Ciderproduktion kennenlernte.

Nach einer zweijährigen coronabedingten Pause standen 2022 Baumschulen und Züchtungsinstitute in Tschechien auf dem Programm. Dort kam es in den letzten Jahren zu einer Verkleinerung der Anbaufläche von 18.000 auf 12.000 Hektar. Technische Neuerungen zeigte der Hackroboter Feldtag in Bamberg auf.

Wichtig blieb weiterhin die Fortbildung. Bei den im Anschluss an die jährlichen Vollversammlungen stattfindenden Fachtagungen informierten unter anderem Martin Höller von der Laimburg über Züchtung und Vermehrung mit Thermotherapie, während Leonhard Steinbauer von der Versuchsstation Haidegg/Steiermark Entscheidungshilfen für einen zukunftsorientierten Obstbaubetrieb aufzeigte. Vor allem praktische Erkenntnisse vermitteln die jährlichen Sortenbegehungen, bei denen unter anderem die Bewässerung, Erziehungssysteme und Unterlagen auf den Landesbetrieben in Labers und am Freiberg bei Meran begutachtet wurden.
In den letzten Jahren nutzte der BSB verstärkt die Möglichkeit, im wissenschaftlichen Beirat des Versuchszentrums Laimburg Projektideen und -vorschläge

einzubringen. Dabei war es ein zentrales Anliegen, dass am Versuchszentrum die Virusfreimachung durch Thermotherapie und die Sortenschutzprüfung durchgeführt werden sollten. Dieses Ziel verfolgten die Vertreter des Bundes im Beirat, Peter Laimer und Michael Malleier, mit Hartnäckigkeit, leider aber nur mit teilweisem Erfolg.

„Ähnlich wichtig wie die phytosanitäre Zertifizierung damals für den Südtiroler Obstbau war, ist es heute die nationale amtliche Sortenschutzprüfung am Versuchszentrum Laimburg anzusiedeln, damit neue Sorten unter Südtiroler Bedingungen geprüft und verglichen werden können", bekräftigte der Obmann bei einem Treffen mit der Laimburg. Mit Ministerialdekret vom 12. Februar 2019 erhielt das Versuchszentrum die Zuständigkeit für DUS-Tests beim Apfel. Als in der Folge eine Arbeitsgruppe eingesetzt wurde, um die Richtlinien zum DUS-Test auszuarbeiten, waren erfahrene Züchter aus den Reihen der BSB mit dabei. Ein weiteres Thema, das an den wissenschaftlichen Beirat herangetragen wurde, betrifft Untersuchungen über den Phosphonatgehalt im Pflanzmaterial. Als Interessenvertretung der Südtiroler Baumschulen beschäftigte sich der BSB mit den Auswirkungen der Sortenprojekte von VOG und VI.P , die den Mitgliedern große Sorge bereiten. Die Position der Baumschulen wurde den politischen und Verbandsvertretern übermittelt. Mehrfach fanden auch Beratungen mit der Civi Italia statt, der nationalen Interessenvertretung der Baumschulen „centro interprofessionale per le attività vivaistiche".

Bei einer Aussprache mit Vertretern von Bioland in Lana ging es um die Steigerung der Produktion von Biobäumen. Die Sichtbarkeit des Bundes konnte durch entsprechendes Informations- und Anschauungsmaterial in einschlägige Veröffentlichungen des Südtiroler Apfelkonsortiums bzw. im Südtiroler Obstbaumuseum in Lana verbessert werden. Auch im Organisationskomitee der Interpoma ist der Bund durch seinen Obmann vertreten.

Einen Höhepunkt der letzten Jahre stellte die 40-Jahr-Feier des Bundes dar, die am 19. Oktober 2017 im Felsenkeller der Laimburg stattfand. Die langjährigen und engagierten Funktionäre Leo Forcher und Jakob Ganterer wurden zu Ehrenmitgliedern ernannt. Diese Anerkennung wurde auch Frau Waltraud Huber zuteil, die über Jahrzehnte in unterschiedlichen Funktionen eine tragende Säule des Bundes gewesen war. Bereits seit mehreren Jahren beschäftigte sich der Vorstand mit der Herausgabe eines Buches zur Geschichte des Südtiroler Baumschulwesens. Bei der Studienreise im Sommer 2023 lernte man Serbien, die „Obstgroßmacht" unter den Balkanstaaten, kennen, wo auf 27.000 Hektar rund eine halbe Millionen Tonnen Äpfel produziert werden.

Bei Neuwahlen in diesem Jahr wurden der amtierende Obmann und Vorstand wiederbestätigt. Dabei nahm Peter Laimer eine Standortbestimmung des BSB vor. Er erinnerte daran, dass es in den späten 1990er- und in den 2000er-Jahren – salopp formuliert – genügte, über ausreichend gutes Baummaterial und einen ordentlichen Service zu verfügen, um erfolgreich über die Runden zu kommen.

Seitdem habe sich vieles verändert. Von den zu bewältigenden neuen Faktoren im Baumschulwesen nannte er die zunehmende Bürokratie – unter anderem Arbeitssicherheit und Datenschutz –, das Thema Pflanzenschutz in den Baumschulen in Zusammenhang mit Bio-Betrieben, neue Unterlagen, die nicht über Mutterbeete vermehrt werden können, fehlendes Know-how zur Gehölzvermehrung in vitro in Südtirol, künftige Mikro-Veredelung oder Mini-Chip-budding, der Umstieg von universell einsetzbaren Jungbäumen zu neuen verschiedenen und lizenzpflichtigen Bäumen wie Bibaum® und der Zugang zu Vermehrungslizenzen in der Sortenwahl, der für die Baumschulbetriebe überlebenswichtig geworden ist.

Er verlieh der Hoffnung Ausdruck, dass die von VOG und VI.P übernommenen Südtiroler Züchtungen („Laimburger Sorten") von Südtiroler Betrieben vermarktet werden und die notwendigen Bäume in Südtiroler Betrieben vermehrt werden.

2024 zählt der BSB 24 Mitglieder.
Die Südtiroler Baumschulen haben durch harte und seriöse Arbeit mit ständiger Verbesserung der äußeren und inneren Qualität wesentlich zum Aufschwung des Südtiroler Obstbaues beigetragen. Dadurch konnten sie den früher tonangebenden Baumschulen in Frankreich und Holland den Rang ablaufen. Die Südtiroler Baumschulen genießen heute weltweit einen ausgezeichneten Ruf, was im immer härter werden globalen Konkurrenzkampf keine geringe Rolle spielt.

OBMÄNNER	FUNKTIONÄRE
Braun Luis 1977 - 1987	*Vize-Obmann:* Waldner Walter Laimer Elmar, Zuech Adolf, Huber Leonhard, Wellenzohn Alois **ab 1981** Pircher Josef, Huber Leonhard, Rautscher Paul *Rechnungsrevisoren:* Hafner Franz, Dr. Carlo Garzena
Huber Leonhard 1987 bis 1993	*Vize-Obmann:* Kaneppele Reinhard Curti Ernst, Hafner Franz, Werth Karl *Rechnungsrevisoren:* Braun Alois, Dr. Carlo Garzena
Huber Johann 1993 bis 2000	*Vize-Obmann:* Thomas Braun Mittermair Andreas, Prister Oskar, Hafner Armin *Rechnungsrevisoren:* Malleier Michael, Forcher Leo
Hafner Armin 2000 bis 2009	*Vize-Obmann:* Mittermair Andreas Prister Oskar, Malleier Michael, Zuech Werner *Rechnungsrevisoren:* Huber Waltraud, Forcher Leo **ab 2005** *Vize-Obmann:* Mittermair Andreas Malleier Michael, Gruber Genetti Andreas, Zuech Werner *Rechnungsrevisoren:* Prister Oskar, Huber Waltraud
Forcher Leo 2009 bis 2017	*Vize-Obfrau:* Huber Waltraud Malleier Michael, Gruber Genetti Andreas, Huber Johann *Rechnungsrevisoren:* Raifer Thomas, Mittermair Andreas **ab 2013** Wiederbestätigung aller Vorstandsmitglieder *Rechnungsrevisoren:* Peter Laimer (anstelle von Raifer Thomas), Andreas Mittermair
Laimer Peter 2017 bis 2024	*Vize-Obmann:* Huber Hans, Oberhofer Bernd, Malleier Michael, Werth Lukas **ab 2020** *Vize-Obmann:* Werth Lukas, Oberhofer Bernd, Malleier Michael, Pfeifer Alexander *Rechnungsrevisoren:* Mittermeier Andreas und Hafner Armin

Mitgliedsbetriebe des BSB 2024

Braun Thomas
Coser Alexander
Curti Ernst
Curti Philipp Franz
GRIBA
Gruber Genetti Andreas
Hafner Armin
Hillebrand Martin
Huber Johann
Kaufmann Franz
Laimer Peter
Malleier Michael
Malleier Walter
Mittermair Andreas
Nischler Georg
Oberhofer Bernd
Pernter Johannes
Pfeifer Alexander
Raifer Leonhard
Rautscher Paul
Varesco Franz
Visintin Heinz
Werth Karl und Lukas
Zuech Werner

Ehrenmitglieder

Alois Braun, Franz Hafner, Josef Vigl, Reinhold Stainer, Wolfgang Drahorad, Helmuth Scartezzini, Hermann Mantinger, Oskar Prister, Jakob Ganterer, Leo Forcher, Waltraud Huber

Der aktuelle Ausschuss 2024: v.l.n.r. Malleier Michael, Laimer Peter (Obmann), Pfeifer Alexander, Oberhofer Bernd, Werth Lukas (Vizeobmann)

Foto: Feno Gmbh

Die gesetzliche Regelung der Baumschulen auf Landesebene

HELMUTH SCARTEZZINI · STEFANO ENDRIZZI · REINHOLD STAINER

Die gesetzliche Regelung der Baumschulen auf Landesebene

HELMUTH SCARTEZZINI, STEFANO ENDRIZZI, REINHOLD STAINER

Auf Drängen des BSB und des Beratungsrings für Obst- und Weinbau startete 1977 eine von Dr. Luis Raifer vom Landwirtschaftsinspektorat koordinierte Initiative zur Normierung des Baumschulwesen.

In einigen Ländern der EU, zum Beispiel in Frankreich und den Niederlanden, war die Vermehrung von zertifizierten Obstgehölzen schon seit vielen Jahren gesetzlich geregelt. Durch die Öffnung der Grenzen großer Markträume nahm die Gefahr der Verbreitung gefährlicher Pflanzenkrankheiten wie Feuerbrand und Besenwuchs immer stärker zu. Die Länder waren gezwungen, Schutzmaßnahmen in Form gesetzlicher Bestimmungen zu ergreifen, die eine transparente Produktion erlaubten. Außerdem zwangen die hohen Investitionskosten einer Neuanlage zu höheren Ansprüchen an die Qualität und Sicherheit des Pflanzmaterials.

Eine Studienfahrt in die Niederlande zu dem seit 1966 bestehenden NakB, dem Niederländischen Ankörungsdienst für Baumschulgewächse, brachte wesentliche Erkenntnisse und Impulse für die Ausarbeitung einer gesetzlichen Regelung des heimischen Baumschulwesens mit sich. So erließ man nach dem Vorbild des NakB ein Gesetz mit nachfolgenden Normen für Südtirol.

Großes Augenmerk galt den neuen Mutterbeeten mit den verschiedenen Klonen von M9, die das Ausgangsmaterial für die Unterlagenexporte nach Südtirol liefern sollten.
v.l.n.r. Leonhard Huber, IR.G. Elzenga NAKB, Dr. Hermann Mantinger

EINE NEUE EPOCHE FÜR SÜDTIROLS BAUMSCHULEN BEGANN

An das Landesgesetz Nr. 8/1981 zum Schutz der landwirtschaftlichen Kulturen und der Bienen wurden Artikel zur Überwachung der Obstbaumschulen angehängt:

- Eine Genehmigung zur erwerbsmäßigen Erzeugung oder des Handels von Pflanzen oder von Pflanzenteilen, die der Vermehrung oder dem Anbau dienen, wurde bestimmt. Die Vergabe einer Baumschullizenz ist an den Abschluss eines Baumschulkurses an der Laimburg und an ein Praktikum in Baumschulen gebunden. Schon 1985 meldeten sich 20 Teilnehmer an.
- Die Erzeuger unterliegen einer jährlichen Meldepflicht der eigenen Produktion.
- Die zum Verkauf bestimmten Pflanzen und Pflanzenteile der Obstgehölze müssen gesundheitlichen und qualitativen Mindestanforderungen entsprechen.

Zudem ist eine Durchführungsbestimmung zu den Einzelheiten der Kontrollen und der Auszeichnung der Baumschulware vorgesehen. Das Landwirtschaftsinspektorat und der Pflanzenschutzdienst sind für die notwendigen Inspektionen und mögliche Sanktionen verantwortlich.

Die Ankörungskommission in den neu aufgebauten Schnittgärten des „Vermeerderingstuinen Nederland" ex NAKB im Gespräch mit dem Betriebsleiter.

1982 folgte ein Dekret des Landesrates für Landwirtschaft zu den Mindestanforderungen in Bezug auf Gesundheit (Krankheiten, besonders Virosen) und Aussehen der Baumschulware (Jungbäume sowie Unterlagen). Die Durchführungsbestimmung aus dem Jahre 1983 ermöglichte schließlich den Beginn der Tätigkeit der Landesämter. Wesentlicher Inhalt dieser Ausführungsregeln ist:

- Die Kontrolle der äußeren Qualität von Jungbäumen
- Der Nachweis der inneren Qualität zum Virusstatus unterschieden zwischen virusfrei (vf), virusgetestet (vt) oder Standardmaterial.
- Die Edelreiser müssen aus den Schnittgärten des Versuchszentrums Laimburg oder aus anderen sicheren Quellen stammen, bei denen das Landwirtschaftsinspektorat die Sortenechtheit und den Gesundheitsstatus bestätigen muss.
- Das Aussehen und der Inhalt der Etikette an jedem Jungbaum oder Bündel von Edelreisern und Unterlagen wurden vorgegeben.
- Erforderliche Feldbesichtigungen wurden angeordnet.

Zur Lösung fachlicher und organisatorischer Fragen beim Umsetzen der Durchführungsbestimmung wurde mit Dekret des Landeshauptmannes 1984 der Baumschulbeirat für die Dauer von drei Jahren eingerichtet. Dieser besteht aus Vertretern der bäuerlichen Organisationen, der Baumschulen und des Beratungsrings und ist beim Landwirtschaftsinspektorat angesiedelt.

Dieses Gremium begleitete bis Anfang der 2000er-Jahre den Aufbau und die laufende Anpassung an die sich ändernden technischen Herausforderungen in der sogenannten Baumschulzertifizierung, die ausschließlich das Kernobst betrifft.

So wurde bereits 1985 das Dekret zu den Mindestanforderungen für die Klasse I abgeändert und das Mindestmaß des Stammdurchmessers auf 11 mm erhöht. In der Klasse II gilt die Untergrenze 9 mm. Die Bezeichnung „Extra" steht für Jungbäume mit Maßen über 13 mm, ohne dass dies an der Etikette aufscheint. Auch die zu engen Pflanzabstände in den Baumschulreihen, die nur einfache Ruten hervorbringen, waren immer wieder Thema im Baumschulbeirat.

Mit den neuen Dichtpflanzungen werden Forderungen an die höhere Qualitäten der Pflanzen laut, der Stammdurchmesser 10 cm über der Veredlungsstelle wird angehoben.

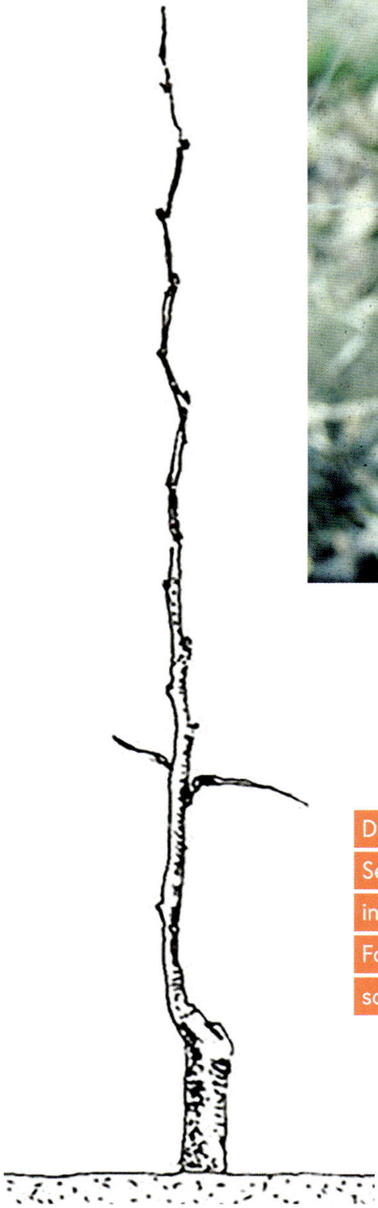

Die einjährigen Ruten ohne Seitenverzweigung erfordern in der Neuanlage zeitraubende Formierungsarbeiten mit einem schleppend einsetzenden Ertrag.

DIE BAUMQUALITÄT VERBESSERTE SICH RASANT

Die Technik des zweijährigen Baumes mit einjähriger Krone, des sogenannten Knipbaums, führte zu einer bedeutenden Qualitätssteigerung des Pflanzmaterials. So wurde in den 90er-Jahren eine freiwillige zusätzliche Klassifizierung von wüchsigeren Jungbäumen mit großer Anzahl an vorzeitigen Seitentrieben fällig. Der ursprüng-

Die orange-rote Etikette wird sehr schnell zum Markenzeichen für erstklassiges Material und erobert den Markt der Apfeljungbäume in den wichtigsten Anbaugebieten Italiens.

liche Abriss auf der Etikette zur Unterscheidung in Klasse I und II entfiel dadurch.

Im Winter 1984/85 wurde erstmals nach Abschluss der zweijährigen Kontrollen (im Pflanz- und Rodungsjahr) die Etikettierung der ersten Pflanzgutgeneration in 28 Baumschulen möglich. Nur 11 % der 1,3 Millionen Jungbäume erhielten die orange-rote Etikette für den virusfreien Status. In den darauffolgenden Jahren stieg der Anteil an zertifizierter virusfreier Ware zügig an, für den heimischen Bedarf reichte dies jedoch immer noch nicht aus, weshalb weiterhin aus Belgien und den Niederlanden jährlich an die 300.000 bis 600.000 Jungbäume, hauptsächlich der Sorte Golden Delicious, importiert wurden.

Erst ab 1992 überstieg die heimische Produktion die Drei-Millionen-Marke und damit den Eigenbedarf in Südtirol je nach Umstellungsrate von 2,5 Millionen Bäumen. Damals erfolgte eine weitere grundlegende Veränderung im Südtiroler Baumschulwesen.

Waren 1990 die Baumschulquartiere noch zu 60 % in Südtirol angesiedelt, setzte bald darauf die Verlegung

Bereits Mitte der 1970er-Jahre verlegte die Baumschule Franz Hafner ihre Produktion auf die fruchtbaren Böden der Poebene.

Foto: Baumschule Nischler

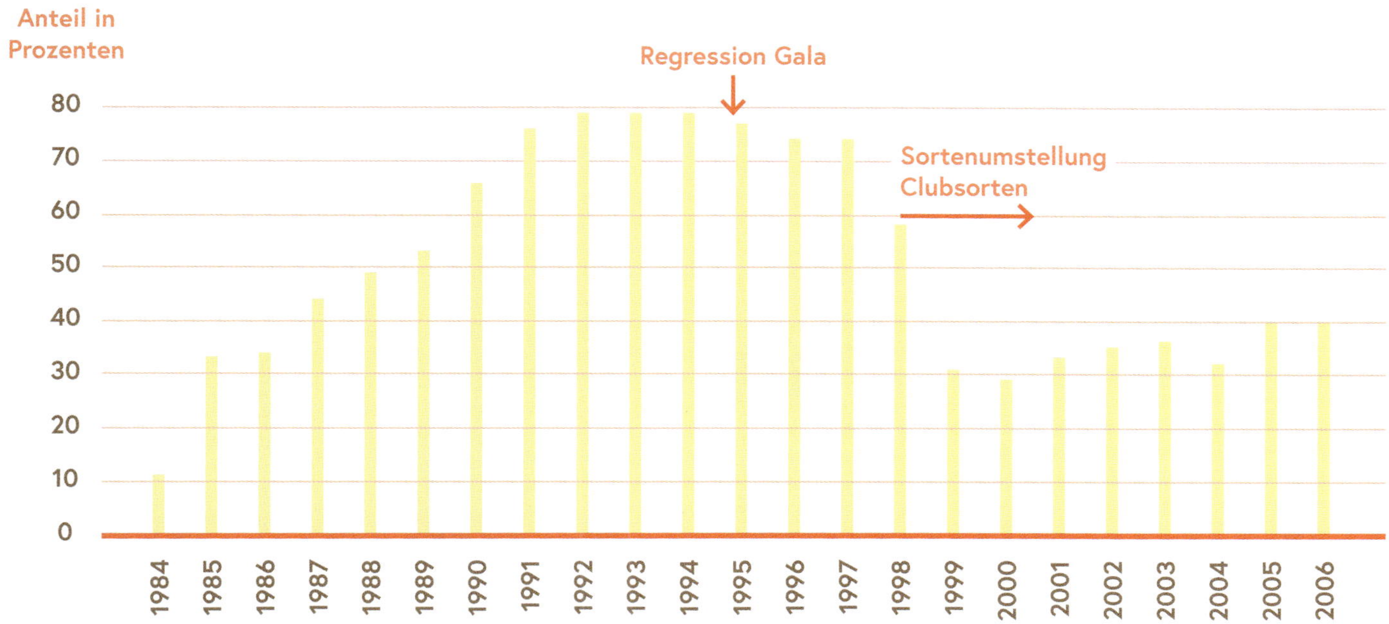

Anteil des zertifizierten Pflanzmaterials in Prozent (1984–2006).

der Produktion in die Poebene ein. Im Jahre 1993 befanden sich bereits 85 % der Betriebe in diesem Gebiet. Ausschlaggebend waren dafür die enormen Vorteile der fruchtbaren, jungfräulichen Ackerböden in der Poebene und deren leichte Verfügbarkeit. Die Baumschulproduktion der Südtiroler Betriebe erfuhr dank des hohen Qualitätsstandards und der Landesetikette einen ungemeinen Auftrieb mit reißendem Absatz auch in anderen Obstbauregionen Italiens.

In den Jahren 1991 bis 1995 erreichte der Anteil an zertifizierten Jungbäumen knapp 80 % der Gesamtproduktion. Dabei bestand das Pflanzmaterial zu 70–90 % aus virusfreiem Material. Ab 1997 überstiegen die Zahlen bereits die 4-Millionen-Grenze, damit waren die heimischen Baumschulen auch auf ausländische Absatzmärkte angewiesen. Dadurch musste eine einschneidende Sortenumstellung erfolgen. Golden hatte in anderen Anbaugebieten nicht diesen Stellenwert

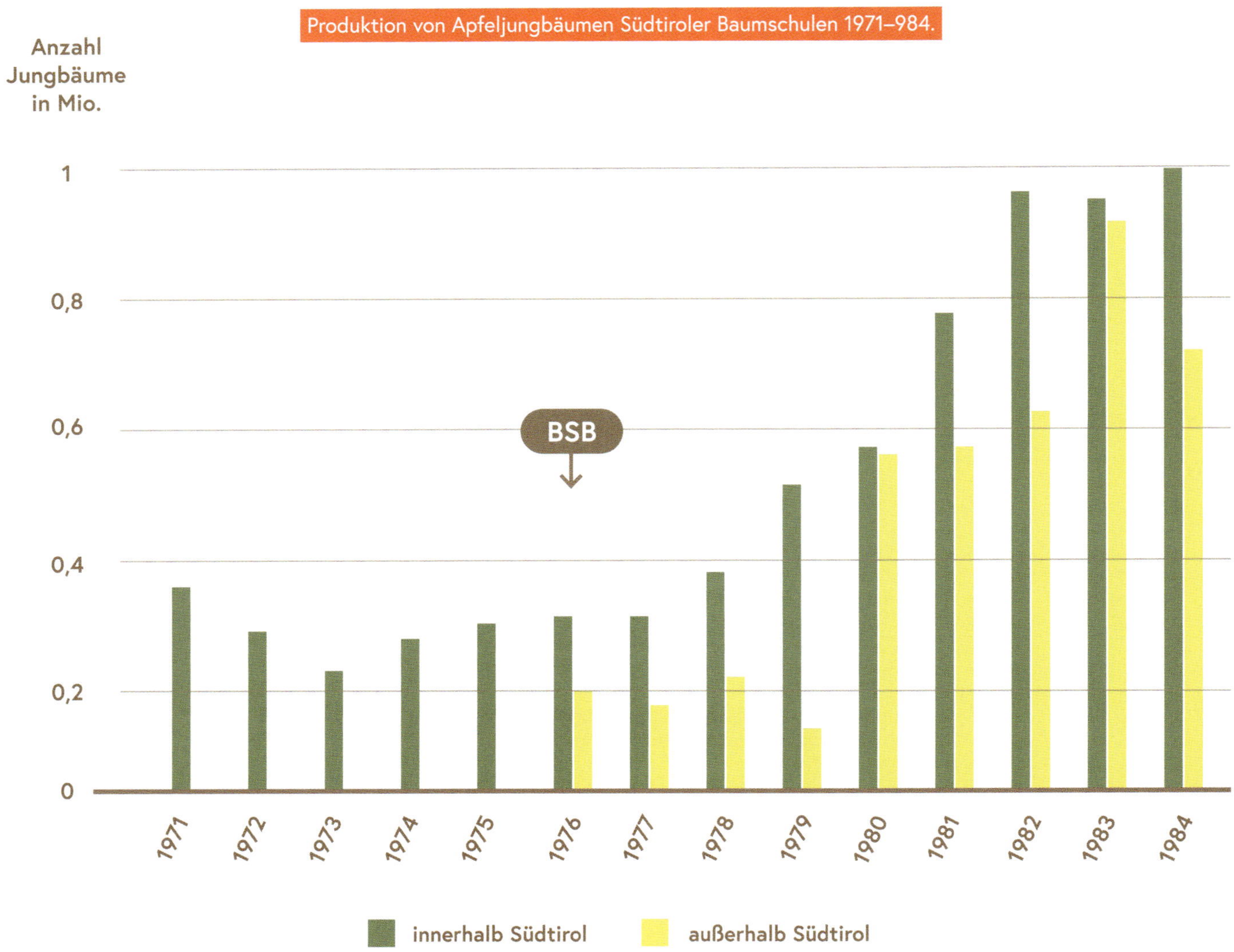

und verlor enorm an Bedeutung. Dies führte zu einem Rückgang des Anteils zertifizierten Materials um 30 %. Dieser Trend nahm in den Folgejahren nur langsam ab. Mit dem Einzug neuer, vorwiegend rotgefärbter Sorten war man in den Schnittgärten zudem mit Problemen der Farbregression bei Gala, Braeburn und Red Delicious sowie ihren Mutanten konfrontiert. Es folgte eine grundsätzliche Umstellung in der Beschaffung von Edelreisern, die die Ausbeute in den Schnittgärten stark minderte.

Die ersten Schnittgärten im Versuchszentrum Laimburg.

Reisererzeugung im Winter in den Schnittgärten der Laimburg mit Kulturchef Josef Guadagnini und Günther Giuliani, der für die Materialausgabe verantwortlich war.

AUFBAU DER EDELREISSCHNITTGÄRTEN AN DER LAIMBURG

Bereits im Frühjahr 1978 wurde an der Laimburg der erste ein Hektar große Schnittgarten auf Eliteunterlagen M111 zur Gewinnung von virusfreien und selektierten Edelreisern angelegt, vorerst nur für die Sorten Golden Delicious Klon B und Klon A, Gloster 69 und Jonathan. Um der großen Nachfrage gerecht zu werden, kam auch aus kontrollierten Ertragsanlagen Standardmaterial in die Baumschulen. Dieser Kompromiss als Zwischenlösung sollte nur so lange anhalten, bis die geplanten Erweiterungen und der Ausbau der Schnittgärten in der Laimburg zum Tragen kamen. Für die Überwachung, den Reiserschnitt und die Ausgabe des Pflanzmaterials war Günther Giuliani als Techniker des Versuchszentrums zuständig.

Schon bei Inkrafttreten des Gesetzes konnten 125.000 zertifizierbare Augen abgegeben werden. Um einem Ausfall durch Hagelschlag oder Krankheitsbefall vorzubeugen, wurde 1982–83 ein zweiter Standort in Freiberg in Meran gewählt und mit rund einem Hektar belegt. Bereits dieser Standort und auch die rasch folgenden Erweiterungen der Flächen wurden nach den

Erstes hohes Aufkommen von Rückmutationen in den Anlagen von Imperial Gala mit zertifizierten Edelreisern hat ein sofortiges Umstellen im Protokoll der Reisergewinnung gefordert.

Kriterien des neuen Baumschulgesetzes angelegt. So gab es im Jahre 1993 bereits 4,8 Hektar Schnittgärten mit einer Abgabe von 3,1 Millionen zertifizierter Augen.

PROTOKOLLE ZUM REISERSCHNITT MUSSTEN NEU ANGEPASST WERDEN

Mutanten vieler Sorten eroberten als „*Verbesserung*" den Markt, allerdings deckte deren genetische Instabilität auch große Probleme in der Sortenechtheit auf. Im August 1994 wiesen die ersten Anlagen von Imperial Gala in Leifers extreme Regressionsanzeichen auf. Der Reiserschnitt nach den bisher vorgesehenen Protokollen erwies sich bei Mutanten als zu wenig sicher. Er musste radikal umgestellt werden und war nur noch von früchtetragenden Bäumen möglich.

Eine eigens eingerichtete Ankörungskommission übernahm die Aufgabe, jeden einzelnen Schnittbaum auf Tauglichkeit zu bewerten und für den Schnitt freizugeben.

Auch in Frankreich war man mit ähnlichen Problemen bei Royal und Galaxy Gala konfrontiert. Bevor die Schnittgärten der Laimburg und des Binnenlandes auf

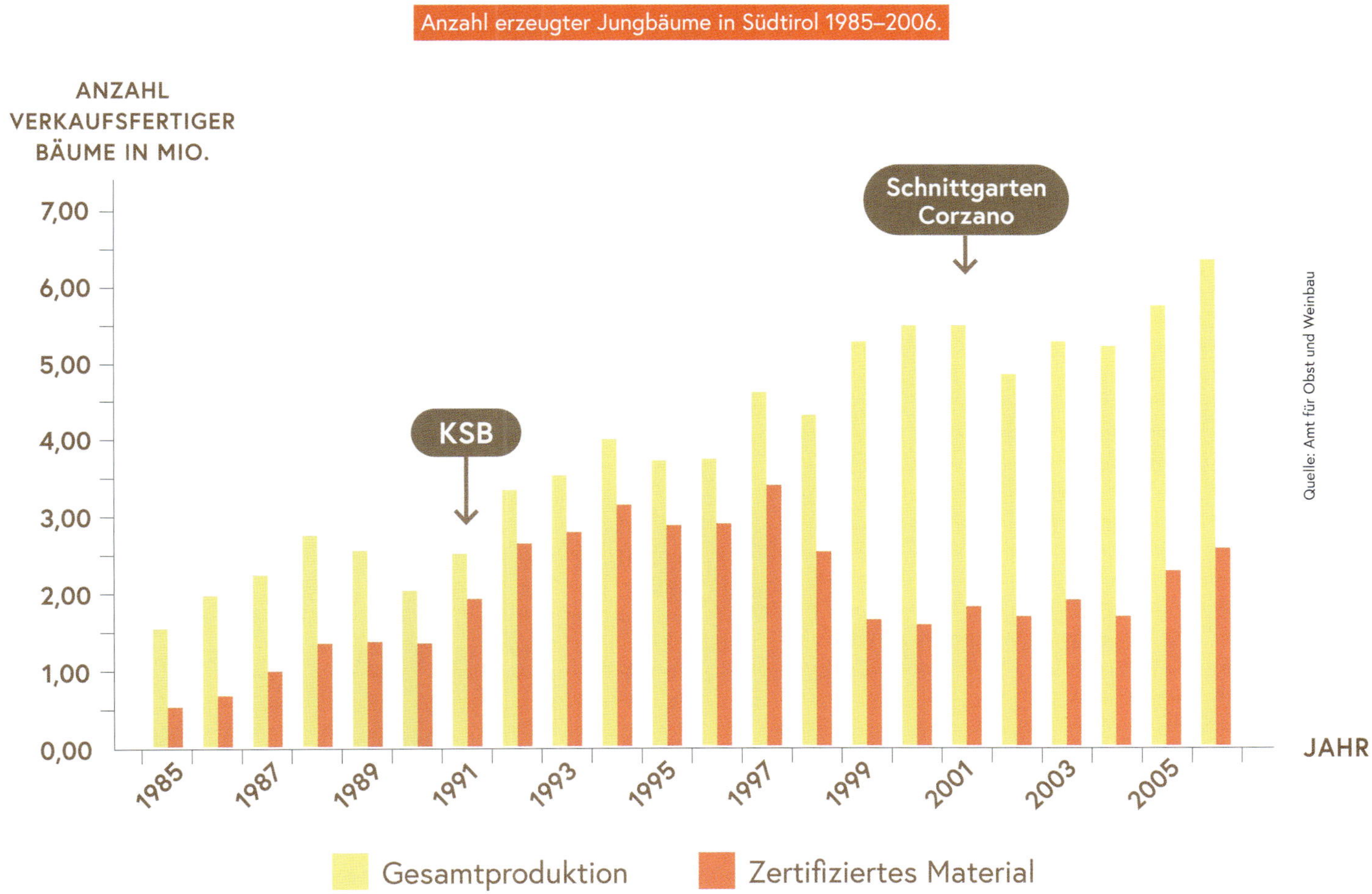

früchtetragende Bäume umgestellt wurden, erfolgte die Reisergewinnung in bonitierten Ertragsanlagen, diese kamen mit der Bezeichnung „Red Gala 95" in den Handel. Natürlich konnte die Nachfrage mit dieser Maßnahme nicht gedeckt werden. Erst nach der Umstellung auf das neue Protokoll war es möglich, entsprechendes Material mit einem geringen, aber doch verbleibenden Restrisiko anzubieten.

VERWALTUNG DER SCHNITTGÄRTEN GING AN DAS KSB

Mit dem Aufkommen patentrechtlich geschützter Sorten wurden diese von den neu gegründeten Baumschulgruppierungen EBAS, GRIBA und FENO erworben und verwaltet. Damit war die Reiserproduktion für eine

Mitglieder des BSB besichtigten die Edelreisschnittgärten in Corzano mit den Vertretern des Beratungsringes, des Inspektorates für Pflanzenschutz und des Versuchszentrums Laimburg.

öffentliche Institution, wie es das Versuchszentrum Laimburg darstellt, nicht mehr tragbar, da der Zugang zu den Sorten nicht mehr für alle Baumschulen offen war.

Das neugegründete Konsortium Südtiroler Baumschulen „KSB" unter der Führung von Reinhard Kaneppele übernahm 1991 die bestehenden Schnittgärten an der Laimburg und nahm zusätzliche Flächen im Landesbetrieb „Binnenland" in der Gemeinde Auer in Pacht, um dort ein neues Zentrum für die Gewinnung von Edelreisern aufzubauen. Parallel dazu begann mit der Einführung von Club-Sorten auch ein starker Trend, betriebseigene Schnittgärten zu erstellen, wie dies von FENO in der Gemeinde Chioggia bereits 2001 realisiert wurde.

Nach dem Ende der Landeszertifizierung, die nur das Material von KSB anerkannt hatte, errichteten ab 2007 mehrere Baumschulbetriebe ihre eigenen Schnittgärten.

In Corzano entstand inmitten von Maisfeldern ein 11 ha großes neues Zentrum für die Gewinnung von zertifizierten Edelreisern.

BESENWUCHS UND FEUERBRAND FÜHRTEN ZUM EXODUS DER SCHNITTGÄRTEN

1998 befand sich das Apfelland Südtirol durch das Näherrücken des bakteriellen Feuerbrandes und das Aufkommen des Besenwuchses in Alarmstimmung. Dies bedeutete das Aus für die Schnittgärten im Binnenland. Da die Verlegung in obstbaufreie Zonen unerlässlich war, musste die Produktion von Edelreisern in den erst jungen Anlagen aufgegeben werden.

Nach monatelangem Suchen fand sich eine geeignete Fläche mitten in einem Maisanbaugebiet in Corzano in der Provinz Brescia. Dort entstand in den Jahren 2000 und 2001 unter der Führung des Obmanns Hans Huber mit sehr großem Aufwand auf einer Fläche von 11 Hektar ein neuer Vermehrungsbetrieb.
200 Kilometer vom Hauptsitz in Auer entfernt, erforderten die Verwaltung, die Pflege- und Kontrolltätigkeiten sowie die Verteilung der Reiser vom verantwortlichen Betriebsleiter Ulrich Sanin eine logistische Höchstleistung. Inzwischen veränderte sich auch der gesetzliche Hintergrund.

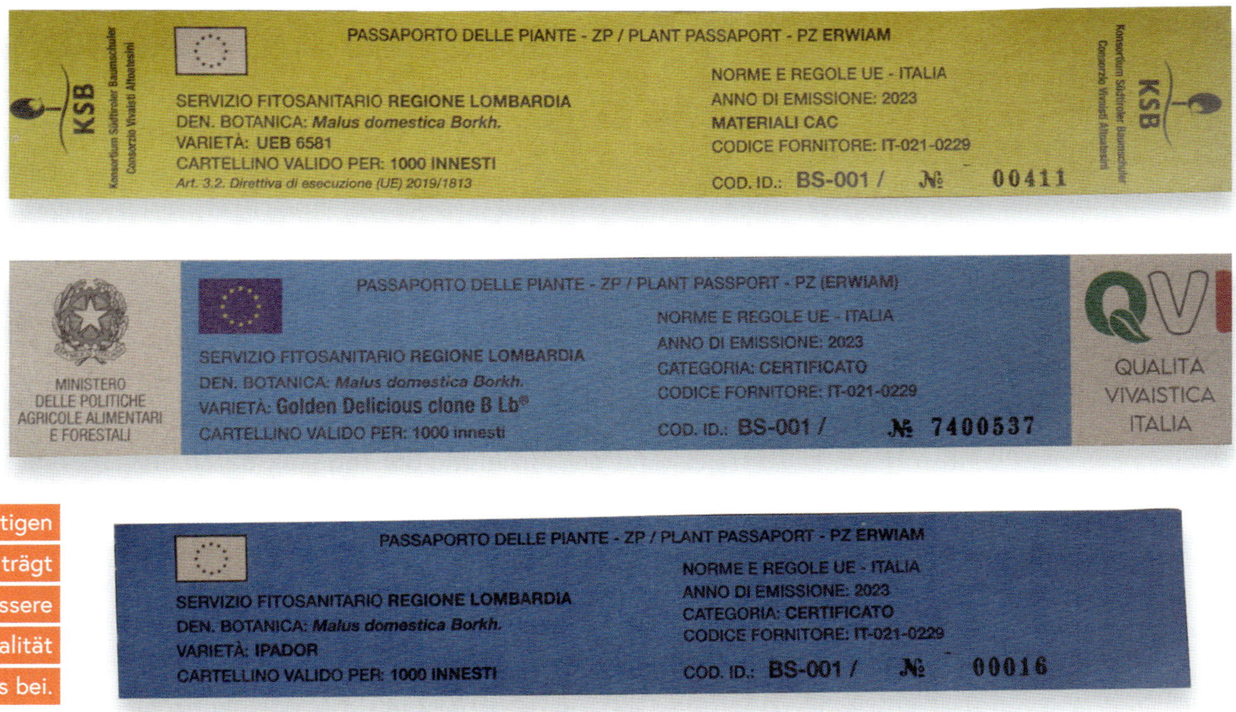

Die derzeitige Vielzahl an gültigen Etiketten der Pflanzen trägt sicher nicht für eine bessere Transparenz zur inneren Qualität des Pflanzmaterials bei.

DIE WEITERE ENTWICKLUNG DER BAUMSCHULZERTIFIZIERUNG

Auf nationaler Ebene waren Ende der 1990er-Jahre nur vier Regionen mit einem System zur Zertifizierung der Baumschulware ausgestattet. Neben Südtirol, das als Vorläufer für ganz Italien gelten kann, waren dies die Provinz Trient, die Emilia-Romagna und das Veneto. Italien erließ erst 1987 ein Dekret zur freiwilligen Zertifizierung von Pflanzenmaterial. Nach der Veröffentlichung der spezifischen Vorgaben für Agrumen, Erdbeeren, Oliven und Steinobst im Jahre 1991 übernahmen weitere Regionen diese Regelung. Für das Kernobst blieben weiterhin die vier vorher genannten Einheiten aktiv.

Eine neue Rechtslage entstand erst 2006, als das nationale Dekret zur Zertifizierung von 2001 abgeändert wurde. Das neue gesamtstaatliche Modell sah vor, dass Baumschulen und Muttergärten von der

Jahr	Gesamtproduktion heimischer Betriebe	Mittlerer Produktionsumfang der Betriebe	Maximale Produktionsmenge der Betriebe
1999	4,5 Mio	190.000	600.000
2004	5,0 Mio	190.000	660.000
2022	20,0 Mio*	600.000	5 Mio*

* Schätzwert

jeweils örtlich zuständigen Behörde kontrolliert und zertifiziert werden. Die Südtiroler Baumschulen im Veneto und der Lombardei erhielten damit ab 2007 das Etikett des SNCV (Servizio nazionale certificazione volontaria).

Auf Landesebene reduzierte sich die Kontrolltätigkeit für den SNCV auf die Zentren mit der Vorvermehrung in den Gewächshäusern der Laimburg und mit dem Basismaterial des KSB in Corzano (Provinz Brescia), letzteres durch eine Vereinbarung mit der Region Lombardei. Auch auf europäischer Ebene wurde 2017 eine weitere Regelung zur Zertifizierung und Etikettierung von Obstgehölzen erlassen, die die bestehenden Mindestanforderungen für das sogenannte CAC-Material ergänzt.

Die im Jahr 2021 überarbeitete nationale Norm unter der Marke QVI (Qualità Vivaistica Italia – Baumschulqualität Italien) sieht höhere Anforderungen im Vergleich zur europäischen Norm vor. Damit befinden sich vier verschiedene Baumschuletiketten im Umlauf. Die 16 heimischen Baumschulen erzeugen nach einer Schätzung von 2022 inzwischen beachtliche 20 Millionen Jungbäume.

Von den rund 30 Millionen Kernobstjungbäumen in Italien nehmen nur 5 Millionen, davon ca. 3 Millionen Äpfel, an der nationalen Zertifizierung teil. Für das nach EU-Normen erzeugte und autozertifizierte CAC-Material entfällt eine offizielle Kontrolle, somit liegen keine Angaben über die Zahlen der in Umlauf gebrachten Bäume vor. Der Wert eines zertifizierten,

Südtiroler Bäume werden bis nach Nepal exportiert.

Foto: Baumschule Nischler

virusfreien Jungbaumes scheint gegenüber der Vielfalt an sortengeschützten Neuheiten in den Hintergrund getreten zu sein. Effektiv kann ein geringeres Risiko einer Virusverbreitung durch die Nutzung gesunder Unterlagen angenommen werden. Die Sortenechtheit, gerade bei den Neuzüchtungen, dürfte durch die Sorteninhaber ausreichend gewährleistet sein.

VON HEIMISCHER BEDARFSDECKUNG ZU INTERNATIONALEN MÄRKTEN

Bis Mitte der 1990er-Jahre gelangte das Material aus den heimischen Baumschulen (ca. 3 Millionen) vorwiegend in die Neuanlagen in Südtirol und dem benachbarten Trentino. Der Qualitätsstandard des niederländischen Vorbildes wurde schon in den Jahren nach 2000 erreicht oder sogar übertroffen. Hohes technisches Know-how und die optimalen klimatischen Bedingungen waren dafür verantwortlich. Allerdings wurde mit dem Einzug des Sortenschutzes die Konkurrenzfähigkeit geschmälert. Nicht immer konnten die Betriebe der sich schnell ändernden Sortenwahl folgen, da ihnen der Zugriff auf neue patentrechtlich geschützte oder Club-Sorten oft verwehrt blieb.

Durch die inzwischen gewachsene Produktion musste für den Absatz der Blick in Richtung europäischer Markt (Frankreich, Deutschland, Spanien, Polen) ausgerichtet werden. Nach 2010 fanden im zunehmenden Ausmaß auch Exporte in Drittländer außerhalb der EU statt, zunächst in die früheren Staaten der Sowjetunion, angefangen bei der russischen Föderation bis Armenien, Moldau, Ukraine, Kasachstan, Georgien und Aserbaidschan. Einzelne Betriebe wagten es sogar den Standort ihrer Baumschulen in den Osten zu verlegen, wo günstigere Produktionsbedingungen herrschten, um das erworbene Know-how der Baumschultechnik dort einzubringen und den dortigen Markt direkt zu beliefern, wobei die finanziellen Erwartungen nicht immer erfüllt wurden.

In den folgenden Jahren wurden neue Märkte erschlossen, zum Beispiel in Nordafrika (Marokko und Algerien), im entfernten Nepal oder Argentinien. Ein beachtlicher Anteil der Produktion wurde auch nach Indien exportiert. Dieses Land stellt einen großen Absatzmarkt dar, der in den letzten Jahren über 6 Millionen Bäume aus Südtirol aufnahm.

Für die Zukunft arbeitet man gemeinsam mit dem Ministerium für Landwirtschaft und der nationalen Baumschulorganisation CIVI-Italia daran, weitere neue Märkte wie China und Kanada zu öffnen. Zwar sind die erzielbaren Baumpreise in den außereuropäischen Destinationen nicht mehr so hoch, trotzdem sind diese Märkte notwendig, um die beachtlichen Mengen der heimischen Produktion absetzen zu können.

Die Technik in der Anzucht von Apfeljungpflanzen

REINHOLD STAINER

Die Technik in der Anzucht von Apfeljungpflanzen

REINHOLD STAINER

DIE AUSGANGSLAGE IN SÜDTIROL

Die Investition für eine Apfelneuanlage ist sehr hoch und stellt für Obstbauern das Kapital dar, das für viele Jahre hohe und regelmäßige Erträge erbringen muss, um dem Betrieb das wirtschaftliche Überleben zu sichern. Diese Voraussetzungen erfüllt eine Anlage aber nur dann, wenn sie mit hochwertigem Pflanzmaterial erstellt wird. Fehlentscheidungen in dieser heiklen Phase wirken schmerzhaft und sehr lange nach.

So standen in den 1960er-Jahren noch sieben verschiedene Unterlagen (M9, M26, M4, M11, M106, M111 und Sämling) im Angebot der Südtiroler Baumschulen. Verwechslungen mit gravierenden Folgen für den Kunden standen an der Tagesordnung. Selbst für Spezialisten ist es eine Herausforderung, Unterlagen nur an der Wurzel genau zu erkennen und auseinanderzuhalten.

Der Obstbauer ist in dieser Angelegenheit ausschließlich auf das Vertrauen in die Baumschule angewiesen. Mit der Einführung vegetativ vermehrbarer Unterlagen stieg auch die Verbreitung von Viruskrankheiten an. Große wirtschaftliche Bedeutung erlangen sie, wenn die Fruchtqualität und das Baumwachstum betroffen sind. Die unkontrollierte Vermehrung ist mit ein Hauptgrund für Probleme mit der Sortenecht- und Sortenreinheit sowie mit der Gesundheit der Pflanzen. Die

Die Unterlagenvielfalt im Angebot der Südtiroler hat in der Vergangenheit sehr oft zu Verwechslungen geführt. Im Muttergarten sind die Unterlagen am Wuchsverhalten noch gut auseinander zu halten, wie hier M26 und M111.

Verbreitung verschiedener Viruskrankheiten über den weltweiten Handel kann zu folgenschweren Mischinfektionen und unter bestimmten Klimabedingungen zu verstärkter Virulenz führen. Eine direkte Bekämpfung dieser Krankheiten ist heute noch nicht möglich.

Schon im Jahre 1972 forderten Dr. J.Reden und H.Willeit die heimischen Baumschulen auf, einwandfreie Unterlagen aus sicheren Quellen und Edelreiser von sorgsam ausgelesenen Mutterbäumen zu verwenden. Die einzige wirksame Maßnahme, gesundes, kontrolliertes Pflanzmaterial in Verkehr zu bringen, kann aber nur eine gesetzliche Regelung des gesamten Vermehrungsablaufs der Obstgehölze garantieren.

DRAMATIK MIT VIRUSBEFALLENEN BÄUMEN

Die schmerzhaften Erfahrungen mit den ersten Dichtpflanzungen in den höher gelegenen und kühleren Randzonen des Obstbaus bestätigen dies hinreichend. Unkontrolliertes Pflanzmaterial hat in den 70er-Jahren enorme Probleme mit der Gummiholzkrankheit hervorgerufen. Gegen das schwächelnde Wachstum, die elastischen Äste mit flaschenförmigen Verdickungen der Mittelachse und Bräunungen im Holzteil muss der junge Baum drastisch zurückgeschnitten werden, um das

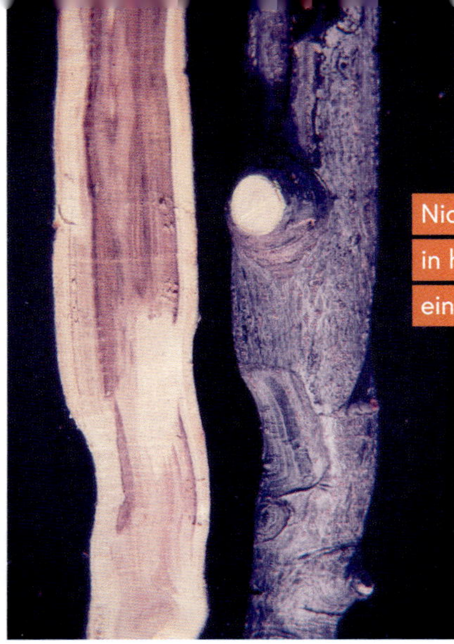

Nicht zertifiziertes Pflanzmaterial führte in höheren Lagen zu großen Ertragseinbußen durch einen massiven Befall mit dem Gummiholvirus.

Triebwachstum neu anzuregen. Mit dem dermaßen reduzierten Kronenvolumen sanken die Erträge entsprechend. Anfänglich tippten Firmenberater sogar auf Schäden durch Zinkmangel im Boden und empfahlen gezielte Blattspritzungen. Sehr rasch konnte die wahre Ursache erkannt werden und der Ruf nach gesichertem virusfreiem Material wurde entsprechend laut.

Auch im Marillenanbau des Vinschgaus tat sich um das Thema Virus mit „Sharka" eine dramatische Szene auf. Befallene Bäume der geschätzten Vinschger Marille brachten nur noch pockennarbige, ungenießbare Früchte hervor. Das Fruchtfleisch wirkte strohartig, ohne Zucker und Geschmack.

Das Drama nahm seinen Anfang mit dem Import von Steinobst-Unterlagen (St.-Julien-Pflaume und Prunus Bromton) aus Deutschland. Diese wurden über mehrere Jahre importiert, bis die ersten Früchte mit den genannten Merkmalen reiften. Sehr rasch wurde die Quelle des Übels ausgeforscht und es folgte noch im Herbst 1973 die Vernichtung von ca. 10.000 einjährigen Jungbäumen und 10.000 frisch veredelten Okulaten in einer betroffenen Baumschule im Vinschgau. In einer großangelegten, gemeinsamen Aktion der zuständigen Einrichtungen, (Pflanzenschutzamt, Inspektorat für Landwirtschaft, Versuchszentrum Laimburg und Südtiroler Beratungsring) folgten flächendeckende Kontrollen über mehrere Jahre in den jüngeren (zwei- bis siebenjährigen) Marillenbeständen. Tausende Bäume und oft auch ganze Anlagen fielen dieser Aktion zum Opfer. Es drohte beinahe das Aus für die Marille im Vinschgau. Um das zu verhindern, wurde mit den Universitäten Padua (Dr. A. Bergamini) und Bologna (Dr. A. Canova), der regionalen Versuchsstation von S. Michele a. d. E. (R. Stainer) und dem Beratungsring (L. Alber) ein

Der Marillenbestand im Vinschgau konnte durch gezielte Maßnahmen gegen das Sharka-Virus gerettet werden.

Konzept für den Erhalt der Marille ausgearbeitet. Der Schwerpunkt wurde in die Selektionsarbeit der Vinschger Marille, in die Gesundung des Pflanzmaterials und in die Prüfung neuer Sorten gelegt. Hervorzuheben ist die Aufgeschlossenheit und Mitarbeit betroffener Obstbauern und Baumschulen (Sepp Pircher und Alois Wellenzohn aus Göflan).

Mit gut selektierten Klonen und gesundem Pflanzmaterial der Vinschger Marille sowie mit intensiver Unterstützung durch das Inspektorat für Landwirtschaft (Dr. J. Reden) und dem Beratungsring (L. Alber und E. Tumler) gelang es, einen Neuanfang zu finden.

VIROSEN UND PHYTOPLASMOSEN

Viren und virusähnliche Krankheiten, die unser Obstgehölze befallen, sind als Eiweißkomplexe sehr temperaturempfindlich. Sie können in warmen oder heißen Anbaugebieten kaum in Erscheinung treten – sie

VIER SCHRITTE FÜHREN ZUM ZIEL

Wie kann aber bereits infiziertes Material wieder geheilt werden? In vier Schritten gelingt es, gesundes Material an die Baumschulen abzugeben:

Virusindex im Freiland, erst nach 2-3 Jahren können einige Virosen, wie die Stammnarbung im Bild und das Gummiholzvirus nachgewiesen werden.

Die Thermotherapie-Kammer als klassischer Weg um virusverseuchtes Pflanzmaterial von Obstgehölzen zu sanieren.

1. DIE THERMOTHERAPIE

Die hohe Sensibilität von Viren gegenüber hohen Temperaturen wird genutzt, um von kranken Pflanzen gesundes virusfreies Material zu gewinnen. In speziellen Thermotherapiekammern werden für rund 28 Tage Pflanzen in Töpfen bei einer konstanten Temperatur von 36,6 °C und 98 % Luftfeuchtigkeit gehalten. Die hohen Temperaturen verhindern eine weitere Ausbreitung der Viren in der Pflanze, sodass der Neuzuwachs frei von diesen bleibt. Von den neu entstandenen Triebspitzen wird ein Stück von ca. 4 cm entnommen und als Grünveredlung auf einen gesunden Sämling gesetzt, nach einer kurzen Zeit der Abhärtung wird dieser zum Präbasismaterial für die Konservierung.

Im insektensicheren Serranhaus wird das gesunde Pflanzmaterial konserviert und vor Neuinfektionen geschützt.

Feines Maschennetz und sterile Topferde verhindern das Aufkommen saugender Überträger.

Virusindex im Gewächshaus an krautigen Indikatorpflanzen: links gesund rechts mit Befall.

2. DIE KONSERVIERUNG

Sie bedeutet die Aufbewahrung des Ausgangsmaterials für Sorten und Unterlagen im insektensicheren Serranhaus, wo eine Neuinfektion durch natürliche Überträger (Blattsaugern, Zikaden, Blattläusen und Nematoden) ausgeschlossen ist. Eine ständige Überwachung des Gesundheitszustands über zahlreiche zeitraubende Testverfahren nach einem vorgeschriebenen Protokoll, dem INDEXING, ist erforderlich.

Anfangs hat Dr. Lindner, Pflanzenpathologe an der Laimburg, mit Indikatorpflanzen (im Glashaus und im Freiland) mit großem zeitlichen Aufwand von 3–4 Jahren gearbeitet. Den Prozess wesentlich beschleunigt haben dann die Tests mit ELISA-Verfahren (Enzyme-link immunosorben assay) oder die Nutzung fluoreszenstechnischer Verfahren DAPI mit dem Elektronenmikroskop im Labor.

Heute kann man mit dem Einsatz molekularbiologischer Technik ein sicheres und finanziell tragbares Ergebnis in der Diagnostik mit riesigem zeitlichem Gewinn erzielen. Damit ist das Absichern eines gesunden Basismaterials für den nächsten Schritt gewährleistet.

3. VORVERMEHRUNG

Anschließend folgt die Vorvermehrung, die außer bei Birnen und beim Steinobst im Freiland angesiedelt ist. Allerdings in isoliertem Gelände (frei von Obstgehölzen und Wirtsträgern im Umkreis von einem Kilometer), was eine sichere Anzucht für das Ausgangsmaterial garantieren soll. Auch hier wird der Gesundheitszustand regelmäßig mit den vorgeschriebenen Virustests überwacht, hinzu kommt hier noch die Prüfung der „pomologischen Identität" einer Sorte.

Bei genetisch instabilen Mutanten müssen die Bäume schon in der Vorvermehrung auf M9 stehen, um Früchte an jedem einzelnen Baum kontrollieren zu können. Somit wird nicht nur gesundes, sondern auch sortenechtes Vermehrungsmaterial gesichert. Von diesen kann dann das Veredelungsmaterial für die Anzucht der Bäume für Edelreisschnittgärten entnommen werden. Auch für Unterlagen wird das Ausgangsmaterial in Vorvermehrungsbeeten (in zwei aufeinanderfolgenden Schritten) unter ähnlichen Bedingungen herangezogen. Damit werden die Mutterbeete in den Baumschulbetrieben angefertigt.

Der Ablauf für zertifiziertes Vermehrungsmaterial geht über die Konservierung im Seranhaus bis zur Sortenidentifizierung in die Reiserschnittgärten.

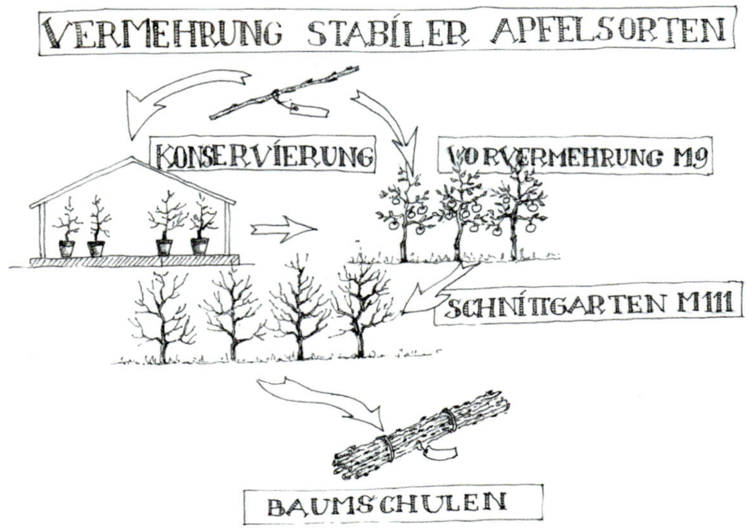

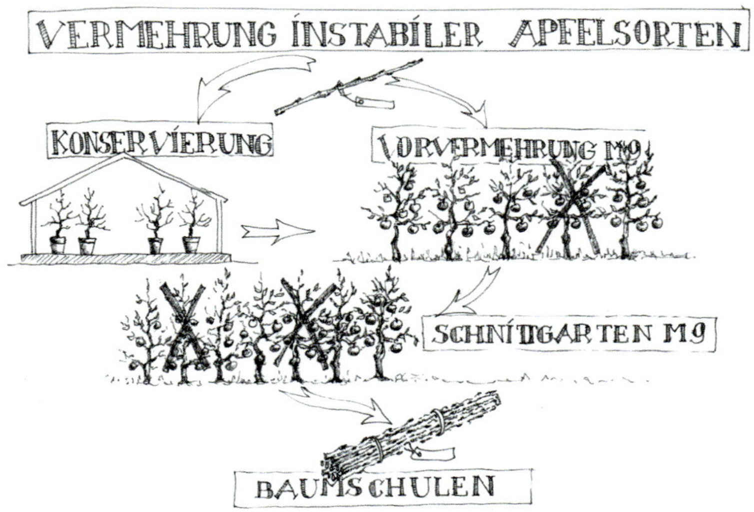

Zeichnungen: Reinhold Stainer

Für Mutanten und genetisch instabile Sorten ist eine Fruchtkontrolle in jeder Phase notwendig.

Mutanten von Gala, hier Royal Beauty, können in ganzen Astpartieen eine Rückmutation erfahren.

Edelreisschnittgarten auf M9.

4. EDELREISSCHNITTGÄRTEN

Auch diese stehen isoliert, werden allerdings nicht mehr den aufwändigen Virustests unterzogen. Da unter den isolierten Bedingungen eine Neuinfektion beim Apfel äußerst unwahrscheinlich ist, erfolgen nur noch visuelle Kontrollen über den allgemeinen Gesundheitszustand der Schnittbäume. Die genetisch stabilen Sorten, beispielsweise Golden Delicious oder Granny Smith, werden nur anhand von fruchtenden Mutterbäumen in der Vorvermehrung auf M9 bewertet, und nicht an den Schnittbäumen selbst, die vielfach auf stark wachsenden Unterlagen wie M111 stehen und aufgrund des radikalen Reiserschnittes kaum Früchte tragen. Bei Mutanten hingegen (etwa 80 % aller heute gängigen Marktsorten sind aus Mutationen hervorgegangen) müssen Fruchtkontrollen auch an jedem einzelnen Schnittbaum erfolgen, bevor grünes Licht für den Schnitt gegeben wird. Zu groß sind die Risiken einer genetischen Regression, die für den Obstbauer große Einbußen bedeuten. Die Erzeugung von Unterlagen wird hingegen spezialisierten Baumschulbetrieben überlassen, die ihr Produkt als Gebrauchsmaterial mit entsprechendem Herkunftsnachweis an die Baumschulen liefern.

DIE MUTATION IM VERMEHRUNGSMATERIAL

Unter Mutation versteht man die sprunghafte Änderung eines oder mehrerer Merkmale in den Erbanlagen. Ausgelöst wird sie durch äußere Einflüsse, wie extreme Wachstumsbedingungen, Temperatursprünge oder Strahlungen. Die daraus entstehenden Varianten unterscheiden sich von der Ausgangssorte oft sehr deutlich und werden als Mutanten bezeichnet.
Von Klon spricht man dagegen, wenn die Vermehrung ihren Ursprung in einer einzigen Pflanze hat, die Nachkommen sind einheitlich und deckungsgleich mit der Ausgangsquelle.

Welche sind die häufigsten Merkmale, die mutieren?

1. Die Fruchtschale

Wenn sich die Farbe in den Epidermiszellen der L1-Zellschicht ändert, wirkt sich das auf die Grund- und Deckfarbe der Früchte einer Sorte aus. Die Farbstoffanreicherung kann so intensiv sein, dass sogar das Fruchtfleisch von einer Farbstoffinvasion betroffen ist (zum Beispiel bei der Morgenduft-Mutante Perwanger). Auch die Schalenbeschaffenheit kann sich ändern, und zu unterschiedlich ausgeprägter Rauhschaligkeit (Berostung) bei Golden-Delicious- oder Winesap-Mutanten führen. Ändert sich die Dicke der Fruchtschale, beeinflusst dies das Auftreten von Schalenbräune und Wachsigkeit der Früchte.

Mutanten wie Braeburn Rosabel verändern das Aussehen einer Sorte oft grundlegend.

Höhere Ethylenbildung in der Fruchtschale kann den Erntetermin wesentlich vorverlegen und den gesamten Reifungsprozess beschleunigen, mit einem schmäleren Erntefenster und einer Verkürzung des Shelf-Lifes, wie es bei verschiedenen Gala- und Braeburnmutanten nachweisbar ist.

2. Das Fruchtfleisch

Die Fruchtfleischfestigkeit kann in Mutanten deutlich variieren, und damit auf Knackigkeit und Lagerfähigkeit Einfluss nehmen (beispielsweise bei Gala, Jonathan und Morgenduft). Festeres Fruchtfleisch hängt von der Anzahl der Zellen je cm^3 ab. Diese wird wiederum von der Dauer der Zellteilungsphase beeinflusst, ausgelöst durch eine höhere Konzentration an natürlichen Wachstumshormonen (GA4/7) in den jungen Früchten. Werden Inhaltsstoffe und dadurch der Zucker- und Säuregehalt beeinflusst, sind deutliche Unterschiede im Geschmack wahrzunehmen. So ist der Zuckergehalt bei Red-Delicious-Standardtypen immer höher als bei Spurtypen.

3. Die Fruchtform und -größe

Sie können deutlich von der Ausgangssorte abweichen, und weisen wiederum auf die höheren hormonalen Gehalte in den Früchten während der Zellteilungsphase kurz nach der Blüte hin. Golden Reinders Crielard und Golden KlonB sowie Mutanten von Red Delicious mit flacheren Früchten, zum Beispiel Early Red One, wiesen in der Regel höhere Erträge auf als solche mit hochgebauten Früchten, zum Beispiel King Delicious.

4. Sprosse und Blatt

- Die Internodien sind bei Spurtypen deutlich verkürzt, das Blatt-Frucht-Verhältnis verschiebt sich mit Auswirkungen auf Fruchtgröße und Reifezeit der Frucht.
- Die Blätter einer Mutante mit Spurcharakter ändern Blattdicke, -größe und -färbung. Das Palisadengewebe ist dann immer in doppelter Lage angelegt. Damit werden Assimilationsleistung und Hormonhaushalt im Triebspitzenbereich geändert. Dies führt zu kompaktem Wachstum mit früherem Triebabschluss und einer Neigung zu Alternanz.

Meist können nur die augenfälligsten Veränderungen, wie Deckfarbe, Berostung oder Kompaktwuchs, ausgelesen werden. Deutlich schwieriger wird es bei Unterschieden in der Reifezeit, Fruchtform und -größe. Will man auch noch Ertragsleistung, Resistenz gegenüber Krankheiten, physiologische Störungen, Frosthärte sowie Lagerfähigkeit und Geschmack ermitteln, bedarf es jahrelanger Vergleichsversuche.

Ziel der Nutzung roter Mutanten ist die Ernte von Äpfeln mit einem hohen Anteil an gut gefärbten Früchten. Jedoch führt der Fokus allein auf die Fruchtfarbe dazu, dass auch unreife Äpfel im ersten Pflückgang geerntet werden. Diese Früchte entsprechen zwar optisch den Qualitätsstandards, weisen jedoch in Bezug auf die innere Qualität noch Mängel auf. Es kommt also zu einem Qualitätsabfall, der nicht auf die „schlechtere" Mutante beruht, sondern vielmehr in der Schwierigkeit wurzelt, „Weizen vom Spreu" (reif von unreif) zu trennen. Das trifft besonders auf die Bicolor-Sorten zu, die die Deckfarbe auf grün/gelbem Grund aufbauen. Erfahrungen mit Mutanten der Sorten Gravensteiner, Jonathan, Elstar, Jonagold, Morgenduft, Braeburn, Winesap, Gala und Pink Lady haben dies hinreichend bestätigt.

MUTATION UND GENETISCHE STABILITÄT

Nur wenn eine Blattknospe (Knospenmutation) mutiert, können die Veränderungen über die Veredlung Verbreitung finden. Mutierte Blütenknospen zeigen dies an den Früchten, geben aber die Information nicht weiter. Die Stabilität dieses neuen Gencodes hängt weitgehend davon ab, wie groß der Anteil mutierter Zellen in einem Meristem (Vegetationskegel) ist. Bei sehr instabilen Formen sind Regressionsraten von 25 %

Die Verdünnung des Mutationseffektes bei jedem Vermehrungsschritt wird in streifenartiger Färbung sichtbar.

nicht selten. Mit jedem Vermehrungsschritt kann auch die Anzahl mutierter Zellen abnehmen, deshalb ist es ratsam, Schnittbäume jährlich auf ihre pomologische Identität zu bonitieren, und ihre Nutzungsdauer zeitlich zu begrenzen.

Auch die Art der Gewinnung der Augen kann die Stabilität beeinflussen. In jeder Blattknospe sind die ersten sechs Blattanlagen des künftigen Triebs bereits vorgebildet. Mutiert nun diese Knospe, kann jede dieser sechs Blattanlagen in unterschiedlichem Maße betroffen sein. Erst ab dem 7. Auge sind diese identisch. Werden also beim Reiserschnitt die Basalaugen eines Triebs von der Vermehrung ausgeschlossen, kann eine bessere Stabilität erreicht werden.
Genetische Instabilität zeigt sich äußerlich am verstärkten Auftreten von Sektorialchimären mit streifenförmigen, scharf abgegrenzten Einfärbungen in der Fruchtschale, beispielsweise bei Golden Delicious mit dunkelrot gefärbtem Sektor oder bei den stark gestreiften Mutanten von Red Delicious, die wesentlich instabileres Vermehrungsmaterial liefern als jene mit verwaschener Deckfarbe. Dasselbe trifft auch auf die Sorte Jonagold mit den Mutanten Wilmuta bzw. Jonica oder auf Gala bei Mondial Gala und Regal Prince zu.

PROBLEMKREIS REGRESSION

Die meisten roten Gala-Mutanten entstammen einer multiplen Chimäre[1] , ähnlich dem Granspur (Mutante von Granny Smith), der starke hell-/dunkelgrüne Streifungen an den Früchten und sogar an einjährigen

1 Vgl. Mündliche Mitteilung A. White, NZ.

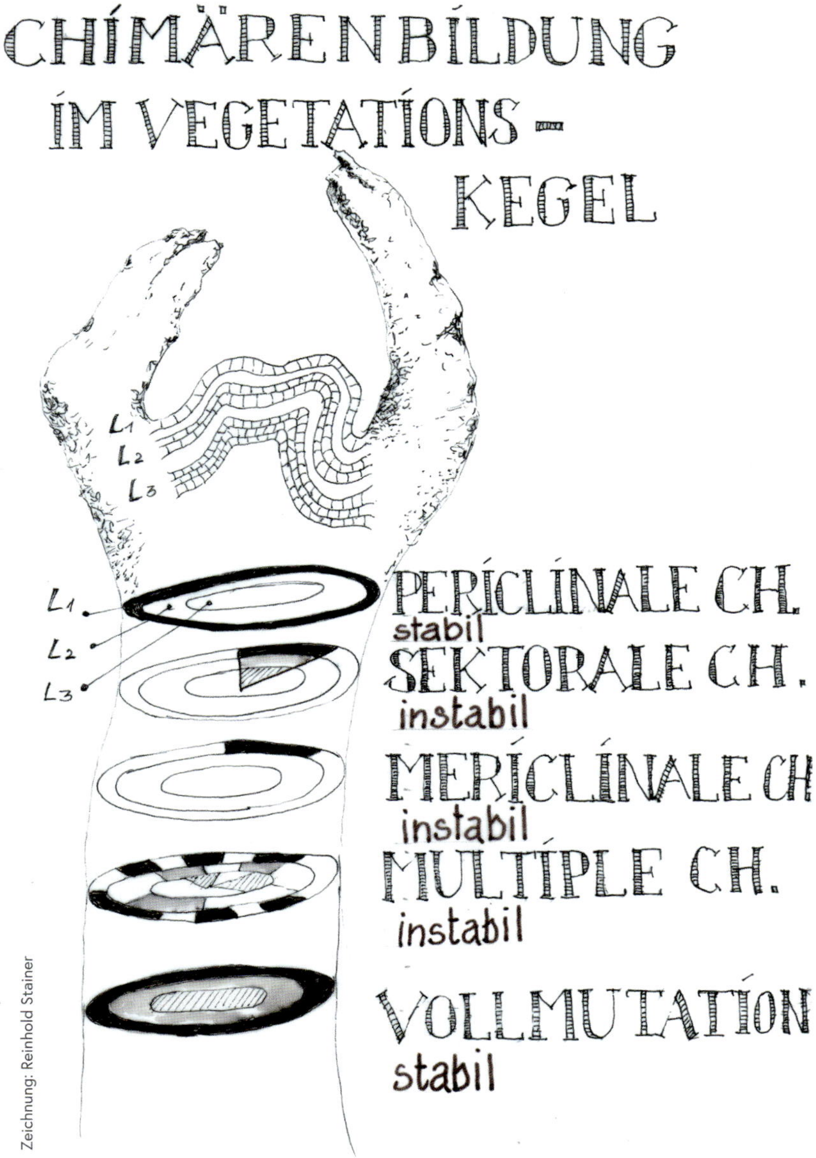

Zeichnung: Reinhold Stainer

Die unterschiedlichen Intensitätsstufen von Mutationen werden an die Triebe oder an die Augen weitergegeben.

Trieben aufweist. Ausgehend von früchtetragenden Bäumen mit optimal gefärbten Früchten kann dennoch eine Regression im Ausmaß von 11 % auftreten. In den drei Zellschichten des Meristems L1, L2 und L3 treten bei Gala zahlreiche Zellreihungen in Segmenten auf, die Erbgut für unterschiedliche Fruchteigenschaften verankert haben. Schmale Streifungen sind deutlich stabiler als breite Streifen. (Publikation im Buch "Applied Mutation" von C. Broetjes, im Elsevier Verlag NL)

Entsteht ein Seitentrieb aus jenem Punkt, an dem gerade keine mutierte Zelle sitzt, dann befindet sich der gesamte Ast mit allen darauf sitzenden Trieben in der Standardform. Kommt er hingegen aus einem Teilstück in dem nur Bruchstücke mutiert sind, dann ist die Nachkommenschaft äußerst instabil. Nur wenn die Gesamtheit der Zellen in einer der 3 Zellschichten mutiert ist, werden die betroffenen Merkmale stabil weitergegeben. Basalaugen von einjährigen Trieben (die ersten 6) neigen zwar leichter zu Abweichungen, sind aber niemals in so hohem Ausmaß an Regressionsraten beteiligt.
Die wirklich großen Probleme entstehen immer durch die chimärenhafte Veränderung der verantwortlichen Zellschichten.

Neben dem Auftreten spontaner Mutationen macht man sich der mutagenen Wirkung von Gammastrahlen und Chemikalien (Parallele zu der Behandlung von Tumoren in der Humanmedizin) zunutze, um sogenannte induzierte Mutationen zu erzielen, wie es bei glattschaligen Golden Delicious, z. B. in Frankreich von INRA mit Lysgolden und in Österreich mit dem Haidegger Golden gelungen ist. Von dieser sogenannten Mutationszüchtung verspricht man sich ein schnelleres Erreichen von Verbesserungen bereits bestehender Sorten. Bis heute ist mit dieser Methode noch kein wirklicher Durchbruch gelungen.

DIE BAUMSCHULE

Für das Vermehren von Obstgehölzen stehen mehrere Möglichkeiten zur Verfügung.

Generative Vermehrung

Man spricht von generativer Vermehrung, wenn aus Samen eine bewurzelte Pflanze entsteht. Die Abkömmlinge nennt man Sämlinge. Jeder Sämling ist ein Individuum für sich und hat keine erbgleichen Ebenbilder. Aus diesem Grunde können sie, wenn als Unterlage verwendet, der Edelsorte unterschiedliches Wuchs- und Ertragsverhalten verleihen.

Um allzu große Inhomogenität im Wuchs zu vermeiden, legte man sogenannte muttersortenreine Saatgutspender an. Sie liefern Sämlinge mit einheitlichem Wachstum, da hier die Muttersorte immer konstant bleibt. Beim Apfel sind dies Grahams Jubiläumsapfel und Bittenfelder Sämling, bei Birnen die Kirchensaller Mostbirne.

Die weitgehend selbstfruchtbaren Steinobstarten wie Pfirsich, Marille und Pflaume liefern immer einheitlicheres Sämlingsmaterial als das fremdbestäubte Kernobst. Die Anzucht von Sämlingen ist in den modernen Baumschulen beinahe verschwunden und hat nur noch im Liebhaberobstbau für Hausgärten und Streuobstwiesen eine Randbedeutung.

Die Gewinnung von Apfelsamen erfolgt meist im Anschluss an die Apfelsaftgewinnung.

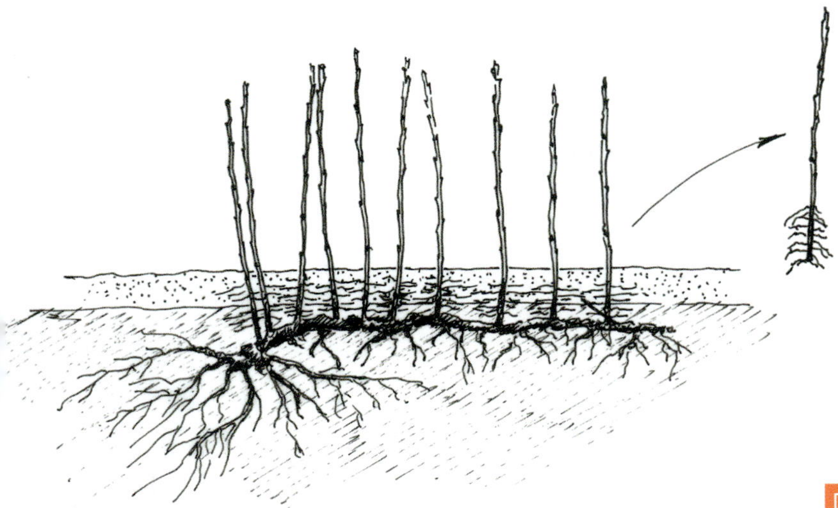

Zeichnungen: Reinhold Stainer

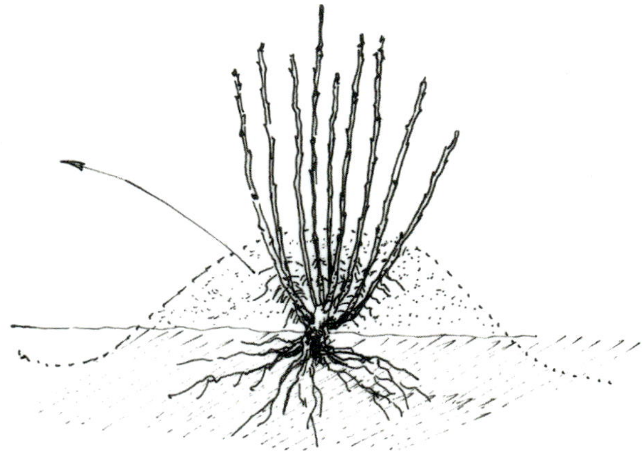

Das Mutterbeet ermöglicht die Gewinnung von bewurzelten Trieben als Grundlage für die Anzucht junger Obstbäume.

Vegetative Vermehrung

Aus sehr unterschiedlichen Bereichen einer Pflanze, zum Beispiel aus den Trieben, Wurzeln, Blättern, Meristemen und Kallusgeweben, können bewurzelte Unterlagen entstehen. Im Vergleich zum Sämling sind diese nicht grundsätzlich schwächer im Wuchs, d. h. die Vitalität nimmt nicht mit der vegetativen Vermehrung ab, wie vielfach behauptet wird. So ist zum Beispiel die Unterlage A2 (eine vegetativ vermehrte Unterlage aus Schweden) deutlich stärker im Wuchs als der Sämling Grahams Jubiläumsapfel. Die Neigung zur Wurzelausbildung hängt überwiegend von genetischen Voraussetzungen ab. In langjährigen Beobachtungen ist es Mönchen gelungen, in den Klostergärten entsprechendes Material zu selektieren und bewurzelungsfähige Obstgehölze zu vermehren, die heute gezielt über sogenannte Abrisse in Mutterbeeten als bewurzelte Unterlagen gewonnen werden können.

Gewinnung von Abrissen im Mutterbeet

Die Bezeichnung „Abriss" stammt aus der Zeit, als man die bewurzelten Unterlagen noch einzeln vom Mutterstock gerissen hat. Ein Mutterbeet wird mit aufrechtstehenden Unterlagen im Pflanzabstand von 1,20 x 0,40 m (ca 18.000 Pflanzen/ha) angelegt und im darauffolgenden Frühjahr bodennah angeschnitten. Die daraus entstehenden neuen Triebe werden im Laufe des Sommers vier bis fünf Mal angehäufelt, also mit Erde abgedeckt. Im Spätherbst/Winter stehen die ersten bewurzelten Abrisse bereit. Der Vorteil dieser Anlage liegt in der höheren Ausbeute an verkaufsfähiger Ware in den Anfangsjahren und auch die Möglichkeit einer maschinellen Ernte ab dem ersten Standjahr. Eine intensivere Nutzung eines Mutterquartiers ist mit waagerecht erzogenen Mutterstöcken mit Abständen von 1,20 m x 0,25 m (ca 28.000 Pflanzen/ha) möglich. In einem Winkel von 30–40 Grad werden die Setzlinge

Das Mutterbeet wird im 2. Jahr 4-5 mal angehäufelt d. h. die aufgehenden Triebe aus dem Mutterstock werden mit Erde zugedeckt.

gepflanzt und noch im August waagerecht auf den Boden gelegt, zopfartig miteinander verbunden und mit Holzklammern festgehalten, um dann im darauffolgenden Jahr mit dem Anhäufeln zu beginnen.

Die intensivste Wurzelneubildung fällt in den Spätherbst (November) in die Zeit des Nährstoffausbaus aus den Blättern, einhergehend mit dem Erreichen einer guten Holzreife der Abrisse und einer entsprechenden Frosthärte für den Mutterstock. Um Schäden durch Winterfröste vorzubeugen, müssen die Stöcke nach dem Roden mit Erde abgedeckt werden. Die Erfahrungen mit heimischen Mutterquartieren haben immer wieder Probleme mit zu üppigem Dickenwachstum und zu vielen Seitenverzweigungen gezeigt, die in mühevoller Handarbeit, noch im krautigen Zustand zu entfernen waren. Zu viele und zu große Wunden entstehen, wenn dies erst nach dem Roden geschieht, es folgen Trockenschäden an den Unterlagen während der Lagerung.

Heute konzentriert sich die Unterlagenproduktion hauptsächlich auf jene Länder, in denen ein ganzjähriges Bearbeiten des Bodens möglich ist. So sind in den Niederlanden und Belgien unter dem Einfluss des Golfstroms die Winter meist frostfrei, außerdem führen die gemäßigten Temperaturen während der Vegetationszeit zu normalem Dickenwachstum (5–9

Mutterbeet von M9 in den Niederlanden nach dem Triebabschluss, Beginn der Holzreife und Wurzelbildung. Einheitlich dünne Triebe ohne Seitenverzweigung liefern ideale Unterlagen für unsere Baumschulen in der Poebene.

Die Anzucht von bewurzelten Unterlagen mit der Invitrovermehrung ist vor allem beim Steinobst zur Standardtechnik angereift.

mm im Durchmesser an der Basis) mit geringer Neigung zur Entwicklung von Seitentrieben.

Die Lebensdauer eines Mutterbeetes beträgt im Schnitt 15 Jahre. Die Abrissleistung schwankt bei M9 je nach Klon und Grad der Juvenilität zwischen 15 und 30 Stück pro Laufmeter, mit 100 bis 300.000 verkaufsfähigen Abrissen pro Hektar[2].

Die In-Vitro-Vermehrung

Diese moderne Technik der Vermehrung ist im Zierpflanzenbau und beim Beerenobst bereits allgemeiner Standard, auch bei Obstgehölzen werden heute im Vergleich zu den Anfängen überzeugende Ergebnisse erzielt.

2 Vgl. Van Oosten, Wilhelminadorp, Niederlande.

Der größte Vorteil liegt im Zeitgewinn beim Aufbau großer Mengen des Ausgangsmaterials für die Errichtung von Mutterbeeten. Außerdem ermöglicht es, virusfreies Pflanzgut ohne Thermotherapie zu gewinnen.

Bei Steinobstunterlagen (Myrobalane und deren Hybriden) ist diese Technik heute bereits Standard und liefert gute Ergebnisse.

Wird mit Kallusgewebe als Ausgangsmaterial gearbeitet, ist es möglich aufgrund verstärkter Zellaktivität schneller zu neuen Mutanten zu gelangen. Noch sind die Ergebnisse nicht praxistauglich. Positive Ergebnisse hat man vorerst nur bei Oliven erzielt.

Bei Apfelunterlagen gab die In-Vitro-Vermehrung von M9 immer wieder große Probleme in den Mutterbeeten. Das Auftreten ausgeprägter Juvenilität (Verjüngung des Gewebes) steigt mit der Anzahl der Vermehrungsschritte und mit der Gesamtverweilzeit im Kultursubstrat.

Es kommt zu massiven Veränderungen (auch epigenetischer Natur) in der Pflanze. So können an ein und derselben Mutterpflanze verstärkte Dornenbildung mit großer Variabilität im Habitus der Triebe und im Aussehen der Blätter (Größe, Zahnung und Farbe) sowie abnormes Dickenwachstum der Wurzeln auftreten.

In den frühen 1980er Jahren mussten die Pflanzungen der Unterlagen von Hand in die vom Rillenzieher vorbereitete Pflanzgrube gesteckt werden.

Das höhere Aufkommen kropfartiger Wucherungen im Wurzelbereich wird durch eine gesteigerte Sensibilität gegenüber dem Agrobakterium tumefaciens, dem Auslöser des Wurzelkropfs, induziert. Bäume auf solchen Unterlagen liefern in der Baumschule unregelmäßige Bestände und neigen in der Obstanlage zu verstärkter Bildung von Wurzelschossen und Wurzelfeldern, Ursache für uneinheitliches Wachstum und Öffnungspforten für den Befall durch Glasflügler und die Aufnahme von Herbiziden. Nur bei genauer Einhaltung ausgereifter Anwendungsprotokolle, an denen noch zu arbeiten ist, kann der Einsatz dieser Technik für die Beschaffung des Ausgangsmaterials für Mutterbeete in Frage kommen, was einer Beschleunigung des Produktionszyklus in der Vorvermehrung von Unterlagen entgegen käme.

Das vermehrte Auftreten von Wurzelfeldern und Wurzelschossen wird in Klonen mit erhöhter Juvenilität beobachtet und bringt in den Anlagen zusätzliche Probleme in der Unkrautbekämpfung und uneinheitlicher Wuchsstärke.

Aus der Invitro-Vermehrung gewonnen M9 mit erhöhter Sensibilität gegenüber Wurzelkropf sind der Auslöser für unregelmäßiges Wachstum in der Baumschule.

DIE GEWINNUNG DER EDELREISER

Seit der Einführung von M9 als Unterlage in den Dichtpflanzungen ist die Reisergewinnung in Ertragsanlagen problematischer geworden. Außer der Gefahr einer Übertragung von Viruskrankheiten macht der hohe Anteil an Blütenknospen diese Reiser für die Veredlung in den Baumschulen unbrauchbar. Das vermehrte Aufblühen in der Baumschule verzögert den Wachstumsbeginn um bis zu 10 Tage. Erst der Austrieb eines schwächeren Nebenauges ermöglicht die Entstehung des Jungbaumes, in der Folge eine Qualitätsminderung des Endprodukts.

Moderner Südtiroler Baumschulbetrieb in der Poebene.

Foto: Baumschule Nischler

Schnittgärten
In den Schnittgärten stehen die Mutterbäume meist auf stärkeren Unterlagen, zum Beispiel MM111 oder Sämling – das und der jährliche radikale Rückschnitt verhindern die Bildung von Blütenknospen. Bei der Reisergewinnung von Mutterbäumen ist darauf zu achten, dass Reiser nicht aus dem alten Holzteil von sogenannten Adventivaugen entnommen werden. Diese, als Wasserschosse bezeichneten Triebe, neigen zu Juvenilität, d. h. sie vermitteln in der Obstanlage einen verzögerten Ertragsbeginn.

Sommerholz
Bei ausreichender Reife (Braunfärbung des Holzes) können die Reiser je nach Witterungsverlauf bereits ab Mitte Juli geschnitten werden. Um den optimalen Frischezustand zu erhalten, sind die Triebe sofort zu entgipfeln. Das schaltet die Hormonproduktion und die hohe Wasserverdunstung des jungen Gewebes aus. Anschließend wird das Reis entblättert. Für die Okulation mit T-Budding wird der Blattstiel am Auge belassen, um das Handhaben zu erleichtern. Das Chipp-Budding fällt leichter, wenn die Blätter abgestreift

Gewinnung des Sommerholzes mit der mechanischen Entblätterung der Triebe und anschließender Bündelung und Lieferung an die Baumschulen.

Die Lagerung von Edelreisern im Winter in Kühllager. Die Nachfrage nach Winterholz ist für den zunehmenden Einsatz von Tischveredlungen angestiegen.

werden. Allerdings entstehen dabei größere Wunden, die bräunen und größeren Wasserverlust verursachen. Dies kann bei längerer Zwischenlagerung Ursache höherer Ausfälle sein.

Die Reiser können in Kühlräumen bei 4–8 °C mit der Basis im Wasser stehend 10–14 Tage ohne Qualitätsverlust gelagert werden. Bei niedrigen Temperaturen von 2 °C können sie sogar bis zu vier Wochen ohne Verluste gelagert werden.

Winterholz

Hier ist vor allem auf die Zeit des Schnitts zu achten. Beim Steinobst und Schalenobst sollten die Reiser im Dezember/Jänner, beim Kernobst im Jänner bis Mitte Februar noch in absoluter Winterruhe geschnitten werden. Die Lagerung erfolgt am besten in gekühlten Räumen bei hoher Luftfeuchtigkeit (98 %) und bei Temperaturen um 0–2 °C.

Das Einsacken in leicht gelochte Polyetylen-Folien kann gegen Trockenschäden vorbeugen. Vor der Veredelung sollten die Reiser 1–2 Tage bei 8 °C an die Außentemperatur angepasst werden.

Elstar auf M26 mit Unverträglichkeit zwischen den beiden Veredlungspartnern. Dies kann bis zum glatten Bruch an der Veredlungsstelle führen.

Eine erfolgreiche Lagerung ist auch bei Tiefkühltemperaturen von -18 °C möglich. Die Kühlräume sollten frei von Etylen – dem Reifungshormon des Apfels oder der Banane – sein. Es wirkt hemmend auf den Austrieb von Augen. Edelreiser und Obstbäume darf man nicht gemeinsam mit Äpfeln oder Gemüse lagern. In der Vergangenheit hat man die Reiser auch im Freiland an schattigen Stellen oder in kühlen Kellerräumen im feuchtem Sandbeet (unter einer 20–30 cm tiefen Schicht) erfolgreich bis zum Veredelungszeitpunkt gelagert. Vor tiefen Frösten und vor Mäusefraß muss das Material geschützt sein.

DIE VEREDELUNG

Erst die Kombination von Edelreis und bewurzelter Unterlage führt zu früchtetragenden Bäumen, das gelingt über die sogenannte Veredelung. Damit diese erfolgreich ist, muss die Verträglichkeit zwischen den beiden Partnern gesichert sein.

Affinität, wie die Verträglichkeit in der Fachsprache genannt wird, liefert die Voraussetzung für ein gutes Verwachsen der Veredelungsstelle. Es sichert einen optimalen Nährstoffaustausch zwischen beiden Partnern über die gesamte Lebensdauer eines Obstbaums. Bei Obstgehölzen sind alle Übergänge bekannt – von extremer Unverträglichkeit, der Disaffinität, bis hin zur vollkommenen Verträglichkeit, der Affinität. Mehrere Ursachen können dafür verantwortlich sein.

Die Zwischenveredlung nimmt je nach deren Länge großen Einfluss auf das Wuchsverhalten des gesamten Baumes ein.

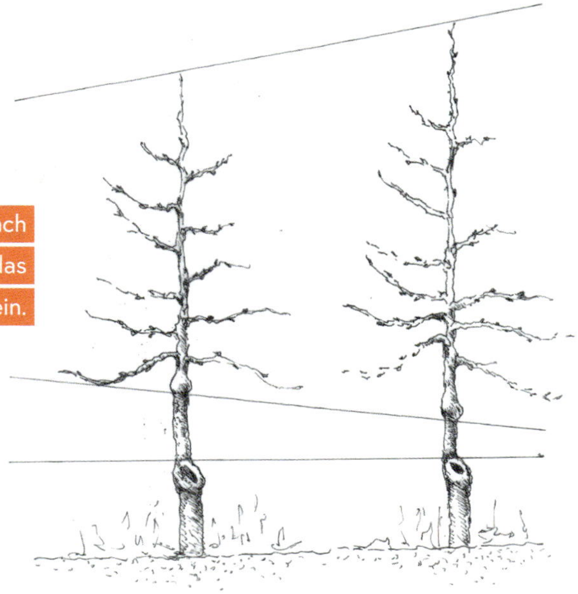

Zeichnung: Reinhold Stainer

- Mechanische Unverträglichkeit
  Wenn die Verwachsung zwischen den beiden Veredelungspartnern gestört und keine stabile Verbindung zwischen den Zellen zulässt, dann genügt schon die geringste mechanische Belastung (z. B. bei der Rodung in der Baumschule, bei Windbruch oder Vollertrag), um die Veredelungsstelle mit einem glatten Bruch abspringen zu lassen – so zum Beispiel bei Marille auf Prunus Brompton oder beim Apfel bei den Sorten Morgenduft, Golden Delicious und Elstar auf M26.

- Physiologische Unverträglickeit
  Die Ursachen sind noch nicht vollkommen erforscht. Einflüsse durch Virusbefall und biochemische Stoffwechselprozesse (unterschiedliche Polyphenolgehalte oder beim Steinobst Amygdalingehalte) konnten bereits als Auslöser nachgewiesen werden. An der Verbindungsstelle erscheint meist eine braunverfärbte Naht, wie bei einigen Birnensorten auf Quitte. Diese nekrotischen Zellen stören den Austausch von Nährsalzen, Wasser und Assimilaten und beim Auftreten von Stresssituationen (Wasser, Hitze und Kälte) kommt es zum Verkümmern oder zum Absterben der Pflanzen. Einige Autoren belegen, dass bei virusfreiem Material mehr Affinitätstoleranz besteht, allerdings ist das Problem oft nur verlagert und kommt erst in späteren Jahren zum Vorschein, wie es das Beispiel mit virusfreier Williams-Christ-Birne auf Quitte C erst nach dem 6. Standjahr zeigt. Schlechte Affinität mit Quitte kommt auch bei den Sorten Kaiser Alexander und Gute Luise vor. Der Unverträglichkeit kann mit Hilfe einer entsprechenden Zwischenveredelung bei Birnen mit Gellerts Butterbirne und beim Apfel mit Summerred oder Hibernal begegnet werden. Die Länge der Zwischenveredelung nimmt großen Einfluss auf die Wuchsstärke und die Ertragsleistung (zum Beispiel von Granny Smith) sowie auf die Sensibilität gegenüber bodenbürtigen Pilzen wie Kragenfäule (Cox Orange).

Methoden der Veredelung

Auch die Technik der Veredelung kann die Affinität beeinflussen. Je perfekter eine Veredelungsmethode das Kambium der beiden Veredlungspartner übereinander lagert, desto geringer sind auch mechanische Affinitätsprobleme.

Okulation (T-Budding)

Weltweit kam diese Methode in der Baumschule am häufigsten zum Einsatz. Der geringe Materialaufwand, die hohe Leistung in der Ausführung und die niedrigen Ausfälle sind Gründe dafür. Erst sobald sich die Rinde in der Unterlage lösen lässt, kann mit einem „schlafenden Auge" im Juli/August okuliert werden. Das Edelreis aus derselben Vegetationszeit wird als „schlafend" bezeichnet, weil es den Kältebedarf noch nicht gedeckt hat, um austreiben zu können, es „schläft".

Die Okulation oder "das Äugeln" war die häufigste Veredlungsmethode in der Baumschule bis es von dem Chip-Budding oder Schildveredlung abgelöst wurde.

Als Bindematerial hat sich das elastische Veredelungsgummiband (Fleischhauer-Band) durchgesetzt. Bei Rosen und Birnen können auch die Schnellbinder, (Gummiband in Form einer Augenbinde) mit doppelter Bindeleistung eingesetzt werden. Gummibänder werden mit der Zeit brüchig und fallen dann von alleine ab, müssen also nicht entfernt werden. Wenn das Dickenwachstum zu schnell fortschreitet und Würgemale auf der Unterlage erscheinen, muss das Band mit einem Schnitt entfernt werden.

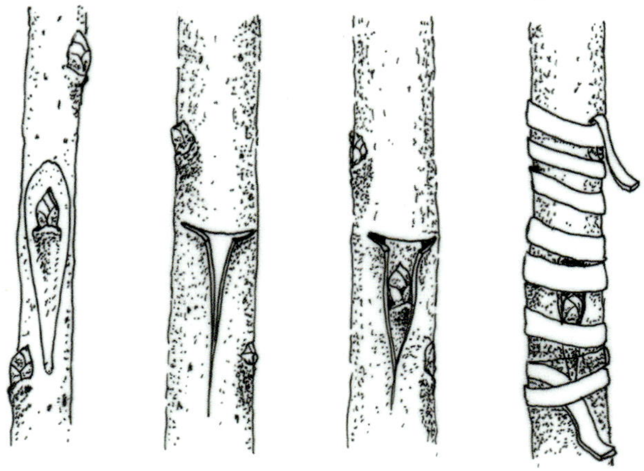

Zeichnung: Reinhold Stainer

Das Chip-Budding

Das Chip-Budding, auch Schildveredelung genannt, wird schon in alten Obstbaubüchern erwähnt und wurde in den 70er-Jahren in England wieder eingeführt, nachdem das PVC-Band ein hermetisches Abschließen der Veredelungsstelle ermöglicht hat. Wenn nur mit Bast gebunden wurde, gab es hohe Ausfälle durch Vertrocknen der Augen. In Südtirols Baumschulen hat diese Methode in den 80er-Jahren sehr rasch das Okulieren abgelöst.

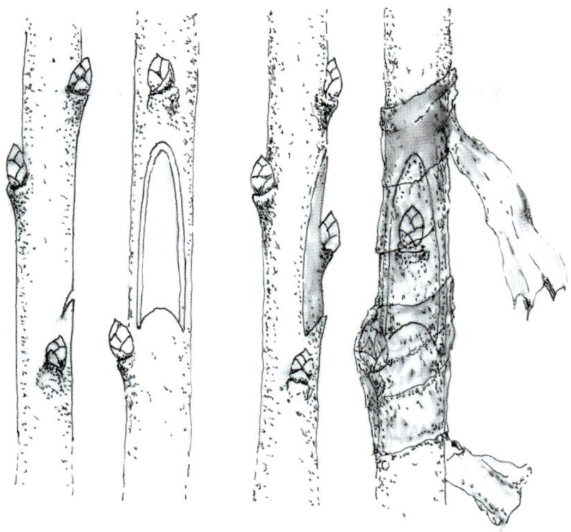

Zeichnung: Reinhold Stainer

Das Chip-Budding oder die Schildveredlung wird schon 1859 in Südtirol erwähnt, hat sich aber erst nach der Verfügbarkeit modernen Bindematerials durchgesetzt.

Die *Vorteile* des Chip-Buddings im Vergleich zum T-Budding lassen sich wie folgt zusammenfassen:

- Das größere Zeitfenster von etwa zwei bis drei Wochen für das Veredeln (die Rinde der Unterlage muss sich nicht lösen)
- Die hohe Deckungsgleichheit mit dem Kambium (Teilungsgewebe)
- Die bessere Annahme der Augen mit höheren Anwuchsraten
- Die bessere Affinität bei Edelreis-Unterlagen-Kombinationen mit Verdacht auf Unverträglichkeit
- Der zeitgleiche Austrieb im Frühjahr
- Das einheitlichere und stärkere Wachstum in der Baumschule
- Die Verwendung auch von Winterholz, kann im Frühling auch bei Kastanien erfolgreich durchgeführt werden

Voraussetzungen für ein gutes Ergebnis mit Chip-Budding sind:

- Exaktes Arbeiten in der Ausführung der Schnitte an Unterlage und Edelreis
- Gut gereifte Augen, bei unreifem Holz führt der T-Schnitt zu besseren Ergebnissen
- Sachkundig behandelte Reiser
- Das Auge sollte 2,5–3 cm lang ausgeschnitten werden, wobei 60 % unterhalb des Auges verbleiben sollten (besonders bei Kirschen wichtig)
- Der obere Rand des Schildes soll halbrund sein und nicht spitz zulaufen
- Der Schnitt in die Unterlage sollte nicht zu tief ins Holz gehen
- Das Schild sollte möglichst deckungsgleich auf die Unterlage passen
- Die Wahl des optimalen Zeitpunkts:
- Unabhängig von der Rindenlösbarkeit kann bei Erreichen der Holzreife der Unterlage (Ende Juli) die Veredelungssaison beginnen und bis zum Eintreten kühlerer Nachttemperaturen (Ende August/Anfang September) andauern. Die Temperatur sollte nach dem Veredeln für einen Zeitraum von 4 Wochen noch bei ca. 20 °C – der Idealtemperatur für die Kallusbildung – lie-

gen. Bei späten Veredelungsterminen gerät man bereits in tiefere Nachttemperaturen des Septembers/Oktobers, was einen raschen Anstieg der Ausfälle zur Folge hat.

- Das Bindematerial aus 1,5–2,5 cm breiten elastischen PVC-Bändern oder selbstklebenden Folien muss beim Apfel die Schnittwunde samt Auge hermetisch abdecken. Bei Birnen, Kirschen und Zwetschen hingegen darf das Auge nicht mit eingebunden werden, um Verletzungen der leicht abstehenden Augen zu vermeiden.
- Nach ca. vier bis fünf Wochen muss das Band entfernt werden. Wird es zu spät gelöst, kann die Rinde unter der Folie aufweichen und dann eine geringere Frosthärte für den Winter aufweisen. Der Schnitt in das Band bedingt auch immer eine Verletzung des Baumes, die, je später durchgeführt, nicht mehr verwachsen kann und für Infektionen geöffnet bleibt.

Die Kopulation

Die Kopulation kommt für Veredelungen während der Winterruhe zur Anwendung. Edelreis und Unterlage müssen dieselbe Stärke aufweisen. Sie wird in der Regel für Tischveredelungen eingesetzt. Man unterscheidet zwischen einfacher Kopulation und der Kopulation mit Gegenzunge. Letztere bietet eine größere Kontaktfläche zwischen den beiden Partnern, wodurch bessere Ergebnisse erzielt werden. Die Schnittstelle muss auch hier hermetisch abgeschlossen werden – durch Kreppklebebänder oder selbstklebende PVC-Folien mit anschließender Warmwachsung. Der Keil-Schnitt wird beim Apfel mit Erfolg für maschinelle Tischveredelungen verwenden.

Zeichnung: Reinhold Stainer

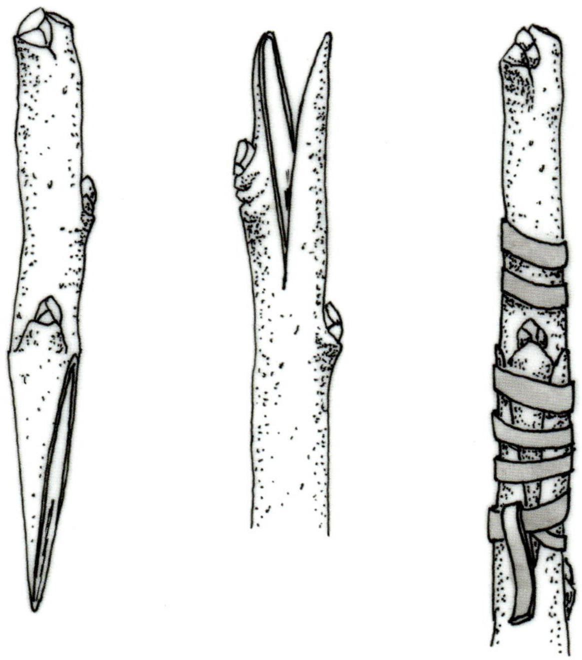

Die Kopulation mit Winterholz kann mit dem Keilschnitt maschinell hergestellt werden.

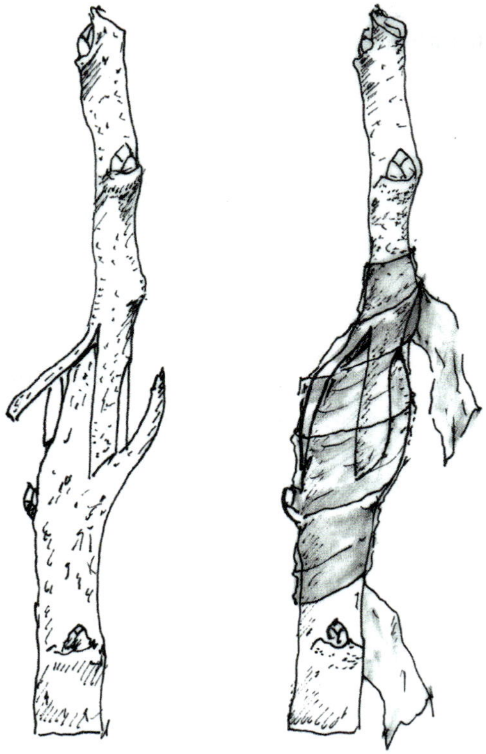

Zeichnung: Reinhold Stainer

Bei der koreanischen Methode mit einer höheren Überlappung des teilungsaktiven Gewebes werden hohe Anwuchsraten mit enorm gesteigertem Wachstum erzielt.

Geißfußveredelung erlaubt sehr hohe Anwuchsergebnisse, wenn exakte Schnitte gesetzt werden. Das aufgesetzte Reis muss mit entsprechendem Bindematerial festgebunden werden. Dies kann mit selbstklebendem Krepp- oder Isolierband oder mit PE-Folie (früher auch mit Naturbast) erfolgen. Anschließend ist ein hermetisches Abschließen mit Baumwachs notwendig.

Koreanische Methode

Die Koreanische Methode kommt ausschließlich für das Umveredeln von bestehenden Apfelanlagen zum Einsatz. Mit dieser Technik wird die Kontaktfläche des teilungsfähigen Gewebes deutlich vergrößert. Die gesamte Veredelungsstelle wird mit einem breiten PE-Band abgeschirmt, um einen Glashauseffekt zu erzielen, der zu einer rascheren und innigen Verwachsung führt und einen Zeitgewinn in der Entstehung einer neuen Baumkrone erzielt. Die Handhabung dieser Methode erfordert eine größere Fertigkeit, höheren Zeitaufwand und mehr Edelreismaterial.

Das Pfropfen

Wenn die Unterlage dicker als das Reis ist, wird das Pfropfen als Technik verwendet. Es kommt hauptsächlich für das Nachveredeln bei Ausfällen nicht angewachsener Augen in der Baumschule oder bei der Tischveredelung mit stärkeren Unterlagen (dicker als 10 mm) in Frage. Auch für das Umveredeln (Umpelzen) älterer Bäume im Freiland kommt diese Technik in mehreren Formen in Frage.

Die Kopulation mit Winterholz kann mit dem Keilschnitt maschinell hergestellt werden. Mit selbstklebenden Bändern wird die Veredlungsstelle gebunden.

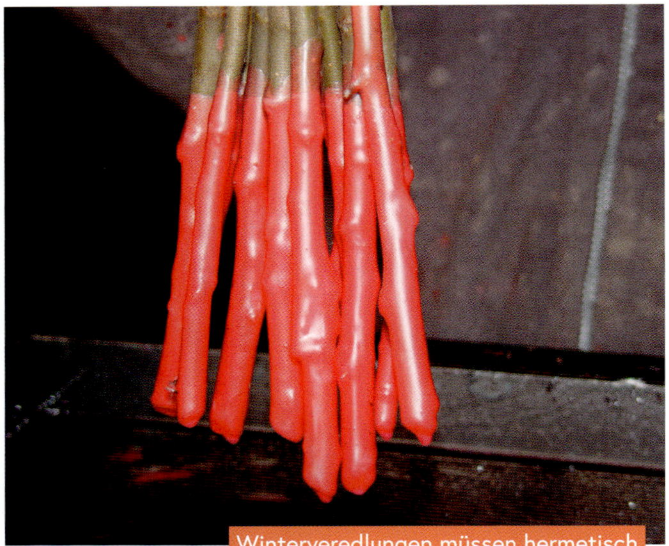

Winterveredlungen müssen hermetisch abgeschlossen sein, das geschieht über das Eintauchen in ein warmes Wachsbad.

Maschinenveredelung

Bei der Maschinenveredelung kommt es im Wesentlichen darauf an, dass Unterlage und Edelreis exakt gleich dick sind. Die Erfolge sind sehr unterschiedlich (30–80 % Anwuchs) und hängen weitgehend vom Maschinentyp und dessen Handhabung ab:

- Der Keilschnitt erzielt mit einer technisch einfachen Maschine beim Kernobst sehr gute Ergebnisse, wenn Reis und Unterlage gut übereinstimmen.
- Der Lamellenschnitt mit maschinellen Fräswerkzeugen wird bei Gehölzen mit hohem Markanteil wie bei Reben und Walnüssen eingesetzt.
- Die Kopulation mit Gegenzunge wird bei Reben und Apfel erfolgreich eingesetzt.

Das Wachsen

Sämtliche Veredelungen, die nicht in der Vegetationszeit durchgeführt werden, müssen hermetisch abgeschlossen werden, um ein Austrocknen zu verhindern. Dazu werden Rebveredelungswachse in Pellets-Form auf ca. 50–60 °C erwärmt und die Tischveredelung mit dem aufgesetzten Reis in das flüssige Wachs getaucht. In diesem Zustand kommen die Veredelungen, in Torfkisten gepackt, bis zur Zeit der Auspflanzung in die Baumschule ins Kühllager.

Das Pflanzen in der Baumschule

Die Wahl des Pflanzabstandes hängt maßgeblich vom vorhandenen Maschinenpark für die Pflegearbeiten und dem Ziel ab, eine optimale Baumqualität zu erreichen. Der Besatz pro Hektar kann zwischen 30.000 und 40.000 liegen und ist mit Pflanzabständen von 75–100 cm x 35 cm oder 120 cm x 25 cm zu erzielen. Abnehmende Pflanzabstände reduzieren die Seitenholzbildung und die Qualität der Bäume in Bezug auf Holzreife und Blütenknospendifferenzierung. Die Unterlagen werden in der Regel in einer Größensortierung von 6/10 mm angeboten. Einheitlich Bestände entstehen aber nur, wenn vorsortierte Unterlagen mit 8/10 und 6/7 mm getrennt in die Quartiere gepflanzt werden. In Gebieten mit längerer Vegetation kann auch die Sortierung 4/6 mm noch gute Erfolge erzielen.

Die Bodenbearbeitung

Die Bodenbearbeitung hat in der Baumschule die Funktion der mechanischen Unkrautbekämpfung und der Regelung der Durchlüftung und Wasserführung. Sie sollte mit langsam rotierenden Fräsen oder mit dem Kultivator erfolgen, um ein Verschlämmen des Bodens zu verhindern. Über die Fräse kann auch ein gezielter Wurzelschnitt die Probleme mit Ödem- und Papierpast reduzieren. Gegen den Unkrautwuchs können Herbizide auf den 10–15 cm breiten Pflanzstreifen oder ganzflächig ausgebracht werden. Sinnvoll ist der Einsatz von Herbiziden aus dem Gemüse- oder Zierpflanzenbau. Eine ganzflächige Abdeckung mit Mulchfolien kommt heute aufgrund der Umweltbelastung kaum noch zum Einsatz.

Moderne Pflanzmaschinen erlauben eine hohe Tagesleistung.

Das Problem des Ödems der Okulate beim Austrieb im Frühjahr kann empfindliche Ausfälle in der Baumschule verursachen.

Das Absetzen

Vor dem Austrieb im Frühjahr werden die Unterlagen bis auf das eingesetzte Auge zurückgeschnitten. Dann kann es nach einem normalen Austrieb von 5–10 cm Länge zu einem Welken der Triebspitze kommen, der Jungbaum stellt das Wachstum ein, verkümmert oder geht sogar ein. Das Phänomen nennt sich „Ödem" oder „welken", „Sleeper and Dreamer Syndrom", in Südtirol auch „Versaufen".

Gutgewachsene sehr kräftige Unterlagen von M9 und M26 erzeugen einen übermäßigen Wurzeldruck abhängig von den Bodenverhältnissen und dem Zeitpunkt des Absetzens. Sandige Böden erwärmen sich sehr schnell, die Unterlagen nehmen plötzlich viel Wasser auf und führen zu osmotischem Überdruck in den Leitungsbahnen des jungen Austriebs des veredelten Auges. Die Wahl des Absetzzeitpunkts kann das „Versaufen" vermindern.

In den Niederlanden haben Versuche mit verschiedenen Absetzterminen gezeigt, dass ein optimaler Zeitpunkt Ende März/Anfang April je nach Vegetationsbeginn angesetzt werden kann. Wenn die Witterung normal verläuft, ist in kritischen Fällen beim Knospenschwellen der idealste Termin. Wird schon im Winter auf das Auge abgesetzt, vertrocknet die Wunde, sie ist dann nicht mehr durchlässig für den überschüssigen Saftstrom und das Problem verstärkt sich. Weitere Möglichkeiten bieten sich mit dem Abmähen des Gipfelbereichs der Unterlagen schon im November. Es entstehen weniger Wurzeln – somit herrscht ein geringerer Wurzeldruck. Der endgültige Schnitt auf das Auge erfolgt kurz vor dem Austrieb. Auch Bodenfräsen bis 10 cm an der Unterlage oder eine Netzschwefelspritzung (0,5 % ig) ca. 4/6 Wochen nach der Okulation wirkt reduzierend auf das Wurzelwachstum und somit auch auf den zu hohen osmotischen Druck.

Seitentriebförderung

Um die gewünschte Höhe des Seitenholzes zu erreichen ist es notwendig, in der Hauptwachstumsphase die zu tief sitzenden Austriebe zu entfernen (aufzuputzen).

Vorzeitige Triebe sind erst ab einer Höhe von 60–70 cm gefragt, dies kann mit einer verzweigungsfördernden Maßnahme erreicht werden.

Die Methode Wipfeln oder „Toppen" sieht das Entfernen der zwei bis drei jüngsten Blätter vor (zwei bis drei Mal wiederholt), ohne dabei die Triebspitze zu kappen. Es liefert ein gutes Ergebnis, allerdings ist der Arbeitsaufwand sehr hoch.

Der Einsatz von chemischen Verzweigungsmitteln nur im Gipfelbereich (ca. 25 cm) liefert den gewünschten Erfolg und bringt gutverzweigte Baumschulware.

Holzreife

Eine wichtige Voraussetzung für hohe Qualität ist ein gut ausgereifter Baum. Die gezielte Beigabe von Stickstoffdüngern – die nicht später als Mitte August erfolgt – beeinflusst eine positive Holzreife. Außerdem können wiederholte Spritzungen mit Schwefel und Kupfer (in normalen Dosierungen) das Blatt abhärten und das Wachstum bremsen. Vorteilhaft sind Cu-Oxyclorid-Spritzungen ab Ende August in steigender Konzentration (0,2–0,5 %). Anfang November kann dann mit Cu-Chelaten (0,3–0,5 kg/hl) der Blattfall

Foto: Baumschule Malleier

Der Rüttelpflug, als Rodegerät führte bereits in den 1980er Jahren zu einer großen Arbeitserleichterung.

Foto: Baumschule Laimer

Moderne Rodemaschinen ermöglichen rasche Ernte und gleichzeitige Sortierung und Bündelung der Jungbäume.

Foto: Baumschule Malleier

innerhalb von zwei Wochen ausgelöst werden. Cu-Oxyclorid wirkt nur abhärtend und wachstumsbremsend.

Rodung

Mit dem erstmaligen Einsatz des Rüttelpflugs in den 1980er-Jahren ist in der Rodung der Baumschule eine enorme Arbeitserleichterung eingetreten, schonend konnten die Bäume vom Erdreich befreit und am Feld sortiert werden. Heute wird Sortierung, Bündelung und Stapelung der etikettierten Bäume mit Rodemaschinen schon am Gerät vollzogen.

Speziell gefertigte Kühlräume mit sehr großer Verdampfoberfläche verringern die Gefahr des Austrocknens des Lagergutes.

Kühllager

Im Kühllager ist in erster Linie auf die Gefahr der Austrocknung der nackten Wurzeln zu achten. Leicht überdimensionierte Kühlflächen erlauben ein geringeres Delta t, d. h. geringere Temperaturdifferenz zwischen Kühlpack und Umfeld mit nicht zu hoher Luftstromgeschwindigkeit und höherer Feuchtigkeit des Luftstroms. Vorteilhaft ist es, die direkt vom Kältestrom getroffenen Pflanzen mit Folien abzudecken. Die Temperatur der austretenden Luft sollte maximal um den Gefrierpunkt gehalten werden. Wenn in wassergefüllten Bechern nur eine hauchdünne Eisschicht entsteht, dann ist die Temperaturregelung für die Pflanzen optimal. Die Luftbefeuchtung sollte direkt über Defenser (mechanische Zerstäuber) oder Mikrodüsen mit Druckluft-Verwirbelung (aus der Lackierungsbranche) in den Luftstrom erfolgen. Mikrosprinkler sind aufgrund der Tröpfchengröße nicht ideal, große Tropfen erhöhen nicht die relative Luftfeuchtigkeit. Zu viel Nässe mit Tröpfchenbildung an den Pflanzenteilen erhöht die Gefahr der Pilzbildung. Wird die Raumtemperatur nicht überall abgesenkt, entstehen sogenannte Nester, in denen der Befall sehr rasch ansteigt und die Bildung von Haarwurzeln hemmt. Es kann sogar zur Fäulnis und zum Absterben der Wurzeln kommen. Es muss darauf geachtet werden, dass die Kühlräume nicht zu dicht gefüllt werden. Luftschächte von mindestens 50 cm zwischen den Stapeln und an den Seitenwänden müssen eine ausreichende Durchkühlung ermöglichen und eine Selbsterwärmung im Inneren des Stapelguts verhindern. Bei zu hohen Temperaturen im Lager kann es auch zu einer verstärkten Neigung zur Luftwurzelbildung in der Anlage kommen, mit den bekannten negativen Auswirkungen. Bevor die Zelle beschickt wird, sollte sie einige Tage vorgekühlt werden, da-

Bei der Lagerung des Pflanzmaterials ist darauf zu achten, dass große Luftschächte eine optimale Temperaturverteilung garantieren.

mit auch Boden und Mauerwerk keine Wärme mehr abstrahlen. Ethylen als Reifehormon der Äpfel kann den Austrieb der Knospen verzögern und bei höheren Konzentrationen die Knospen zum Absterben bringen. Der Ethylen-Gehalt sollte nicht über 1 ppm liegen. Obstkühlzellen müssen vor dem Beschicken mit Bäumen einige Tage gut belüftet werden. Unbeschichtete Polystyrol-Paneele geben sogar nach Monaten noch Ethylen-Mengen frei. Auch das Befahren der Zellen mit diesel- oder gasbetriebenen Gabelstaplern sollte vermieden werden, da auch hier Ethylen frei wird.

Transport

Verlassen die Pflanzen das Kühlhaus, erfolgt in der Regel der Transport mit dem Traktor – damit beginnt für viele Bäume ein Leidensweg mit großem Wasserverlust in den Wurzeln. Hohe Frühjahrstemperaturen, niedrige Luftfeuchtigkeit, praller Sonnenschein und Fahrtwind sind eine fatale Mischung, die die mühsam aufgebaute Baumqualität mindert. Bei einem Transport über lange Strecken ist deshalb der Einsatz eines Kühlwagens zwingend erforderlich.

Der Transport über weite Strecken soll über Kühlwagen oder mit Planenwagen erfolgen.

Foto: Baumschule Gruber Genetti

NEUE TECHNIKEN SORGEN FÜR BESSERE BAUMQUALITÄT

Auf der Suche nach einem vernünftigen Kompromiss zwischen zeitlichem und technischem Aufwand für das Erzielen einer hohen Baumqualität werden neue Techniken in der Produktion angewandt. Aufgrund der Tatsache, dass hohe Anfangserträge nur mit gut verzweigtem Pflanzmaterial (mehr als sieben vorzeitige Triebe auf der richtigen Höhe) zu erzielen sind, hat sich die Nachfrage auf diesen Baumtyp konzentriert.

Das Produktionsverfahren wird von der Verfügbarkeit des Ausgangsmaterials (Unterlagenqualität, Winter- oder Sommerholz der Edelreiser) sowie von den technischen Einrichtungen des Betriebs (Bodenverfügbarkeit, Containeranzucht, In-Vitro-Vermehrung, Mikroveredelung) bestimmt. Eine wichtige Rolle spielt dabei auch die zeitliche Entscheidung zur Auswahl der Sorte in der Beschaffung der Edelreiser, denn je früher diese fallen muss, desto höher steigt das Risiko, die Nachfrage einer Sorte nicht zu treffen. So kann man heute die wichtigsten Techniken in der Vermehrung von Apfeljungbäumen wie folgt aufzeigen:

Die verschiedenen Verfahren in der Baumschulproduktion für Apfeljungbäume erfordern unterschiedlichen zeitlichen und technischen Aufwand.

Verfahren	Verweilzeit in Monaten	Sortenwahl in Monaten vor Verkauf	Baumqualität
9-Monats-Baum	9	9	+-
Pot-Tree® (Containerzucht)	10	10	+
Okulant (einjährig verzweigt)	22	17	+++
Knip-Baum (treibend)	10 + 22	28	+++ (*)
Knip-Baum (Tischveredelung)	23	23	++++
Knip-Baum (schlafend)	22	17	++++
Bibaum® (schlafend)	22	17	++++
Bibaum® (Tischveredelung)	22	22	+++ (*)
Bibaum® Interstem, Y-Baum	22	17	++++
Guyotree ®	22	17	++++
Flaggtree®	22	17	++++
Wurzelechte Vermehrung	9	11	?
Mikro-Grünveredelung (Halbfertigprodukt)	3 + 9	21	?

Legende: +- genügend, + befriedigend, +++ sehr gut, ++++ ausgezeichnet, (*) nicht einheitlich, (**) ungleicher Wuchs der beiden Achsen

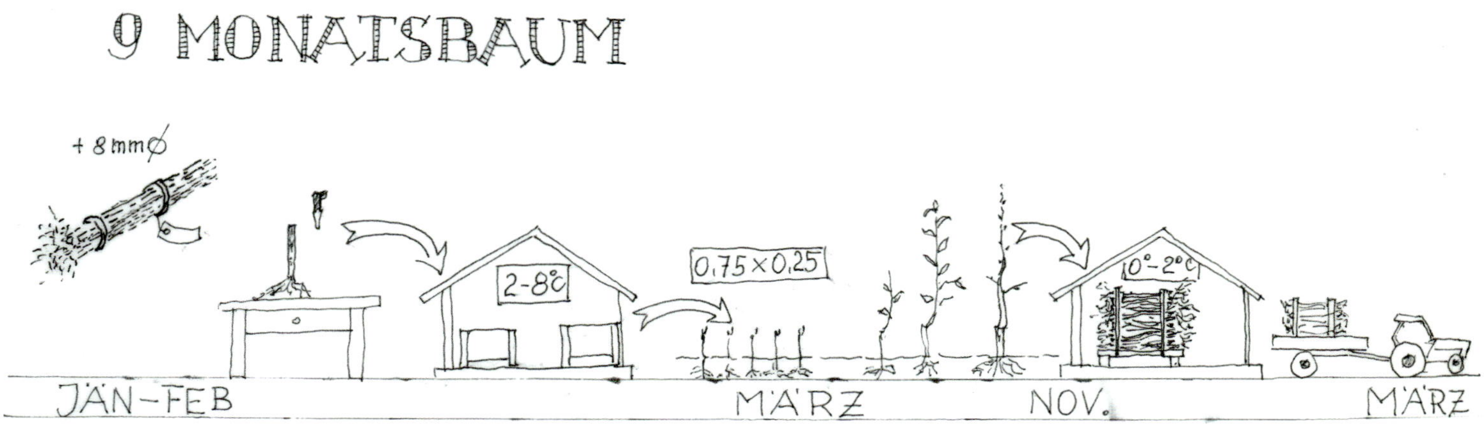

Zeichnung: Reinhold Stainer

Verkürzte Verweilzeiten in der Baumschule gehen zu Lasten der Baumqualität.

Der 9-Monats-Baum

Hier werden Tischveredelungen mit relativ kräftigen Unterlagen (größer als 8 mm) unter günstigen Wachstumsbedingungen wie optimale Boden- und Klimavoraussetzungen innerhalb einer Vegetationsperiode bis zum verkaufsfertigen Baum gezogen. Die Seitenverzweigung an der Basis des Baumes sowie die Holzreife im Gipfelbereich sind oft unzureichend und bringen in der Anlage Probleme im Erreichen vernünftiger Anfangserträge. Der große Vorteil dieser Technik besteht in der hohen Flexibilität in der Anpassung an die Sortennachfrage.

Die Containeranzucht (Pot-Tree®)

Ähnlich wie die 9-Monats-Bäume werden auch hier die Jungbäume aus Tischveredlung produziert. Allerdings nicht im Freiland, sondern unter Glashausbedingungen in Containern (Töpfen) im künstlichen Substrat. Die verlängerte Vegetationsperiode unter kontrollierten Wachstumsbedingungen ermöglicht ein größeres Baumvolumen ohne Gefährdung der Holzreife. Das eingeschränkte Wurzelvolumen im Container führt zu einem „generativen" Baum, ein Vorteil, der bei starkwüchsigen Sorten frühzeitig das physiologische Gleichgewicht ähnlich dem in der Anlage erreichen

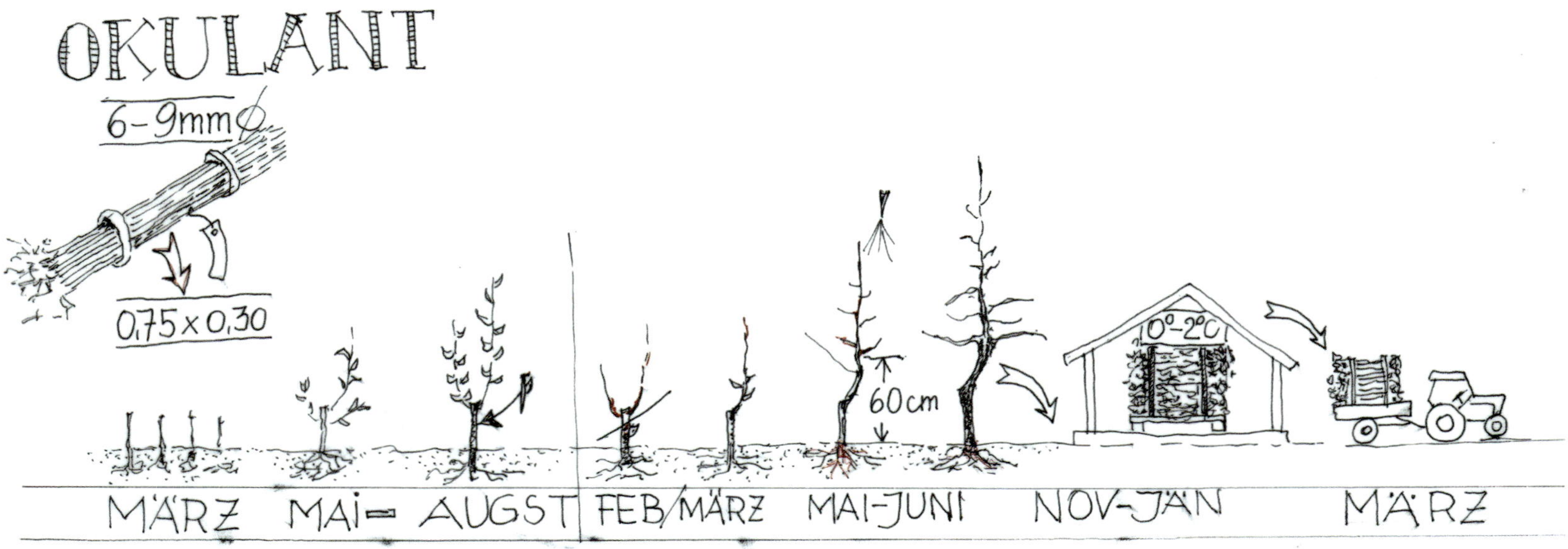

Zeichnung: Reinhold Stainer

Der Okulant (einjährige Baum) war bis 2000 die Standardmethode in der Baumproduktion.

lässt. Auch die Unabhängigkeit von jungfräulichem Baumschulland kann unter bestimmten Bedingungen ein nennenswerter Vorteil sein. Dem gegenüber steht der hohe Aufwand in Bezug auf die Strukturen (Folientunnel) und die hohe Technologie in der Bewässerung, Düngung und Klimatisierung. Störfälle stellen ein großes Risiko für die gesamte Produktion dar. Ökonomisch rechnet sich dieses Verfahren kaum, kann aber Marktvorteile schaffen, wenn es darum geht, neue Sorten rasch und exklusiv anzubieten.

Der Okulant

Mit dieser bewährten, alteingesessenen Methode werden seit vielen Jahren Apfeljungbäume erzeugt. Die aufgeschulten Unterlagen der Sortiergröße 7/9 mm werden im Juli/August mit Sommerholz (schlafendes Auge) über die Okulation (T-Budding) oder die Schildveredelung (Chip-Budding) veredelt. Im darauffolgenden Frühjahr wird die Unterlage knapp über dem eingesetzten Auge abgenommen. Der Jungbaum entwickelt sich während der gesamten Vegetationsperiode. In Bodennähe werden die vorzeitigen Austriebe laufend bis zu einer Höhe von 50–60 cm entfernt. Die Seitenverzweigung darüber hinaus wird mit wirksamen Maßnahmen gefördert.

Als Knip-Baum bezeichnet man einen zweijährigen Baum mit einjähriger Krone.

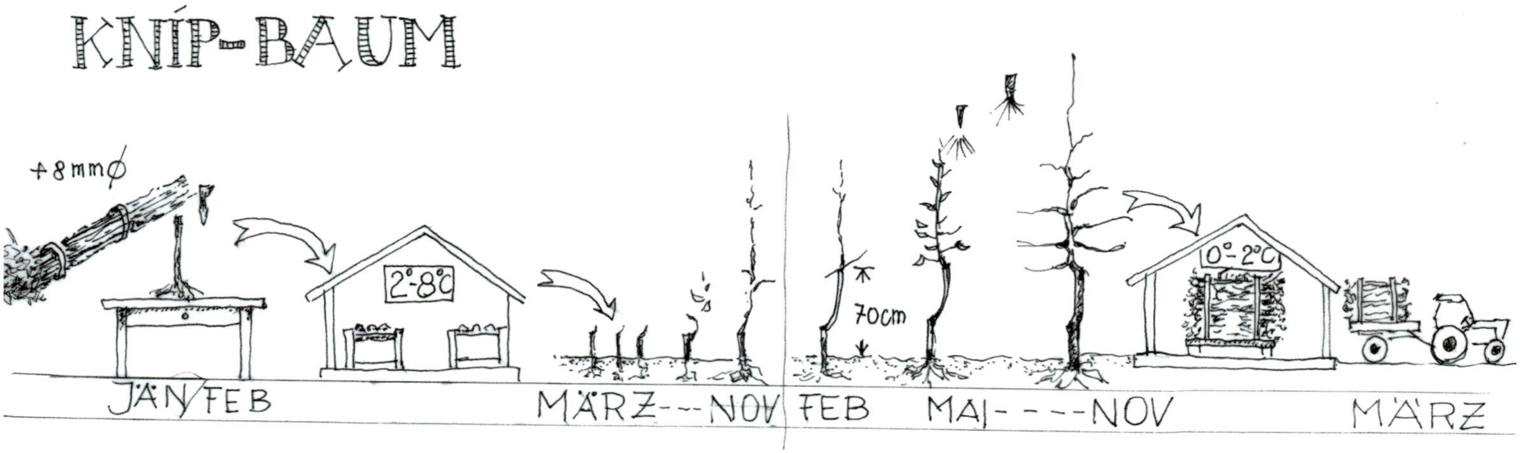

Zeichnung: Reinhold Stainer

Der Knip-Baum

Mit dieser Technik erzielt man das größte Kronenvolumen und somit die höchsten Anfangserträge in der Anlage. Mehrere Wege können eingeschlagen werden:

- Anzucht mit dem „schlafenden Auge":
  Hier werden schwache, untermaßige auch kaum bewurzelte Unterlagen (Sortierung 5–6 mm) in einem Vorschulbeet sehr dicht aufgepflanzt (10–15 Unterlagen pro m^2), um dann im Juli/August okuliert oder „gechipt" zu werden. Im darauffolgenden Frühjahr wird diese veredelte Unterlage gerodet und anschließend im normalen Pflanzabstand (70 x 40) aufgeschult. Aus dem Auge entwickelt sich ein schwacher einjähriger Okulant, der im darauffolgenden Frühjahr auf 70 cm zurückgeschnitten wird. Aus diesem lässt man nur das oberste Auge wachsen, während die darunterliegenden Austriebe entfernt werden. Daraus entwickelt sich eine stark verzweigte Krone. Der Vorteil liegt in der Nutzung sonst unbrauchbarer Unterlagen, nachteilig ist der dreijährige Produktionszyklus mit einer sehr frühzeitigen Entscheidung zur Sortenwahl.

- Anzucht mit der Tischveredelung:
  Nur starke (Sortierung größer als 8 mm) und gut bewurzelte Unterlagen werden für die Tischveredelung in den Wintermonaten verwendet. Im Frühjahr kommen diese in das Baumschulquartier, auch aus diesen entwickelt sich ein etwas schwächerer einjähriger Baum, der in der Folge

wie das Material aus dem Vorschulbeet behandelt wird. Das Endergebnis ist vergleichbar. Vorteilhaft ist der um ein Jahr kürzere Produktionsablauf. Will man zudem die Entscheidung zur Sortenwahl um weitere sieben Monate verkürzen, dann wird im August auf 70 cm ein gewünschtes Auge eingesetzt, das im Folgejahr zum endgültigen Knip-Baum mit Zwischenveredelung führt. Es bleibt immer noch die Option offen, zwischen beiden Sorten zu wählen, indem im Frühjahr oberhalb oder unterhalb des Auges abgesetzt wird.

- Anzucht mit einem „treibenden Auge":
  Gelagertes Winterholz liefert die Augen, die im späten Frühjahr auf die bereits zwei Monate früher gepflanzten Unterlagen über das Chip-Budding veredelt werden. Das austreibende Auge bringt wiederum einen schwachen einjährigen Baum hervor, der im darauffolgenden Frühjahr auf 70 cm eingekürzt wird. Aus dem obersten Auge entwickelt sich der Knipp-Baum wie in den beiden vorherigen Modellen. Diese Technik erfordert mehr Geschick, vor allem in der Handhabung des sehr unterschiedlichen Austriebs und kommt deshalb seltener zum Einsatz.

Der Bibaum®
Im Prinzip entsteht bei dieser Technik ein Baum mit zwei gleichwertigen Gipfeltrieben, das dem Bestreben, einen „ruhigen" Baum zu erzielen, möglichst nahe kommt. Die apikale Dominanz wird auf zwei Achsen verteilt, so ist man bei starkwüchsigen Sorten eher in der Lage, das physiologische Gleichgewicht zu erreichen und eine bessere Ertragsregulierung zu erzielen. Damit lassen sich hohe Anfangserträge auch mit geringeren Baumzahlen pro Hektar erzielen.

Der einjährige Baum aus einer Tischveredelung wird im zweiten Jahr auf 20 cm über der Veredelungsstelle angeschnitten. Daraus entwickeln sich zwei mehr oder weniger gleichwertige Austriebe, die zum fertigen Baum mit zwei Achsen hochgezogen werden. Eine entsprechende Seitengarnierung wird laufend angeregt. Um die beiden Baumachsen im Gleichgewicht zu erzielen, ist die Veredelung der Unterlage mit zwei gegenüberliegenden Augen auf derselben Höhe nötig. Wird eine Zwischenveredelung angestrebt, dann werden auf der einjährigen Tischveredelung auf der Höhe von 60 cm die beiden gegenüberliegenden Augen eingesetzt und aus diesen der Bibaum® oder Y-Baum im Folgejahr formiert.

Guyotree® und Flagtree®
Mit der Umstellung der Baumschulware auf das Mehrachsensystem haben einige Baumschulen in Südtirol neue Akzente gesetzt. Der Baum mit waagrecht ausgerichteter Fruchtachse wird bereits in der Baumschule in eine bestimmte Neigung versetzt und einseitig mit Seitentrieben bestückt. Damit ist das Umsetzen auf das Mehrachsensystem in der Obstanlage mit wenig Aufwand möglich. Nur der Einsatz zweier Augen der

Zeichnungen: Reinhold Stainer

Edelsorte garantiert eine gleiche Wuchsstärke der beiden Baumachsen.

Der Baum auf eigener Wurzel

Die Anzucht von Obstbäumen auf eigener Wurzel ist möglich. Bäume mit Spurcharakter könnten ohne Stützgerüst stehen (z. B. Red-Chief-Anlagen ohne Veredelung). Mit der In-vitro-Vermehrung können direktbewurzelte Bäume gezüchtet werden. Erste Versuche haben jedoch gezeigt, dass die Wuchsstärke auf eigener Wurzel je nach Sorte dem Sämling sehr nahe kommt. Die Erfahrungen mit direkt bewurzelten Pflanzen sind außer bei Birnen negativ.

Die Mikro-Grünveredlung

Diese Technik wird bereits beim Steinobst mit Erfolg angewandt. Ein auf diese Technik spezialisierter Betrieb liefert ein Halbfertigprodukt an die Baumschule in Form einer Unterlage in krautigem Zustand mit einer Mikroveredlung. Die Vorteile wären eine optimale Nutzung des Ausgangsmaterials (Edelreiser), eine verlängerte Veredelungssaison unter Laborbedingungen und der Einkauf von Sorten wie im Selbstbedienungsladen. Noch sind die Erfahrungen nur bei Pfirsich soweit gediehen, dass damit bereits in der Praxis gearbeitet wird. Ob die Methode auch für den Apfelanbau greifen kann, wird in erster Linie davon abhängen, ob die hohen Qualitätsansprüche an das Fertigprodukt überhaupt zu erfüllen sind.

BIOTECHNOLOGIE – ÖFFNUNG NEUER MÖGLICHKEITEN?

Für den Bereich der Züchtung eröffnen sich neue Wege, vor allem in der Phase der Selektion. Gezielt eingesetzte Marker-Gene ermöglichen eine drastische Verkürzung der Selektionsarbeit. Damit wird sich in Zukunft die Dichte hochwertiger Sorten erhöhen, die in den Anbau drängen.

In der Diagnostik von Krankheiten, bei der Hilfestellung und Beschleunigung der Kontrollen von importiertem Pflanzmaterial und der Verkürzung der Quarantänehaltung werden durch die Biotechnologie ebenfalls neue Möglichkeiten eröffnet.

Im Sortennachweis über „Fingerprinting" wird eine schnelle und sichere Absicherung der Sortenechtheit möglich.

Die treffsicheren Verfahren in der PCR-Analyse erlauben einen schnellen Nachweis hinsichtlich des Gesundheitszustandes der Pflanzen in der Bereitstellung von zertifiziertem Pflanzmaterial.

Genveränderung: Noch gibt es vor allem in Europa Regierungen, die den Umgang mit dieser Technik nicht erlauben. Mit einem verantwortungsvollen und bewussten Umgang können sich in Zukunft neue Wege öffnen, wie jene der Beschleunigung in der Züchtung krankheitsresistenter und an neue Klimabedingungen optimal angepasster Pflanzen. Das Gefälle zu Ländern, in denen diese Technik bereits Anwendung findet, wird größer. Die Abhängigkeit von patentrechtlich geschützten Pflanzen kommt immer stärker zum Tragen. Damit erhöht sich der Druck auf Gesetzgeber und Gesellschaft, auch in diesem Bereich entsprechende Voraussetzungen zu schaffen, die einen verantwortungsbewussten Umgang damit erlauben.

AUSBLICK

Die Qualität des Pflanzmaterials hat heute in Bezug auf die erreichbaren Anfangserträge bereits ein derart hohes Niveau erreicht, dass kaum noch Steigerungen möglich sein werden. Im Bereich Gentransfer beim Apfel wird international intensiv geforscht, die Ergebnisse sind bis heute allerdings in der Praxis kaum verwertbar. Zu groß sind noch ethisch begründete Barrieren in vielen Ländern. Größere Hindernisse als erwartet stellt auch die ungewollte Veränderung des gesamten genetischen Hintergrunds bei der Verpflanzung eines Gens im Apfel dar. Dies kann zu ungewollten einschneidenden Änderungen von Sortenmerkmalen führen.

Selbstredend bleibt der Einsatz nur arteigener Gene im Gespräch, was im Prinzip nur eine Beschleunigung dessen bedeutet, wozu die Natur über Jahrtausende benötigt. Die große Herausforderung bleibt nach wie vor die Bereitstellung von gesundem und sortenechtem Ausgangsmaterial. Dies gilt vor allem in Hinblick auf die Infektion durch gefährliche Krankheiten und deren Verbreitung durch die Öffnung der Grenzen und die Verwendung genetisch instabiler Mutanten.

Neue Techniken in der Molekularbiologie werden vor allem in der Diagnose und Züchtung Möglichkeiten eröffnen, schneller und sicherer auf Neuentwicklungen bei Sorten zu reagieren.

Damit wird das Baumschulwesen als Wiege des Obstbaus zu einem hochtechnisierten Betriebszweig, der vom Unternehmer sehr große Sachkenntnis abverlangt.

LITERATUR

Alber, L.: Wird die Schildveredlung das Okulieren verdrängen, in: Obstbau/Weinbau, 12/1973, S. 280.

Alber, L.: Der Obstbau im Vinschgau, in: Obstbau/Weinbau, 5/1966, S. 117.

Alber, L./Willeit, H./Stainer, R.: Scharkabefall an Marillenbäumen, in: Der Landwirt, April 1978.

Babini, A-R. et. al: Dieci anni di attività per la certificazione, in: Rivista Frutticoltura, 3/1994.

Babini, A-R. et. al: CAV – Dieci anni di attività per la certificazione, in: Rivista di Frutticoltura, 3/1994.

Braun, L./Drahorad, W.: Probleme bei der Erzeugung von gesundem Pflanzgut, in: Obstbau/Weinbau, 09/1978, S. 102.

Braun, L./Drahorad, W./Scartezzini, H./Stainer, R.: Obstbau und Baumschulen in Nordfrankreich, in: Obstbau/Weinbau, 1985.

Bruni, P./Bordini, R.: Certificazione vaistica nazionale: collaborazione tra pubblico e privato, in: Rivista di Frutticoltra, 3/1994.

Buscaroli, C.: Via libera alla certificazione natzionale delle piante da vivaio, in: Rivista di Frutticoltura, 12/1991.

Canova, A.: Il controllo sanitario nella moltiplicazione delle piante da frutto, in: Rivista di Frutticoltura, 3/1990.

Chappoux, F. et. al: L'aide des outils moleculaires, in: Infos-Ctifl, 3/2003, S. 29.

Christoph, W./Scartezzini, H.: 10 Jahre Zertifizierung von Pflanzmaterial, in: Obstbau/Weinbau, 4/1994, S. 111.

Christoph, W.: Baumschulbegehung, in: Obstbau/Weinbau, 10/1976.

Christoph, W.: Mäßige Qualität in Baumschulen, in: Obstbau/Weinbau, 11/1990, S. 290.

Christoph, W.: Qualität in den Baumschulen kann sich sehen lassen, in: Obstbau/Weinbau, 2/1991, S. 341.

Christoph, W.: Qualitätsnormen für Jungbäume neu überdenken, in: Obstbau/Weinbau, 2/1985, S. 76.

Christoph, W.: Bund Südtiroler Baumschuler gründet Konsortium für Reiserschnittgärten, in: Obstbau/Weinbau, 3/1991, S. 73.

Christoph, W.: Baumschulen im Obstbaubetrieb, in: Obstbau/Weinbau, 12/1980, S. 367.

Christoph, W.: Jungbäume für 1985 stehen bereit, in: Obstbau/Weinbau, 9/1985, S. 269.

Christoph, W.: Baumschuler bilden sich fort, in: Obstbau/Weinbau, 2/1984, S. 73.

Christoph, W.: 10 Jahre Bund Südtiroler Baumschuler, in: Obstbau/Weinbau, 1/1988, S. 47.

Christoph, W.: Gute Qualität bei Jungbäumen, in: Obstbau/Weinbau, 12/1988, S. 311.

Curzel, G.: Versuche virusfreie Klone von einigen Apfelsorten zu erhalten, in: Obstbau/Weinbau, 1/1972, S. 132.

Curzel, G./Tabarelli, M./Kaneppele, R.: I vivaisti di Trento e Bolzano: meglio soli che con Civitalia, in: Terra e Vita, 4/1997, S. 24.

Drahorad, W./Braun, L./Stainer, R.: Aktuelles aus dem französischen Baumschulwesen, in: Obstbau/Weinbau, 12/1981, S. 412.

Ebner, E./Weis, H.: Zertifizierung von Jungbäumen in Holland und Belgien, in: Obstbau/Weinbau, 1/2000, S. 10.

Endrizzi, S.: Orientamenti vivaistici in Alto Adige: scelte varietali e problemi di propagazine, in: Rivista di Frutticoltura, 5/2001.

Endrizzi, S.: Pflanzenpass und EG-Qualität, in: Obstbau/Weinbau, 3/1999, S. 77.

Felderer, A.: Zur Gründung des Bundes Südtiroler Baumschuler, in: Obstbau/Weinbau, 10/1977, S. 121.

Garzena, C.: Einfuhr von Baumschulmaterial 1984, in: Obstbau/Weinbau, 3/1984, S. 108.

Garzena, C.: Einfuhr von Obstbäumen gesperrt, in: Obstbau/Weinbau, 4/1982, S. 132.

Giluliani, G./Stainer, R.: Pflegemaßnahmen zur Förderung vorzeitiger Triebe in der Baumschule, in: Obstbau/Weinbau, 6/1992, S. 190.

Giorgetti, P.: Le nuove norme Communitarie per la propasgazione e commercializzazione delle piante da frutto, Vortrag Interpoma 2010.

Hartmann & Kester: Genetic Variation in Vegetatively Propagated Plants, Plant propagation, 2017, 7th Ed.

Innerhofer, L.: Südtiroler Baumschulen in anderen Provinzen, in: Obstbau/Weinbau, 10/1976, S. 320.

Innerhofer, L.: Pflanzmaterial aus Südtiroler Baumschulen, in: Obstbau/Weinbau, 12/1980, S. 363.

Kerer, W.: Neue Etikette für Jungbäume, in: Obstbau/Weinbau, 2/1994, S. 48.

Kerer, W.: Südtiroler Baumschulproduktion in Zahlen, in: Obstbau/Weinbau ,9/1992, S. 243.

Kerer, W.: Sortenbewegung in der Baumschulproduktion, in: Obstbau/Weinbau, 6/1992, S. 183.

Kerer, W.: Baumzahlen und Sortenspiegel im August 93/94, in: Obstbau/Weinbau, 9/1993, S. 251.

Kim, Y. K.: Comparativ studies on newly devised and conventional methods of grafting in one-year-old Fuji apple trees/ M26/Malus prunifolia seedlings, in: Horticulture Abstracts of The Korean Society for Horticulturla Science 10(1), 1992, S. 38.

Koning, R. P .J. M.: EG Richtlinie über das Inverkehrbringen von Obstbäumen, in: Obstbau/Weinbau, 6/1992, S. 180.

Loreti, F.: Steckholzvermehrung bei Typenunterlagen in Vortreibekästen mit Bodenheizung, in: Obstbau/Weinbau, 10/1974, S. 255.

Lugli, S./Stainer, R.: Il Vivaismo in Alto Adige, in: Rivista di Frutticoltura, 10/1997.

Mantinger, H.: Gesundes Pflanzgut durch Selektion, in: Obstbau/Weinbau, 4/1967, S. 188.

Mantinger, H.: Virusfreie Golden-Klone bringen bessere Erträge, in: Obstbau/Weinbau, 6/1981, S. 226.

Mantinger, H.: La scelta varietale: questione perminente della frutticoltura in Alto Adige, in: Frutta e Vite, 6/1995, S. 143.

Mantinger, H.: Unterlagen, in: Obstbau/Weinbau, 4/1968, S. 114.

Mantinger, H.: Das Sortenzüchtungsprogramm am Versuchszentrum Laimburg, in: Obstbau/Weinbau, 1/1998, S. 6.

Mantinger, H./Stainer R.: Stato attuale del vivaismo in Alto Adige, in: Rivista di Frutticoltura, 3/1992.

Mantinger, H./Stainer R.: Erfahrungen mit der schwachwachsenden Unterlage MAC 9, in: Obstbau/Weinbau, 6/1992, S. 186.

Mantinger, H./Stainer, R.: Ist M9 gleich M9, in: Obstbau/Weinbau, 11/1996, S. 282.

Ministero delle politiche agricole alimentari e forestali Commitato nazionale per la certificazione: Verbale della riunione 17. maggio 2007. Dipartimento delle politiche di sviluppo. Direzione generale per la qualità dei prodotti agroalimentari QPA VIII – settore fitosanitario e dei fertilizzanti.

Oberhofer, H.: Das Problem Pflanzmaterial drängt, in: Obstbau/Weinbau, 7/1976, S. 222.

Oberhofer, H.: Baumschule im eigenen Betrieb, in: Obstbau/Weinbau, 5/1975, S. 138.

Oberhofer, H.: Anbautechnischer Stand des Südtiroler Obstbaus, in: Obstbau/Weinbau, 1/1971, S. 10.

Oberhofer, H.: Baumschulen von Südtirolern in der Poebene, in: Obstbau/Weinbau, 12/1980, S. 364.

Oberhofer, H.: Reform des Südtirolerbaumschulwesens dringend notwendig, in: Obstbau/Weinbau, 12/1980, S. 362.

Oberhofer, H.: Die Einfuhr von Obstbäumen gesperrt, in: Obstbau/Weinbau, 3/1982, S. 132.

Oberhofer, H.: Obst-und Weinbau im Wandel der Zeit, Südtiroler Beratungsring, Lanarepro 2007.

Österreicher, J.: Gutes Pflanzmaterial – hohe Anfangserträge, in: Obstbau/Weinbau, 12/1989, S. 329.

Pichler, P.: Bestellung von Pflanzmaterial, in: Obstbau/Weinbau, 12/1980, S. 373.

Pietsch, M.: Ziele der EU-Vermarktungsrichtlinie, Obst 2008/90/EG, Pflanzenschutztagung, 09/2010.

Pircher, H.: Für einwandfreies Pflanzmaterial, in: Obstbau/Weinbau, 10/1997, S. 264.

Pircher, H.: Südtiroler Obstbaumimporte 1980/1981, in: Obstbau/Weinbau, 12/1980, S. 366.

Plock, H.: Sharka im Vinschgau, in: Obstbau/Weinbau, 1968.

Presidente della Repubblica, Decreto legislativo 25 giugno 2010, n. 124, Attuazione della direttiva alla commercializzazione die materiali di moltiplicazione delle piante da frutto destinate alla produzione di frutti (refusione).

Raifer, L.: Was tun bei Lieferung falschen Pflanzgutes, in: Obstbau/Weinbau, 1/1978, S. 17.

Rat der Europäischen Union: Richtlinien 2008/90/EG über das Inverkehrbringen von Vermehrungsmaterial und Pflanzen von Obstarten zu Fruchterzeugung, Amtsblatt der Europäischen Union I. 167, 08.10.2008.

Reden, J.: Die Sharkakrankheit – eine ernste Gefahr für die Marillenbestände des Vinschgaus, in: Der Landwirt, 1/1975, S. 64.

Reden, J./Willeit H.: Das Angebot von Jungbäumen in Südtirol, in: Obstbau/Weinbau, 1/1973, S. 16.

Refatti, E./Carano, L./Osler, R./Soligo, S.: Acuni dati sul risanamento mediante calore di materiale di moltiplicaczione per pomacee affetto da agenti virali, in: Rivista di Frutticoltura, 4/1999.

Sansavini, S.: Genetische Fragen bei der Erzeugung von Baumschulware, in: Obstbau/Weinbau, 7/1983, S. 229.

Sansavini, S./Buscaroli, C./Sellim, R.: La certificazione delle piante da frutti in Italia, in: Rivista di Frutticoltura, 3/1990.

Savino, V./Bazzoni, A./Botalico, G.: La nuova normativa per la certificazione: un'opportunitá in più per l'industria vivaistica italiana, in: Rivista di Frutticoltura, 12/2007, S. 6.

Scartezzini, H.: 10 Jahre Zertifizierung, in: Obstbau/Weinbau, 4/1994, S. 111.

Scartezzini, H.: Welche Neuerung bringt das Baumschulgesetz, in: Obstbau/Weinbau, 12/1983, S. 354.

Scartezzini, H.: Sorten- und Markenschutz bei Obstsorten, in: Obstbau/Weinbau, 6/1986, S. 208.

Scartezzini, H.: Kurs für Baumschulanwärter an der Laimburg, in: Obstbau/Weinbau, 1/1986, S. 39.

Scartezzini, H.: 31 Erwerbsbaumschulen in Südtirol, in: Obstbau/Weinbau, 1/1984, S. 74.

Scartezzini, H./Comunelli, G.: Erhebung Obstbaumpflanzung 1987, in: Obstbau/Weinbau, 1/1988.

Scartezzini, H./Endrizzi, S.: Zertifiziertes Pflanzmaterial – Stand und Aussicht, in: Obstbau/Weinbau, 4/2001, S. 118.

Scartezzini, H.: Die Baumschulkontrollen in Frankreich, in: Obstbau/Weinbau, 12/1988, S. 314.

Scartezzini, H.: Erhebung Obstbaumpflanzung 1988, in: Obstbau/Weinbau, 12/1989, S. 327.

Stainer, R.: Bestes Pflanzmaterial – erste Voraussetzung für den Erfolg der Obstplantage, in: Obstbau/Weinbau, 1/1985, S. 10.

Stainer, R.: Aktuelle Fragen in der Basumschule, in: Obstbau/Weinbau, 4/1988, S. 119.

Stainer, R.: Gesundes Pflanzmaterial, in: Obstbau/Weinbau, 1/1987, S. 38.

Stainer, R.: Die Entwicklung im Baumschulwesen, in: Obstbau/Weinbau, 50 Jahre Beratungsring.

Stainer, R./Endrizzi, S.: Zertifizierung des Pflanzmaterials auf gesamtstaatlicher Ebene, in: Obstbau/Weinbau, 3/2008, S. 69.

Stainer, R./Giuliani, G./Lunger-Valer, E.: Aktuelle Fragen in der Baumschule, in: Obstbau/Weinbau, 2/1988, S. 119.

Stainer, R./Giuliani, G.: Edelreiserproduktion an der Laimburg, in: Obstbau/Weinbau, 12/1980, S. 370.

Stainer, R./Giuliani, G.: in: Obstbau/Weinbau, 6/1992, S. 45.

Stainer, R./Giuliani, G.: Laimburg gibt 260.000 Edelaugen ab, in: Obstbau/Weinbau, 3/1984, S. 77.

Stainer, R./Wohlgemuth, H. (von)/Gummerer, K.: Chancen und Gefahren mit Mutanten von Apfelsorten, in: Obstbau/Weinbau, 12/2001, S. 350.

Waldner, W.: Import für Feuerbrand-Wirtspflanzen aufgehoben, in: Obstbau/Weinbau, 1983.

Waldner, W.: Die Qual der (Sorten-)Wahl beginnt in der Baumschule, in: Obstbau/Weinbau, 10/1994, S. 247.

Weis, H.: Veredelungssaison 1996 – Neupflanzungen 1997, in: Obstbau/Weinbau, 6/1997, S. 185.

Weis, H.: Der ideale Jungbaum und seine Vorteile in der Obstanlage, in: Obstbau/Weinbau, 3/2004, S. 77.

Weis, H.: Produktsicherheit hat Vorrang, in: Obstbau/Weinbau, 12/2002, S. 371.

Weis, H.: Baumschulwesen in Bewegung, in: Obstbau/Weinbau, 4/2001, S. 115.

Weis, H.: Baumanzucht und Zertifizierung, in: Obstbau/Weinbau, 10/1999, S. 284.

Weis, H.: Baumschuler bilden sich weiter, in: Obstbau/Weinbau, 01/1997, S. 8.

Weis, H.: Beste Baumqualität verlangt optimale Pflege, in: Obstbau/Weinbau, 05/1997, S. 156.

Weis, H.: Einfluß von Zwischenveredlung, Rückenpflanzung und Veredlungshöhe auf die Wuchsleistung, in: Obstbau/Weinbau, 11/1996, S. 287.

Weis, H.: Holländische Baumschulen züchten weniger Obstbäume, in: Obstbau/Weinbau, 09/1996, S. 238.

Weis, H.: Baumschuler werben gemeinsam auf neuen Märkten, in: Obstbau/Weinbau, 03/1996, S. 74.

Weis, H.: Vermehrung muß Sortenechtheit garantieren, in: Obstbau/Weinbau, 03/1996, S. 74–75.

Weis, H.: Baumschuler verwalten gemeinsam patentrechtlich geschützte Sorten, in: Obstbau/Weinbau, 04/1995, S. 114.

Weis, H.: Baumschuler setzen wieder mehr auf neue Sorten, in: Obstbau/Weinbau, 09/1994, S. 228.

Weis, H.: Südtiroler Baumschuler besuchen Zierpflanzenbetriebe in der Toskana, in: Obstbau/Weinbau, 10/1993.

Weis, H.: Baumschuler ziehen Bilanz, in: Obstbau/Weinbau, 10/1993.

Weis, H./Ebner, E.: Regressionsverhalten verschiedener Gala-Klone/Herkünfte, in: Obstbau/Weinbau, 10/1997, S. 284.

Werth, K.: Kosten der Obstbäume aus dem eigenen Betrieb, in: Obstbau/Weinbau, 2/1975, S. 139.

Werth, K.: Was kosten die Obstbäume aus dem eigenen Betrieb, in: Obstbau/Weinbau, 12/1980, S. 368.

Werth, K.: Südtiroler Obstbaugeschichte(n). Effekt! Verlag, Neumarkt 2022.

Wertheim, S. J./Webster, A.: Propagation and Nursery Treequality, in: Fundamentals of temperate Zone Tree Fruit Production, 2005.

Foto: Baumschule Gruber Genetti

Das Sortenkarussell in den 2000er-Jahren

WALTER GUERRA

Das Sortenkarussell in den 2000er-Jahren

WALTER GUERRA

In den ersten beiden Jahrzehnten des 21. Jahrhunderts wurden in Südtirol, wie die grafische Abbildung rechts zeigt, jährlich zwischen rund 500 Hektar bis zu über 1.000 Hektar Neuanlagen erstellt, was bei einer durchschnittlichen Pflanzdichte von über 3.000 Bäumen pro Hektar 1,5 bis 3 Millionen verkauften Jungbäumen entspricht.

Da jungfräuliche Böden in Südtirol kaum verfügbar sind, erfolgen die Neupflanzungen vorwiegend auf gerodeten Beständen mit einer Umstellungsrate von 3,4 % im Jahre 2022 bis zu einem Maximum von 6,6 % im fernen Jahre 2000. Diese Schwankungen in der Umstellungsrate hängen vom Wandel der Anforderungen des Marktes und der Konsumenten, von der Verfügbarkeit neuer Sorten und nicht zuletzt von der finanziellen Situation der Landwirte ab.

Tabelle 1 veranschaulicht das aktuelle Sortiment im Südtiroler Obstbau (Stand 2022).

Jährliche Neupflanzungen bei VOG und VI.P
in Hektar Gesamtfläche und % Umstellungsrate 2000–2022.

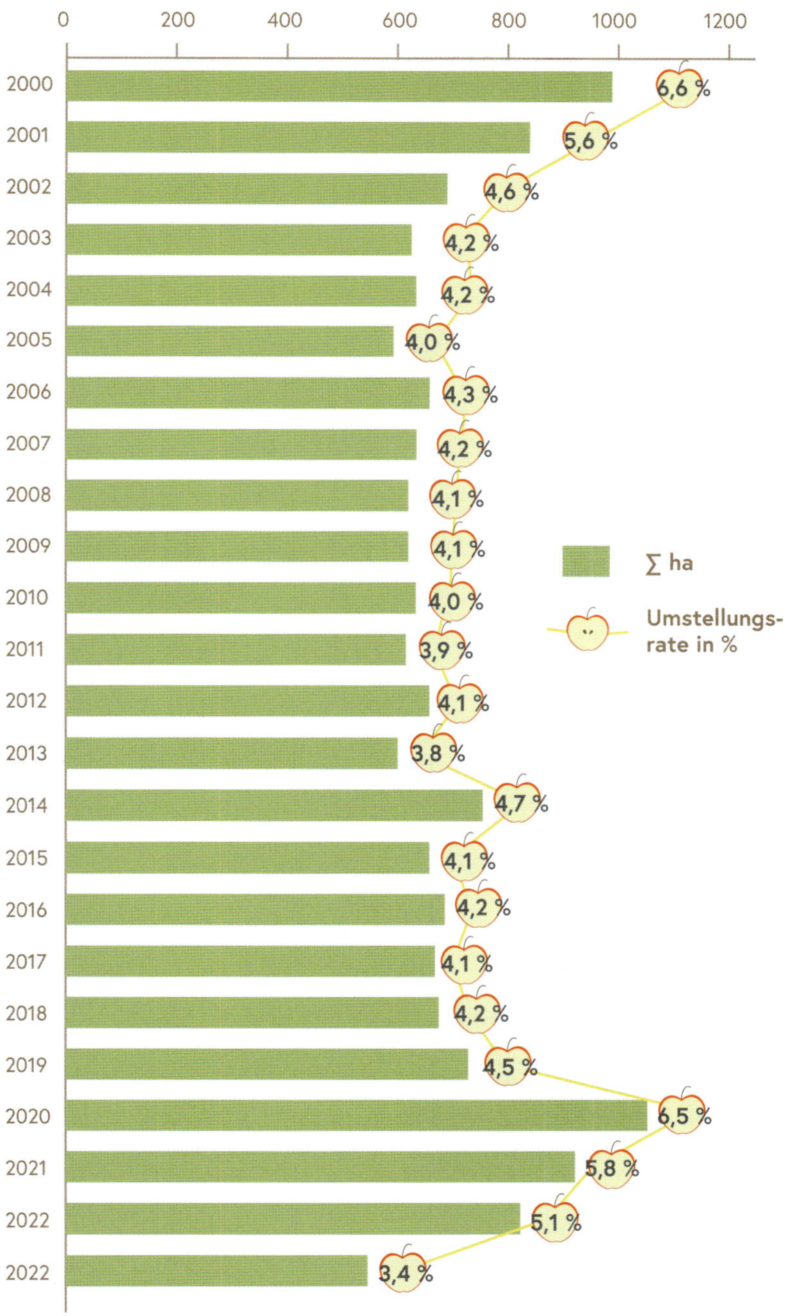

Quelle: Obstkataster

SORTEN	Flächenanteil VOG + VI.P (%)
Golden Delicious	23,2 %
Gala	20,5 %
Red Delicious	8,4 %
Granny Smith	7,2 %
Cripps Pink/Rosy Glow Pink Lady®	7,5 %
Fuji	5,7 %
Nicoter/Kanzi®	3,8 %
WA 38/Cosmic Crisp®	3,6 %
Braeburn	2,9 %
Scilate/Envy™	2,8 %
Pinova RoHo 3615/Evelina®	2,0 %
Ipador/GIGA®	2,0 %
CIVM49 – RedPop®	1,5 %
Ambrosia/Ambrosia™	1,3 %
Bonita	0,9 %
Scifresh/Jazz™	0,7 %
Cripps Red/Joya®	0,7 %
Morgenduft	0,5 %
Shinano Gold/yello®	0,3 %
SQ159/Natyra®	0,4 %
Topaz	0,2 %
Minneiska/SweeTango®	0,2 %
Winesap	0,1 %
Weitere Sorten *	3,7 %

Tabelle 1: Flächenanteil der Apfelsorten in Südtirol, Stand 2023

Golden Delicious bleibt trotz der Flächenabnahme im vergangenen Jahrzehnt die wichtigste Sorte in Südtirol der kontinuierlichen Suche nach Strategien, um sich von den direkten Konkurrenten abzuheben und damit entscheidende Wettbewerbsvorteile zu erringen. Eine dieser Strategien kann für Baumschulen, Erzeugerorganisationen und Supermärkte die Exklusivität einer gewisse Sorte sein, die nicht im Angebot des direkten Konkurrenten steht. Eine solche Sorte hat die Rolle des Zugpferds – wenn man berücksichtigt, dass der Großteil des Angebots weiterhin aus traditionellen Standardsorten besteht, die frei im Anbau und im Verkauf sind. Die europäische Marktordnung, die in der EU-Richtlinie (CE) 1221/2008 der Kommission vom 5. Dezember 2008 definiert ist, beschreibt die qualitativen Mindestanforderungen für Äpfel nach der Lagerung und Verpackung. In der Praxis reichen diese Richtlinien aber nicht aus, um die Bedürfnisse des Lebensmitteleinzelhandels und der Konsumenten zufriedenzustellen. Deshalb sind die kommerziellen Mindestanforderungen bedeutend strenger als die genannte Norm. Am effizientesten können Qualitätsstandards in einem geschlossenen System, also einem Clubsystem, garantiert und kontrolliert werden, in dem die einzelnen Teilnehmer der Kette sich verpflichten, die vorgeschriebenen Regeln und Mindeststandards einzuhalten. Die Glieder in dieser vertikalen Produktionskette sind der Züchter, der Lizenznehmer, der Vermehrer (Baumschuler), der Produzent, die Erzeugerorganisation und der Handel.

Die Züchtung einer neuen Apfelsorte ist ein sehr langer, kostspieliger und aufwendiger Vorgang. Weltweit sind etwa 100 Apfelzüchtungsprogramme aktiv, mit einer starken Neigung zur Privatisierung der Finanzierung. Viele Sortenzüchter glauben an eine wahrscheinlichere Rückgewinnung der eigenen Investitionen durch die Kontrolle eines Teils oder der gesamten Produktionskette anhand des Systems der exklusiven Sorten, das mit verschiedenen Royalties arbeitet. **Pink Lady®** stellt ohne Zweifel das bewährteste Clubsystem für eine bindende und exklusive Verwaltung einer Obstsorte dar. Die exklusiven Lizenznehmer dieser Sorte sind in Europa Star Fruits®. In den 1990er-Jahren wurden Verträge mit Produzenten in Italien, Frankreich und Spanien und mit europäischen Verteilern abgeschlossen und damit die Vereinigung Pink Lady® Europe gegründet. Der Club vereint verpflichtend alle Glieder der Produktionskette und schreibt eine fixe Royalty pro Kilogramm zur Deckung der Verwaltungsspesen vor, eine weitere Quote pro Kilogramm wird für Marketing verwendet und eine Royalty geht an Star Fruits und an den Züchter APAL. Man erkennt eine klare Politik des Lizenznehmers zur Regulierung der produzierten und vermarkteten Menge. Der große Erfolg von Pink Lady® in Europa für die gesamte Produktionskette hat zur Folge, dass die Nachfrage nach Pflanzmaterial und den damit verbundenen Anbaurechten bedeutend höher ist als das limitierte Angebot. Star Fruits investiert viel in seine Rechtsberater und Inspektoren, um Schwindel und illegale Pflanzungen aufzudecken.

In Zeiten der Überproduktion und des harten Konkurrenzkampfs setzten vor allem Neuseeland, Mitteleuropa und letzthin auch die USA vermehrt auf die Karte der Exklusivsorten als Strategie der Differenzierung.

Ziel der exklusiven Strategie ist es, das Anbaugebiet, die Fläche und die Menge zu kontingentieren sowie die Qualität zu kontrollieren. Neben Handelsmarken, die gezielt für bestimmte Apfelsorten bzw. ihre Mutanten verwendet werden, tauchen vereinzelt auch Dachmarken wie Red Moon®, Kissabel® oder Samboa® auf, die für verschiedene Sorten verwendet werden. Die einzelne Sorte wird damit „austauschbarer", mit einem entsprechenden Zusatzrisiko für den Landwirt, der sie gepflanzt hat.

WA38/Cosmic Crisp®, der Newcomer aus den USA

Es ist kaum möglich, sich einen globalen Überblick über die Anbauflächen dieser Exklusivsorten zu verschaffen. Eine Schätzung aus dem Jahre 2018 ergab 38.000 Hektar, in den vergangenen Jahren hat sich diese Zahl laut Einschätzung der Experten nochmal verdoppelt. In Europa gibt es insgesamt etwa 500.000 Hektar Apfelanlagen, weltweit geschätzte 5 Millionen Hektar. In der globalen Perspektive bleibt also der Anteil exklusiv angebauter und vertriebener Sorten noch bescheiden. Betrachtet man einzelne Apfelanbaugebiete, ergibt sich aber ein differenzierteres Bild. In Washington State wurden in wenigen Jahren rund 19 Millionen Jungbäume der hauseigenen Neuzüchtung **WA 38/Cosmic Crisp®** gepflanzt. Die Geschichte des Obstbaus kennt wohl kaum eine dermaßen intensive Pflanzwelle einer neuen Sorte.

Von jenen Ländern, aus denen vertrauenswürdige Daten vorliegen, ist Neuseeland mit einem Anteil von rund 30 % Exklusivsorten weiterhin weltweiter Spitzenreiter. In der Schweiz stehen laut offizieller Statistik auf 18 % der Fläche Exklusivsorten. Aus einer 2022 veröffentlichten Studie geht hervor, dass 16 % der italienischen

Anbaufläche mit rund 30 Exklusivsorten bepflanzt ist. Das Trentino hat im vergangenen Jahrzehnt von Null auf fast 1.000 Hektar und damit 11 % der Anbaufläche aufgerüstet. In der Emilia-Romagna steht ein Anteil von 22 % der Fläche, der hauptsächlich auf Rosy Glow – Sekzie/Pink Lady® zurückzuführen ist. Auch im Piemont besteht ein wachsendes Interesse an Exklusivsorten, die 15 % der Gesamtfläche ausmachen.

Den höchsten Anteil an Exklusivsorten hat in Italien Südtirol mit 25 % der Anbaufläche und insgesamt 16 verschiedenen Sorten (siehe Tabelle 3, S. 245). Zählt man das Dutzend freie Standardsorten dazu, besteht das Südtiroler Apfelsortiment derzeit aus fast 30 Sorten. Vor 25 Jahren wurden in Südtirol, wie bereits erwähnt, die ersten Bäume der Clubsorte Cripps Pink/Pink Lady® gepflanzt. In den vergangenen zehn Jahren hat sich die absolute Fläche an Exklusivsorten in Südtirol von rund 1.000 Hektar im Jahr 2012 auf fast 4.500 Hektar mehr als vervierfacht.

Es besteht also kein Zweifel, dass die Südtiroler Obstbauern viel Mut und Willen zur Innovation gezeigt haben. Zugleich laufen heiße Diskussionen darüber, ob dies nicht zu viel des Guten ist und man riskiert, sich in der Sortenvielfalt zu verzetteln. Eine Antwort auf diese Frage wird die natürliche Selektion am Markt geben. Zwei der in Südtirol gestarteten Sortenprojekte, nämlich Civni/Rubens® und CIVG198/Modì®, haben die beinharten Regeln des Markts bereits zu spüren bekommen und sind de facto wieder verschwunden.

DIE SORTENERNEUERER DES 21. JAHRHUNDERTS

Im vergangenen Jahrhundert waren die treibenden Motoren der Sorteninnovation fast ausschließlich die Baumschulen. Viele davon haben sich inzwischen zu weltweiten Allianzen, allen voran INN (International New Variety Network) und AIGN (Associated International Group of Nurseries), zusammengeschlossen und mischen weiterhin im Sortengeschäft mit.

Seit Beginn des 21. Jahrhunderts versuchen Erzeugerorganisationen proaktiver die Sorteninnovation zu gestalten. Einige haben dafür eigene Organisationen geschaffen, allen voran das 2002 gegründete Sortenerneuerungskonsortium SK Südtirol, das sich ab 2010 im Rahmen von IPA (International Pome Fruit Alliance) international vernetzt hat, aber auch das 2002 gegründete Newplant in der Emilia-Romagna und das 2008 gestartete Trientner Pendant CIF (Consorzio Innovazione Frutta).

Nennenswert sind darüber hinaus das 2003 ins Leben gerufene DOSK (Deutsches Obstsortenkonsortium), die nordeuropäische EFC (European Fruit Cooperation), die neuseeländischen Prevar und Fruitcraft sowie die von deutschen Direktvermarktern getragene Exklusive Hofsorten GmbH. Es fällt auf, dass einige Projekte mit Exklusivsorten auf Initiative von Südtiroler Firmen wie

SK Südtirol, KSB (Konsortium Südtiroler Baumschulen), Kiku GmbH und Feno GmbH initiiert wurden: Ipador/Giga®, CIVM49/RedPop®, Shinano Gold/yello®, Bonita, Fubrax/Kiku®, RS-1/RM-1/Red Moon®, MC 38/Crimson Snow®, Xeleven/Swing®, CIV323/Isaaq®, ROHO361/Evelina® und fengapi/Tessa® haben ihre Wurzeln in unserem Land.

Den Anbaugebieten in Polen, Tschechien, China, Indien, der Türkei, dem Iran, Brasilien, Nordafrika, Kasachstan und weiteren bleibt der Zugang zu Exklusivsorten bisher verwehrt, obwohl viele Landwirte in diesen Ländern

	Exklusivsorten	Resistente Sorten
	% Fläche	
Italien (Südtirol)	25	5
Deutschland (Bodensee)	25	4
Italien (Emilia-Romagna)	22	7
Schweiz	18	15
Deutschland (Sachsen)	17	3
Österreich	17	7
Italien (Piemont)	15	7
Niederlande	15	4
Frankreich	15	13
Belgien	13	4
Schweiz (biologisch)	12	30
Deutschland (Westen)	10-15	5
Spanien	8	1
Slowenien	3	13

Flächenanteil an Exklusivsorten und resistenten Sorten in verschiedenen Anbaugebieten Europas (Daten: Treffen der EUFRIN-Arbeitsgruppe Sorten- und Unterlagenprüfung Kernobst in Graz am 14. März 2024).

Sorte | Marke	Erste Pflanzungen	ha
Cripps Pink, Rosy Glow, Sekzie - **PINK LADY®**	1998	1220
Nicoter - **KANZI®**	2006	602
WA38 - **COSMIC CRISP®**	2019	575
Scilate - **ENVY®**	2013	443
Ipador - **GIGA®**	2019	322
CIVM49 - **RedPop®**	2019	236
Ambrosia - **AMBROSIA®**	2013	208
MC38 - **CRIMSON SNOW®**	2019	170
Bonita	2016	146
Cripps Red - **JOYA®**	2019	116
Scifresh - **JAZZ®**	2007 (Bio) / 2010	115
SQ 159 - **NATYRA®**	2016	92
Minneiska - **SWEETANGO®**	2020	77
Shinano Gold - **YELLO®**	2016	68
RoHo3615 - **EVELINA®**	2008	58
R201 - **KISSABEL®**	2019	11

Gesamtfläche ≈ 4460 ha*

Tabelle 3: Exklusivsorten in Südtirol, Stand 2023, mit Angabe der Gesamtfläche und des Jahres des Projektstarts.

damit liebäugeln. Es ist nicht auszuschließen, dass sich in Zukunft diese Situation ändern wird und neue Sortenprojekte gerade in diesen Ländern starten werden – wie zuletzt mit dem Sortenprojekt Pola® in Polen und Desy® in Indien. Die traditionellen Gebiete, die wie Südtirol bis jetzt viel – zu viel? – in Exklusivsorten investiert haben, ziehen inzwischen die Handbremse und die Züchter und Sortenmanager suchen neue Märkte oder Vertriebsmodelle. Es bleibt also spannend und dynamisch im globalen Sortenkarussell, nicht zuletzt, weil die etwa 100 aktiven Apfelzüchtungsinitiativen weiterhin Neuheiten lancieren werden.

Die Anzahl Clubsorten hat sich weltweit im vergangenen Jahrzehnt mehr als verdoppelt. Im Bild die Logos der vielen Marken in alphabetischer Reihenfolge, ohne Anspruch auf Vollständigkeit.

RESISTENTE SORTEN

Von den rund 100 weltweit aktiven Apfelzüchtungsprogrammen verfolgt jedes dritte als Hauptziel die Resistenz gegen die Pilzkrankheit Schorf. Das Interesse für diese Sorten war im Südtiroler Obstbau von überschaubarem Ausmaß. Mitte der 90er-Jahre gab es in verschiedenen Praxisbetrieben Pilotpflanzungen mit einer Serie an verschiedenen schorfresistenten Sorten. Diese erste Generation zeigte im Allgemeinen schlechtere agronomische oder qualitative Eigenschaften als das Standardsortiment. Zudem fehlte es bei den Auspflanzungen im Lande an einer gewissen Systematik und Koordination. Übrig geblieben ist von

Topaz, die einzige Überlebende der enthusiastischen Pflanzwelle resistenter Sorten in den 90er Jahren.

dieser kleinen Welle der Euphorie rund um schorfresistente Sorten schlussendlich nur die Sorte **Topaz** (knapp 40 Hektar) und wenige Bäume von **Coop38 GoldRush®** und **Florina** in einigen Betrieben. Die drohende Kupferreduzierung im Bioanbau, die fortwährende Diskussion rund um Abdrift und Rückstände in der Integrierten Produktion IP und ein steigendes Umweltbewusstsein des Konsumenten rücken die schorfresistenten Sorten auch in Südtirol in ein neues Licht. Zudem ist derzeit eine zweite Generation an schorfresistenten Sorten verfügbar, die in der äußeren und inneren Qualität unserem Standardsortiment zumindest ebenbürtig ist. Auf fast 850 Hektar sind mit Stand 2023 5 % der Anbaufläche von VOG und VI.P mit resistenten Sorten besetzt, wobei der Löwenanteil auf die 3 Sorten **Ipador, CIVM49** und **Bonita** entfällt.

Trotz des allgemein wachsenden Interesses in Südtirol, aber vor allem in mittel- und nordeuropäischen Anbaugebieten, muss darauf hingewiesen werden, dass die derzeitige Generation an schorfresistenten Sorten eine einfache (monogene) Resistenz in sich trägt, die auf die Wildform Malus floribunda zurückzuführen ist. In etlichen Gebieten Europas wurde diese

Resistenz bereits durchbrochen. Zudem gibt es neben Schorf zahlreiche andere Krankheiten, Vektoren und Schädlinge, die kontrolliert werden müssen, unter anderem Mehltau, Alternaria, Glomerella Leaf Spot (GLS), Weißer Hauch, Bitter Rot, Lagerfäulen, Apfel- und Schalenwickler, Spinn- und Rostmilben, Wanzen, Zikaden; Blutlaus, Blattläuse und -sauger.

Apfelzüchter blicken bereits in die Zukunft und beschäftigen sich mit der dritten Generation resistenter Apfelsorten. Diese Sorten sollen eine dauerhafte, polygenetische Resistenz gegen Schorf aufweisen und gleichzeitig eine geringere Anfälligkeit gegenüber anderen biotischen und abiotischen Stressfaktoren besitzen. Selbstverständlich kann und darf die Fruchtqualität und Ertragsleistung dabei nicht vernachlässigt werden. Bis dahin ist es noch ein weiter Weg, denn in der klassischen Apfelzüchtung rechnet man mit signifikanten Zuchtfortschritten alle zehn bis zwanzig Jahre.

NEUE ZÜCHTUNGSMETHODEN

Die bisherigen Ansätze der Resistenzzüchtung fußen auf der klassischen Kreuzung zweier Elternsorten – mindestens eine davon schorfresistent – und dem Heranwachsen neuer resistenter Sämlinge mit komplett neuen Eigenschaften. Es kann aber unter Umständen auch erwünscht sein, bereits etablierte, schorfanfällige Qualitätssorten beizubehalten und dahingehend zu verbessern, dass sie auch eine Schorfresistenz erhalten. Dies funktioniert entweder durch dutzendfach wiederholte Rückkreuzung im Laufe von vielen Jahrzehnten oder über neue Züchtungsmethoden. Bei diesen erfolgt der Einbau des Resistenzgens in das Genom einer Qualitätssorte im Labor, und zwar über Methoden namens Cisgenese oder CRISPR/Cas9.

Die ersten cisgenen Gala-Bäume mit Vf standen für Forschungszwecke bereits im Versuchsfeld von Agroscope Schweiz. Ebenso wird an der Genschere CRISPR/Cas9 geforscht, die im Apfel zu erhöhter Resistenz gegen Schorf führen soll. Das Ergebnis beider Ansätze sind neue Varianten eta-

Bringt die Zukunft rotfleischige Apfelsorten als innovatives Nischenprodukt?

blierter Sorten, die eine zusätzliche Eigenschaft erhalten (die Schorfresistenz), sich aber von klassischen Kreuzungsprodukten, die in einem viel längeren Zeitraum gezüchtet werden müssten, nicht unterscheiden. Zum aktuellen Zeitpunkt fallen diese Technologien juristisch gesehen noch in die Kategorie Gentechnik und sind deshalb in Europa nur für Forschungszwecke einsetzbar. Sollte sich diese Kategorisierung in der Zukunft aber ändern, stünde eine Großzahl weiterer Möglichkeiten zur Verfügung, um dem Schorf und auch weiteren Pilzkrankheiten besser entgegentreten zu können.

Sortenwahl für Neuanlagen in Südtirol in % Anteil der gesamten jährlichen Neuanpflanzungen.

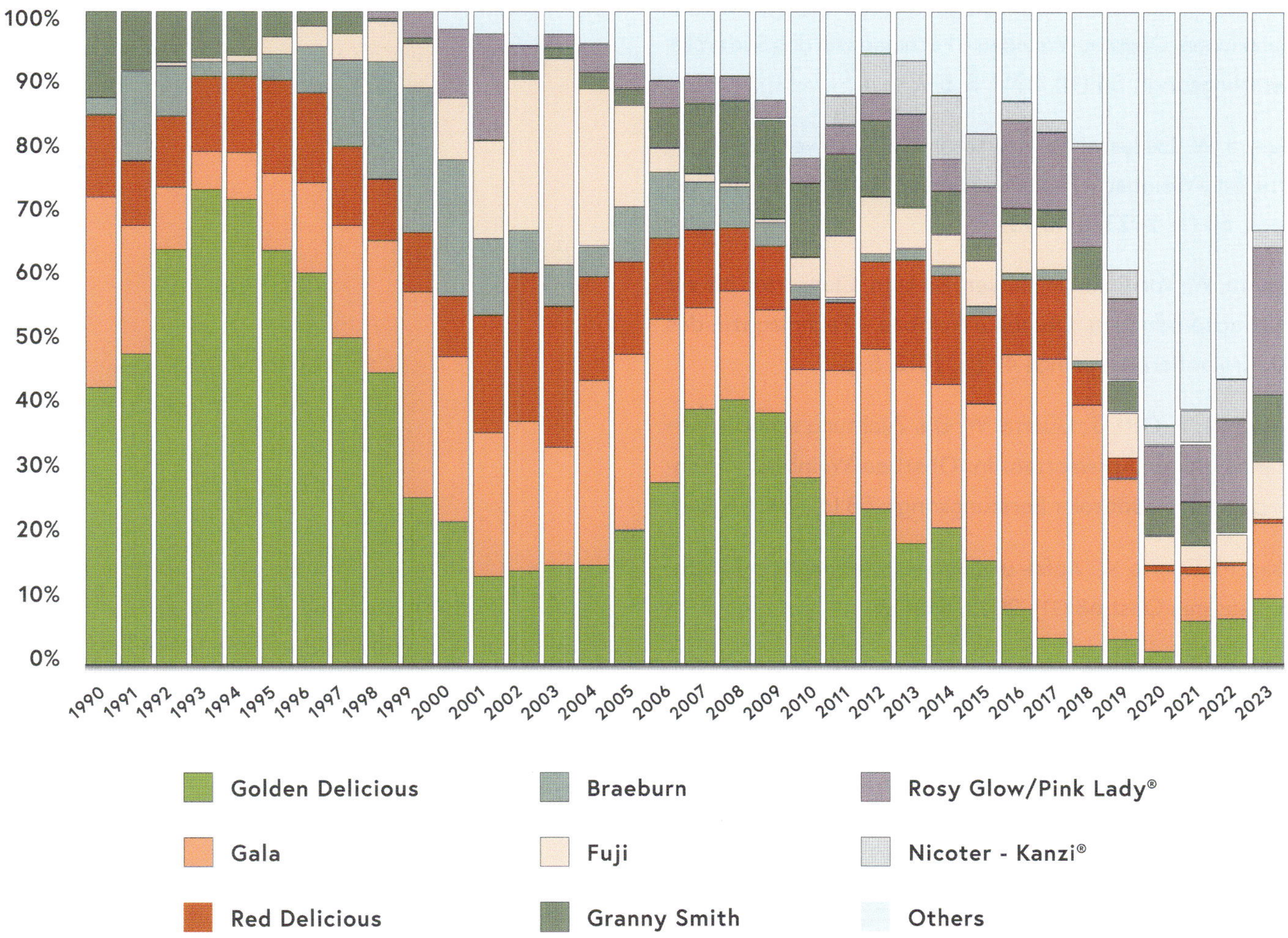

Unterlagenprüfung am Versuchszentrum Laimburg

IRENE HÖLLER

Unterlagenprüfung am Versuchszentrum Laimburg

IRENE HÖLLER

MONOPOLSTELLUNG M9

M9 ist die weltweit dominierende Unterlage im modernen Apfelanbau. Neue Unterlagen werden von der Praxis kaum angenommen. Dies gilt auch für Südtirol. Auf der Anbaufläche des VOG und der VI.P wird mit Stand 2023 die Unterlage M9 zu 97,9 % verwendet (Tabelle 1). Alle anderen Unterlagen werden bei Neupflanzungen kaum ausgewählt.

Prozentuelle Verteilung der verschiedenen Unterlagen – VOG und VI.P (Quelle: Katasterdaten 2023 der Erzeugerorganisationen VOG und VI.P).

Unterlagen	Anteil in %	Fläche in ha
M9	97,9	15.372,7
M26	1,5	232,8
MM106	0,2	25,1
Pi 80	0,1	17,4
G11	0,1	15,9
Sämling	0,1	9,3
P2	0,0	7,0
MM111	0,0	6,4
Mark	0,0	6,0
M7	0,0	5,9
andere*	0,1	10,4
Gesamtergebnis	**100**	**15.709**

*A2, M4, MM104, M27, P16, M200, G213, G41, undefiniert

Prüfung von mehrachsigen Erziehungssystemen in Kombination mit Unterlagen, Arbeitsgruppe Physiologie, Stand 2023.

IP	Bio	Pflanzjahr	Sorte/Marke	M9 T337	M9 Pajam 2	G11	G41	G213
x		2020	Gala	x		x		
x		2020	WA38 Cosmic Crisp®	x				x
x		2020	Ipador Giga®	x				x
x	x	2022	Ipador Giga®		x		x	x
x	x	2022	Gala		x		x	x
	x	2022	SQ159 Natyra®	x			x	x
x		2022	Rosy Glow Pink Lady®		x	x		x

EINFLUSSFAKTOREN APFELUNTERLAGEN

Anhand von 30 Einflussfaktoren soll die Komplexität bei der Erforschung von neuen Apfelunterlagen erklärt werden.

Agronomische Aspekte

1. *Wuchsstärke:* Mit Hilfe von Messungen des jährlichen Zuwachses von Stammdicke, Kronenvolumen oder einjährigen Trieben wird die Wuchsstärke von neuen Unterlagen bestimmt.

2. *Ertragseintritt:* Ein früher Ertragseintritt wie bei M9 T337 trägt maßgeblich zur schnelleren Amortisierung einer neuen Apfelanlage bei.

3. *Verankerung:* Die Suche nach „selbststehenden" Unterlagen ist in Südtirol kein Thema.

4. *Ertragseffizienz:* Das „wahre" Ertragspotenzial einer Unterlage wird gemessen, indem der Baumertrag durch die Stammquerschnittsfläche oder das Kronenvolumen dividiert wird. Es handelt sich praktisch um die Ertragsleistung in Abhängigkeit vom Wachstum.

5. *Alternanz:* Unterlagen, die die Alternanz von anfälligen Sorten brechen könnten, wären wünschenswert.

6. *Ansatzwinkel Seitenäste (Baumarchitektur):* Unterlagen können aufgrund ihrer Genetik flachere oder steilere Ansatzwinkel bei der Edelsorte induzieren und damit den Baumhabitus beeinflussen.

Mehrachsiges Erziehungssystem mit G41, Gala, 2. Standjahr, Standort Laimburg.

7. *Wasseraufnahme:* Die Wasseraufnahme erfolgt nach genetischer Beschaffenheit des Wurzelapparats.

8. *Nährstoffaufnahme:* Der Züchter der amerikanischen Geneva-Serie Gennaro Fazio hat bereits mehrere Veröffentlichungen zur Nährstoffaufnahme von Unterlagen publiziert und interessante Unterschiede festgestellt.

9. *Eignung für neue Anbausysteme:* Die Arbeitsgruppe Physiologie Obstbau des Versuchszentrums Laimburg beschäftigt sich seit 2020 mit mehrachsigen Erziehungssystemen in Kombination mit Unterlagen.

10. *Interaktion mit Edelsorte:* In Unterlagenversuchen am Versuchszentrum Laimburg zeigte G11 im Vergleich zu M9 T337 bei Red Delicious Spur einen höheren Wachstums- und Ertragsunterschied auf als bei den Sorten Gala, Golden Delicious, Granny Smith und Cripps Pink.

G11 (links) und M9 T337 (rechts), Red Chief®
Camspur, 7. Standjahr, Standort Laimburg.

11. *Fruchtgröße:* G41 zeigte in diversen Versuchen am Versuchszentrum Laimburg größere Früchte auf als die Standardunterlage.

12. *Ausfärbung:* Die Ausfärbung kann beispielsweise durch einen dichten Kronenaufbau und/oder ein zu starkes Wachstum negativ beeinflusst werden.

13. *Innere Qualität:* Fruchtfleischfestigkeit, Zucker- und Säuregehalt können durch spezifische Unterlagen minimal beeinflusst werden.

14. *Wurzelfelder:* Geneva-Unterlagen weisen generell weniger Wurzelfelder bzw. Luftwurzeln auf als M9 T337. Wurzelfelder können Eintrittspforten für Krankheiten und Schädlinge darstellen.

15. *Wurzelschosse:* Ein Wurzelhals, der frei von Wurzelfeldern ist, korreliert in der Regel mit einer geringen Ausbildung an Wurzelschossen.

Befall Blutlaus auf Unterlage M9 T337 (links) und G11 (rechts) nach Inokulation in einem Topfversuch.

Biotischer Stress

1. *Feuerbrand:* Feuerbrandresistente Unterlagen limitieren den Eintritt des Bakteriums Erwinia amylovora in die Unterlage. Dennoch kann die veredelte Edelsorte mit Feuerbrand über sogenannte Blüteninfektionen infiziert werden.

2. *Kragenfäule:* Die Resistenz gegenüber Kragenfäule (Phytophtora cactorum) ist eine Standardvoraussetzung für neue Unterlagen.

3. *Bodenmüdigkeit:* Am Versuchszentrum Laimburg wurden seit 2013 rund 10 verschiedene Apfelunterlagen in diversen Versuchen auf Resistenz gegenüber Bodenmüdigkeit untersucht. Obwohl keine „resistente" Unterlage gefunden wurde, könnten Unterlagen mit einem höheren Wachstums- und Ertragspotential auf Nachbauböden einen Mehrwert bringen.

4. *Blutlaus:* In einem Gewächshausversuch der Arbeitsgruppe „Ökologischer Anbau" des Versuchszentrums Laimburg wurde der Blutlausbefall bei verschiedenen Unterlagen untersucht. G11 und G41 waren nahezu frei von Befall, während M9 T337 dicht besiedelt wurde (Fotos Seite 258). Um die Befallsentwicklung unter Praxisbedingungen im Freiland zu testen, wurde im Frühjahr 2024 eine Modellanlage am Standort Binnenland bei Auer mit den Sorten Gala und Fuji, in Kombination mit den Unterlagen M9, G11 und G41 gepflanzt. Über einen interdisziplinären Wissensaustausch zwischen sieben Arbeitsgruppen des Versuchszentrums Laimburg sollen jegliche Erkenntnisse bestmöglich ausgeschöpft werden.

5. *Besenwuchs:* Im Jahr 2019 wurden im Versuchszentrum Laimburg sowie in weiteren acht Standorten in Deutschland im Rahmen eines Bundesversuchs zu besenwuchsresistenten Apfelunterlagen diverse Prüfklone gepflanzt. Leider zeigten alle Unterlagen eine zu hohe Wüchsigkeit und einen zu niedrigen Ertrag auf, weshalb der Versuch im Jahr 2022 vorzeitig beendet wurde.

Abiotischer Stress

1. *Trockenheit:* Im Zuge des Klimawandels und der geringen Wasserverfügbarkeit in bestimmten Gebieten steigt das Interesse für Apfelunterlagen, die eine höhere Toleranz gegenüber Trockenheit aufweisen als M9.

2. *Staunässe:* Bestimmte Unterlagen zeigen eine erhöhte Toleranz gegenüber Staunässeproblemen.

3. Die *Versalzung* des Bodens erfordert spezielle Unterlagen.

4. *Winterhärte* ist ein Hauptkriterium in der polnischen und russischen Unterlagenzüchtung.

5. Der winterliche *Kältebedarf* von M9 könnte durch den Temperaturanstieg im Zuge des Klimawandels in den wärmsten Anbauregionen problematischer werden. In Brasilien wird beispielsweise aufgrund ihres anscheinend geringeren Kältebedarfs vermehrt die amerikanische Unterlage G213 gepflanzt.

6. *pH:* Erkenntnisse zur Eignung von spezifischen Unterlagen bei sauren oder kalkreichen Böden wären in bestimmten Situationen vorteilhaft.

Baumschule

1. Die *Abrissleitung im Mutterbeet* ist bei neueren Unterlagen, beispielsweise den Geneva-Unterlagen, geringer als bei M9.

2. Bezüglich der *Eignung zur In-Vitro-Vermehrung* wurde am Versuchszentrum Laimburg im Jahr 2023 ein länderübergreifender EUFRIN-Unterlagenversuch gestartet, bei dem Unterlagen aus In-Vitro-Kultur mit Unterlagen aus Mutterbeet-Vermehrung verglichen werden, um mögliche

negative Auswirkungen der Meristemvermehrung auf Praxisanlagen zu erkennen.

3. Die *Kompatibilität mit der Edelsorte* ist nicht bei allen Neuheiten gegeben. Bei Inkompatibilität kommt es zu Problemen beim Anwachsen der Edelsorte an der Veredelungsstelle oder zu Baumsterben in den Anfangsjahren. Bei G213 wurden Beobachtungen gemacht, die auf mögliche Affinitätsprobleme in Kombination mit bestimmten Sorten hinweisen.

4. *Hypersensitivität (latente) Virosen:* Bestimmte Unterlagen, zum Beispiel G16 oder G935, gelten als anfällig für Virosen, weshalb virusfreies Edelreismaterial verwendet werden muss.

VOR- UND NACHTEILE VON M9

Die Unterlage M9 zeichnet sich durch ein schwaches Wachstum sowie eine gute Ausbeute im Mutterbeet aus. Sie ermöglicht eine hohe Ertragsleistung mit guter Fruchtqualität. Die Affinität mit den wichtigsten Sorten und die Anpassung an verschiedene Bodenbedingungen ist unproblematisch. Die Toleranz gegenüber Kragenfäule (Phytophthora cactorum) ist zufriedenstellend.

In den letzten Jahren sind im Apfelanbau verschiedene Probleme biotischer und abiotischer Natur zutage getreten, die einige Grenzen der Unterlage M9 aufzeigen. Aufgrund der zunehmenden Problematik mit dem Feuerbrand wäre es für viele Apfelanbaugebiete von großem Interesse, über Unterlagen zu verfügen, die resistent gegen den Erreger des Feuerbrands, das Bakterium Erwinia amylovora, sind. Der Befall durch die Blutlaus nimmt nicht nur in biologisch bewirtschafteten Apfelanlagen zu, wo es oft nicht gelingt, ihre Verbreitung einzuschränken.

Eine weitere Anforderung für den modernen Apfelanbau ist die Verfügbarkeit von Unterlagen, die tolerant gegenüber Bodenmüdigkeit sind. Die zunehmende Verbreitung von Hagelschutznetzen zwingt immer mehr Obstbauern dazu, die Bäume in derselben Reihe zu pflanzen, in der die gerodeten Bäume zuvor gewachsen sind. Dies hat oft zur Folge, dass vor allem in den ersten Standjahren das Wachstum und der Ertrag der Bäume stark eingebremst werden. Schwachwachsende Sorten, zum Beispiel Red Delicious Spur und SQ 159/ Natyra®, oder Mehrachsensysteme zeigen Wachstumsprobleme nicht nur auf müden, sondern auch auf fruchtbaren Böden. Weitere Schwachpunkte von M9 sind die geringe Frostresistenz und die Neigung zur Ausbildung von Wurzelfeldern und -schossen.

Die Herausforderung der Zukunft wird es sein, Unterlagen zu verwenden, die die Stärken von M9 und neue Resistenzeigenschaften in sich vereinen und sich gleichzeitig für spezifische pedoklimatische Verhältnisse eignen. Im Zuge des fortschreitenden Klimawandels sollten Unterlagen auch extremen Bedingungen wie

Züchtungsinstitute für Apfelunterlagen in Europa.

Standort	Europäische Institute	Unterlagen
Deutschland	Julius-Kühn-Institut	Supporter Serie
Deutschland	Obstbau Versuchszentrum Jork	Jork 9
Estland	Polli Horticultural Institute	E-Serie
Großbritannien	East Malling Research Station*	M-Serie (M9 u.a.)
Italien	Consorzio Italiano Vivaisti CIV*	G-, FG- und CIV-Serie (G8, FG35, CIVP-21 u. a.)
Italien	FEM San Michele*	Apomiktische Unterlagen (C0752, D2212 u. a.)
Polen	Institute of Pomology Skierniewice*	P-Serie (P16, P22 u. a.)
Rußland	Michurinsk College of Agriculture*	Budagovsky Serie (B9 u. a.)
Schweden	Alnarp Obstbauversuchsstation	Alnarp 2
Tschechien	Breeding Station Techobuzice	J-TE Serie (J-TE-E, J-TE-F u.a.)
Ukraine		N 3038

Trockenheit oder Staunässe standhalten. Die ideale Kombination zwischen Unterlage, Sorte, Boden und Erziehungssystem ist sehr komplex und wird anhand von wissenschaftlichen Erkenntnissen und Erfahrungen aus der Praxis untersucht.

ZÜCHTUNG VON APFELUNTERLAGEN

Europa- und weltweit gibt es derzeit rund zehn aktive Züchtungsprogramme für Apfelunterlagen. Von der ersten Kreuzung bis zur Markteinführung können bis zu 30 Jahre vergehen.

M-Serie

Der Ursprung der Entwicklung von Apfelunterlagen liegt in der englischen Versuchsanstalt East Malling, wo die Serie mit dem Kürzel „EM" (für East Malling) geboren wurde und in einem zweiten Moment auf das Kürzel „M" (für Malus) vereinfacht wurde. M1 bis M24 sind Selektionen aus East Malling, während M25, M26 und M27 aus Züchtungen entstanden sind. Hervorzuheben ist die Unterlage M9, die 1917 aus Sämlingen der Apfelsorte Gelber Metzer Paradies selektiert wurde

Standort	Internationale Institute	Unterlagen
China	Shanxi Provincial Institute of Pomology, Taigu*	SH-Serie, Y-Serie
China	Liaoning Province Tree Fruit Institute of Pomology, Xiongyue*	Liaozhen 2
China	Qingdao Institute of Agricultural Science Research, Qingdao*	QZ1, QZ2, QZ3
Japan	Aomori Apple Experiment Station, Aomori	Aodai 3
Japan	Apple Research Center in Morioka	JM-Serie (JM1, JM7 u.a.)
Kanada	Agriculture Research Station, Kentville	KSC-Serie
Kanada	Ottawa Research Station in Canada	Ottawa-Serie
Kanada	Horticultural Research Institute of Ontario, Vineland	V-Serie
Kanada	Research Station, St-Jean-sur-Richelieu, Quebec	SJ-Serie
Neuseeland	Plant and Food Research, Hastings*	Selection-Serie (Selection 1 u. a.)
USA	Michigan State University	MAC-Serie (MAC 9, MAC 39 u. a.)
USA	Cornell University, Geneva, NY*	Geneva-Serie (G11, G41 u. a.)

*2023 noch aktiv

Züchtungsinstitute für Apfelunterlagen außerhalb Europas.

und den Weg für einen modernen Apfelanbau mit Dichtpflanzungen freigemacht hat. Zu den Subtypen von M9 zählen die in Südtirol als Standardunterlage verwendete T337, weiters T338 und Fleuren 56 (Niederlande), Emla (Großbritannien), RN29 (Belgien), Burgmer 1, 2 und 3 (Deutschland), Pajam 1 und Pajam 2 (Frankreich).

MM-Serie

Das Kürzel „MM" bezieht sich auf die zwei englischen Versuchsanstalten Malling und Merton. Oberstes Zuchtziel war die Widerstandsfähigkeit gegenüber Blutlausbefall, in erster Linie für die Kolonien in der südlichen Hemisphäre wie Südafrika, Australien und Neuseeland, wo dieses Insekt weit verbreitet war. Die Kreuzungen in den 50er-Jahren des 20. Jahrhunderts erfolgten mit der blutlausresistenten Sorte Northern Spy und führten zur Auslese von 15 Klonen (MM101 bis MM115). MM106 und MM111 sind davon am bedeutendsten.

Supporter-Serie
Die Unterlagen Supporter 1, 2, 3 und 4 stammen aus dem Julius-Kühn-Institut in Dresden-Pillnitz in Deutschland und befinden sich seit 1995 im Handel. Supporter 1 stammt aus einer Kreuzung zwischen M9 und Malus baccata var. Himalaica. Bei Supporter 2 und 3 wurde Malus micromalus eingekreuzt. Supporter 4, auch als Pi80 bekannt, entstand aus einer Kreuzung zwischen M9 und M4.

G-, FG- und CIV-Serie
Das italienische Programm zur Züchtung der Unterlagen der Serie FG und G des Baumschulkonsortiums CIV zielt auf optimale agronomische Eigenschaften sowohl in der Baumschule als auch in der Anlage ab, in Kombination mit einer guten Fruchtqualität.

Apomiktische Unterlagen
Die Fondazione Edmund Mach in San Michele hat mit dem deutschen Institut für Pflanzenschutz im Obstbau in Dossenheim zusammengearbeitet, um apomiktische Unterlagen zu züchten. Apomiktische Unterlagen weisen natürliche Resistenzen gegen die Krankheit Apfeltriebsucht auf. Solche Unterlagen entstehen aus Kreuzungen mit Apfelwildarten, bei denen Apomixis vorkommt, wie beispielsweise mit Malus sieboldii oder Malus sargentii. Apomixis bedeutet, dass Sämlinge aus freier Abblüte dieser Wildform in 70 bis 90 % der Fälle muttergleich sind.

P Serie
Im Institut für Obst- und Gartenbau Skiernewice in Polen werden Apfelunterlagen mit Schwerpunkt auf Winterhärte und Produktivität entwickelt. Das Kürzel „P" steht für „podkldka", was so viel wie „polnische Unterlage" bedeutet. Einige Vertreter der P-Serie sind P16 (Longfield x M11), auch als Lizzy bekannt, und P 22 (M9 x Antonovka).

J-TE-Serie
Die Unterlagenserie J-TE stammt aus dem Züchtungsprogramm der Versuchsstation von Techobuzice in der Tschechischen Republik, das im Jahr 1957 gestartet und inzwischen aufgelassen wurde. Das Kürzel „J" steht für „Jablko", was „Apfel" bedeutet. Die Buchstaben „TE" sind eine Abkürzung für die Bezeichnung der Versuchsstation „Techobuzice". Es handelt sich um Kreuzungen aus M 9 und der Sorte Transparent von Croncels, die vermutlich ein Abkömmling der alten russischen Sorte Antonovka ist und wohl die Frosthärte in die neuen Unterlagen bringen sollte.

Budagovsky-Serie / B-Serie
Der russische Pomologe Budagovsky vom Michurinsk College of Agriculture züchtete eine Reihe von Unterlagen, von denen B9 die bekannteste ist. B9 stammt aus einer Kreuzung zwischen M8 und Red Standard.

JM-Serie

Im Jahr 1972 wurde die selbstwurzelnde Unterlage Marubakaido (Malus prunifolia var. ringo) mit M9 gekreuzt. Daraus wurden zehn Klone selektiert, von denen JM7 am interessantesten sein soll. Eine Eigenheit dieser japanischen Unterlagen ist die Möglichkeit der Vermehrung über Stecklinge.

Selection-Serie

Die Unterlagen mit der Bezeichnung „Selection" stammen vom Institut Plant & Food Research in Neuseeland.

Geneva-Serie

Die Resistenz gegenüber Feuerbrand, Kragenfäule und Bodenmüdigkeit sind die vorrangigen Zuchtziele der Wissenschaftler der New York State Agricultural Experiment Station in Geneva, USA. Seit 1968 arbeitet die Cornell Universität an der New York State Agricultural Experiment Station in Geneva (USA) an der Züchtung neuer Unterlagen. Die Kürzel „G" und „CG" stehen für „Geneva" und „Cornell Geneva". Die Unterlage G11, die in Südtirol zunehmend an Interesse gewinnt, stammt aus einer Kreuzung zwischen M26 und Malus robusta 5 aus dem Jahr 1978.

UNTERLAGENPRÜFUNG FÜR SÜDTIROL

Am Versuchszentrum Laimburg werden seit den 1990er-Jahren Apfelunterlagen geprüft, um deren Eignung in Kombination mit verschiedenen Sorten und unter unterschiedlichen pedoklimatischen Situationen zu prüfen. In der Tabelle rechts sind jene Apfelunterlagen aufgelistet, die in der Vergangenheit untersucht wurden.

Die Tabelle auf Seite 266 enthält die laufenden Versuche im Jahr 2023. Die Mehrzahl der Versuche betrifft die Sorten Golden Delicious, Gala oder Red Delicious in Tallagen auf einer Höhe von 220 m ü. d. M. Einige Versuche wurden in höheren Lagen bis 700 m ü. d. M. angelegt, um die Anpassungsfähigkeit der Unterlagen/Sortenkombinationen unter spezifischen Umweltbedingungen zu untersuchen.

Es handelt sich zum einen um breit angelegte Versuche zur Gewinnung von fundierten Erkenntnissen. Zum anderen sind Praxisversuche angeführt, die erste Beobachtungen zu neuen Unterlagen in einer größeren Skala ermöglichen sollen. Im Zuge des sich ständig ändernden Sortenspektrums ergeben sich laufend neue Fragen nach der geeignetsten Kombination zwischen Sorte, Unterlage und Erziehungssystem.

Im Jahr 2020 hat die Arbeitsgruppe „Physiologie Obstbau" am Versuchszentrum Laimburg mit ersten Versuchen begonnen, die sowohl eine neue Sorte als auch eine neue Unterlage mit einem innovativen Mehrachsensystem kombinieren, zum Beispiel WA38/Cosmic Crisp® auf G213. Üblicherweise braucht es mindestens sieben Jahre, um sich ein erstes Bild vom Potential einer neuen Unterlage machen zu können.

	SORTE (VERSUCHSZEITRAUM)	
Unterlage	**Tiefe Lage (220 m ü. d. M.)**	**Höhere Lage (700 m ü. d. M.)**
AU56–83	Golden Delicious (1994–2003)	
B9	Golden Delicious (1994–2003)	
B011*	Gala (2019–2022)	
G11	Golden Delicious (2001–2008)	
G16	Golden Delicious (2001–2008)	
G41	Golden Delicious (2001–2008)	
CG29	Golden Delicious (1994–2003)	
CG202	Golden Delicious (1994–2003)	
CG707	Golden Delicious (1994–2003)	
CG3007	Golden Delicious (2001-2008)	
CG4013	Golden Delicious (2001–2008)	
FL56	Fuji (2007–2014)	
J22	Fuji (2007–2014)	
J-OH-A	Golden Delicious (1996–2000)	
	Fuji (2007–2014)	
J-TE-E	Golden Delicious (1994–2003)	
J-TE-F	Golden Delicious (1994–2003)	
J-TE-G	Golden Delicious (1996–2000)	
M26	Golden Delicious (1994–2003)	Red Del. Spur (2004–2011)
M9 29	Golden Delicious (1994–2003)	
M9 984	Golden Delicious (1994–2003)	
M9 GJ 1576, 1577 und 1578	Golden Delicious (1994–2003)	
M9 Pajam 2	Golden Delicious (2001–2008)	
P16	Golden Delicious (1994–2003)	
	Fuji (2007–2014)	
P22	Golden Delicious (1994–2003)	
	Fuji (2007–2014)	
P59	Fuji (2007–2014)	
Supporter 1, 2 und 3	Golden Delicious (1994–2003)	
Supporter 4	Golden Delicious (2001–2008)	Red Del. Spur (2004–2011)

* und andere apomiktische Unterlagen

Abgeschlossene Unterlagenversuche des VZ Laimburg

Unterlage	SORTE (PFLANZJAHR) Tiefe Lage (220 m ü. d. M.)	Höhere Lage (700 m ü. d. M.)
AR Serie (4 Genotypen)	Gala (2017)	
B9	Gala (2010)	
B396*	Gala (2017)	
B491	Gala (2013)	
CIVP-21	CIVM 49 RedPop® (2019)	
G11	Gala, Golden Del., Granny Smith, Red Del. Spur, Rosy Glow Pink Lady® (2010); Lb 17906 CIVM 49 RedPop®, Inored Story® (2019); Gala (2020)	Golden Delicious, Red Del. Spur (2016)
G11 Mehrachssystem	Gala (2020); Rosy Glow Pink Lady® (2022)	
G41	Gala (2013); Lb 17906 (2019)	Golden Delicious (2016)
G41 in vitro	Gala (2023)	
G41 Mehrachssystem	Gala (2022); Ipador Giga® (2022); SQ 159 Natyra® (2022)	
G210	Inored Story ® (2019); Gala (2022)	
G213	Ipador Giga® (2020); Gala (2022)	WA 38 Cosmic Crisp® (2020)
G213 in vitro	Gala (2022)	
G213 Mehrachssystem	Ipador Giga® (2020); Gala (2022); Rosy Glow Pink Lady® (2022); SQ 159 Natyra® (2022)	WA 38 Cosmic Crisp® (2020)
G814	Gala (2022)	
G935	Gala (2017); Inored Story® (2019)	Golden Delicious, Red Del. Spur (2016)
G969	Red Del. Spur (2016), Gala (2022)	Golden Delicious, Red Del. Spur (2016)
CG202	Inored Story® (2019)	
CG2034		Golden Delicious (2016)
CG3001		Golden Delicious (2016)
JM 7	Lb 17906 (2019); Gala (2022)	
M26	Red Del. Spur (2016)	Golden Delicious, Red Del. Spur (2016)
M116		Red Del. Spur (2017)
M9 EMLA	Gala, Golden Del., Granny Smith, Red Del. Spur (2010)	
M9 Pajam 1	Inored Story® (2019)	
M9 Pajam 2	Gala (2017); CIVM 49 RedPop® und Inored Story® (2019)	Red Del. Spur (2017)
M9 Pajam 2 Mehrachssystem	Ipador Giga® (2020); Gala (2022); Rosy Glow Pink Lady® (2022)	
M200	Gala (2013); Inored Story® und Lb 17906 (2019)	
N°3038	Gala (2017)	
P67	Gala (2017)	Red Del. Spur (2017)
Selection Serie (2 Genotypen)	Gala (2017)	Red Del. Spur (2017)
Selection Serie (2 Genotypen)	Gala (2022)	
Selection Serie (4 Genotypen)		Red Del. Spur (2017)
Zouk 9	Golden Delicious (2016)	

Laufende Unterlagenversuche des VZ Laimburg (Stand 2023)

Abb. 1: Wuchsstärke verschiedener Apfelunterlagen – Erfahrungen VZ Laimburg (M9 T337 = 100 %).

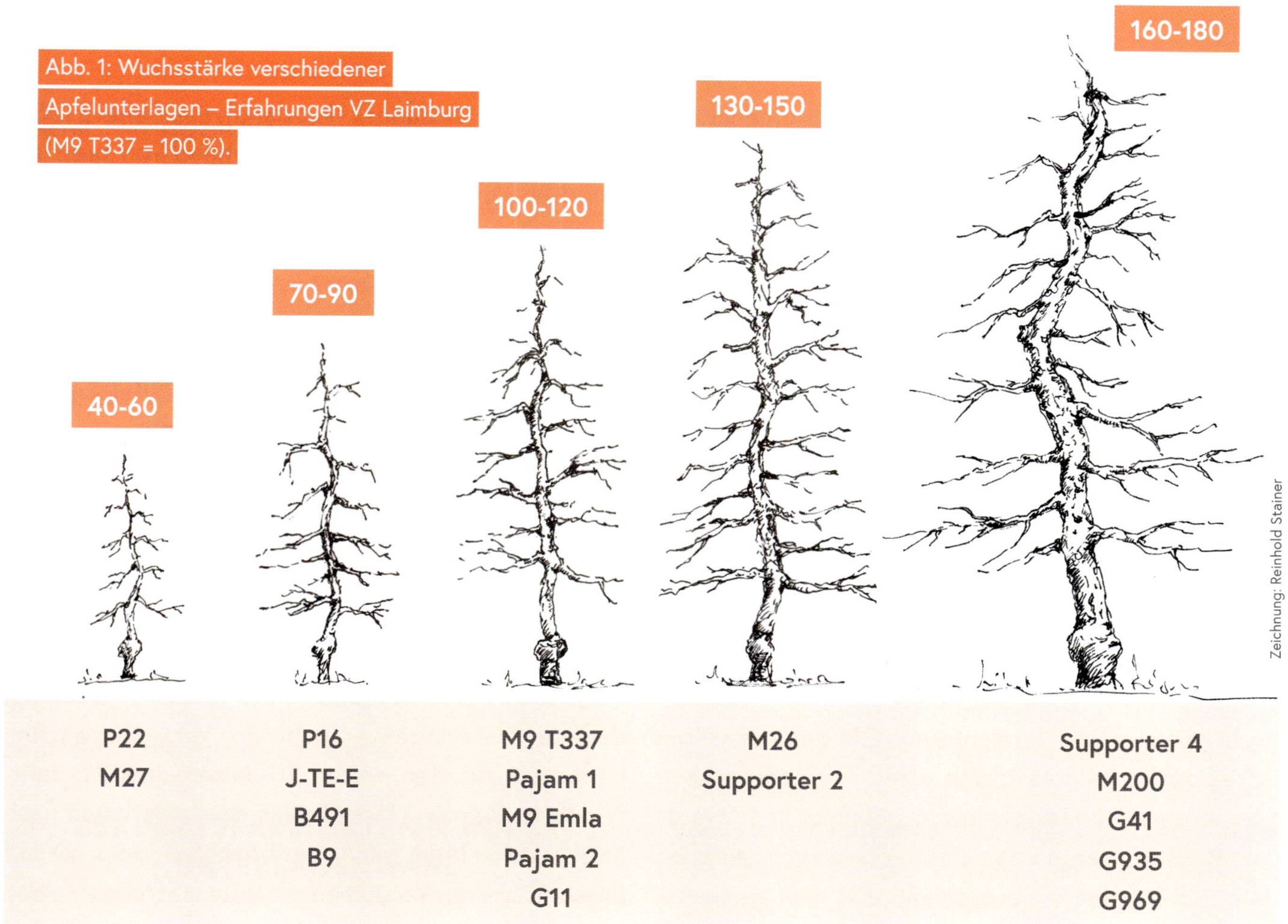

WISSENSTRANSFER DURCH KOOPERATIONEN UND VERNETZUNGEN

Versuche auf europäischer und globaler Ebene ermöglichen es, zuverlässige Ergebnisse zu den agronomischen Eigenschaften von neuen Unterlagen zu erzeugen. Dazu ein Beispiel der Arbeitsgruppe für Sorten- und Unterlagenversuche des EUFRIN-Netzwerks (European Fruit Research Institutes Network). Sie hat im Zeitraum von 1995 bis 2005 ein Versuchsprojekt an zahlreichen Standorten mit verschiedenen Unterlagenklonen abgewickelt, die damals in Europa zur Verfügung standen. Die gewonnenen Erkenntnisse dieser Versuche wurden in verschiedenen Kongressakten publiziert (Sansavini et al., 2002 und 2005; Musacchi et al., 2007; Höller et al., 2009.).

Foto: Baumschule Malleier

Die Entwicklung der Anbausysteme in Südtirol

CHRISTIAN ANDERGASSEN & REINHOLD STAINER

Die Entwicklung der Anbausysteme in Südtirol

CHRISTIAN ANDERGASSEN & REINHOLD STAINER

Schon seit Jahrhunderten beschäftigt sich der Mensch mit der Erziehung von Obstbäumen. Aufzeichnungen in Obstbaubüchern aus dem 19. Jahrhundert beschreiben viele der heute gängigen Verfahren bereits sehr detailliert. So hat es auch in Südtirol, so wie in anderen historischen Obstanbaugebieten, schon seit jeher eine stetige Entwicklung bei den Anbausystemen gegeben. Einen Meilenstein stellt hier sicherlich die Einführung der schwachwachsenden Unterlage M9 dar. Diese ermöglichte die Einführung der heute gängigen Anbausysteme.

DER HOCHSTAMM UND DIE RUNDKRONE

Jahrhundertelang füllten naturnahe Hochstämme Streuobstwiesen und Hausanger, wobei diese Flächen gleichzeitig auch als Weideland für das Großvieh genutzt wurden. Die Bäume standen in unregelmäßigen Abständen, meist verschiedene Sorten mit unterschiedlicher Reifezeit, um das Angebot an frischen Äpfeln für einen längeren Zeitraum zu sichern. Als Unterlage kamen nur am eigenen Hof gezogene Sämlinge in Frage. Mangelhafte Baumpflege führte zu großen Ertragsschwankungen durch Alternanz und Schädlingsbefall.

Hochstämmige Apfelbäume sind heute in Südtirol vorwiegend in den Hausangern im Mittelgebirge anzutreffen.

Mit der Intensivierung des Obstbaus kam die Rund- oder Öschbergkrone zur Anwendung, bei gleichzeitiger Futternutzung für die Milchwirtschaft bis in die 1960er-Jahre. Die Bäume standen immer noch auf Sämlingen, jetzt allerdings schon aus muttersortenreinen Beständen (Grahams Jubiläumsapfel und Bittenfelder Sämling), die für ein gleichmäßiges Wachstum der Anlage sorgten. Gepflanzt wurde in geordneten Reihen im Abstand von 10 x 10 m oder 10 x 5 m mit rund 100 bis 200 Bäumen pro Hektar. Um den langen ertragslosen Jahren entgegenzuwirken, wurde das Bleiber-Weicher-System angewandt – zwischen hochstämmige Bäume pflanzte man im Abstand von 5 Metern Pyramid- oder Buschbäume auf einer schwächeren Unterlage. Dadurch kam die Anlage viel früher in den Ertrag. Nach dem Erreichen des angestrebten Volumens der Rundkronen wurden diese Pyramid- oder Buschbäume dann gerodet.

Die Doppelnutzung als Baumwiese ist schon in den 1950/1960er-Jahren mit engeren Pflanzabständen, zum Beispiel 5 x 7 m oder 5 x 5 m, und mit dem aufkommenden Pflanzenschutz hinfällig geworden.

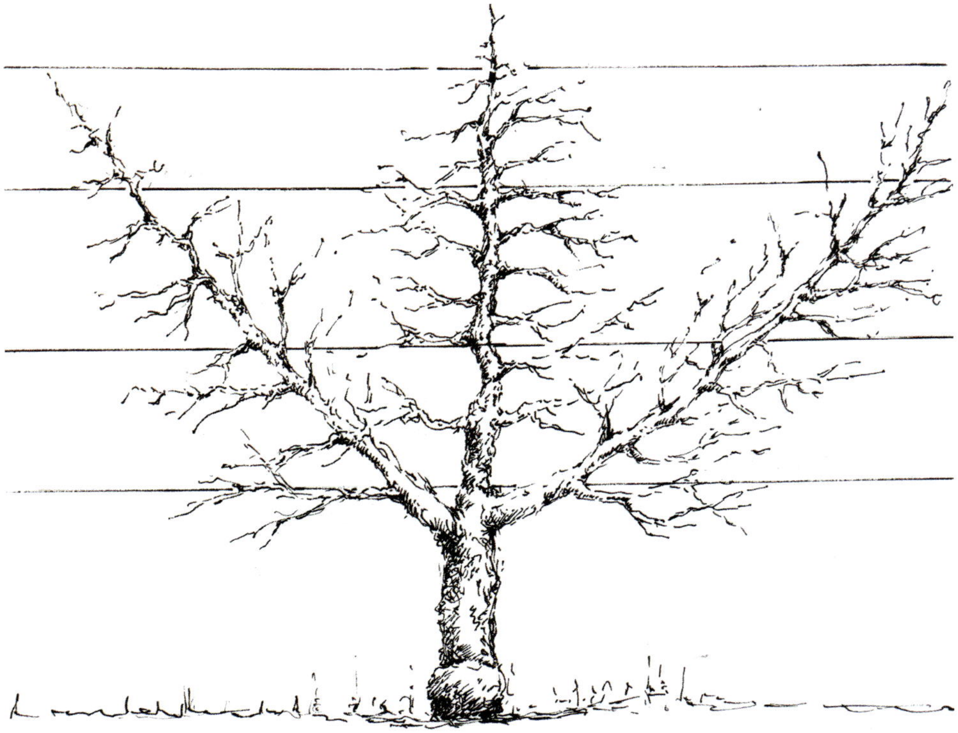

Zeichnung: Reinhold Stainer

DIE PALMETTE

Ausgehend von den Erfahrungen in Ferrara und mit der Intensivierung des Obstbaus haben sich die Pflanzabstände auch in Südtirol auf 4 x 5 m reduziert, mit etwa 400–500 Bäumen – immer noch auf Sämling – pro Hektar.

Der Aufbau einer geschlossenen fruchttragenden Obstwand brachte viele Vorteile in der Mechanisierung und erleichterte die Arbeit. Die klassische Palmette mit drei Etagen hat man in Südtirol nur noch mit einer Etage ausgestattet und die Mittelachse als Spindel gezogen. Zu groß war der Aufwand für die Formierungsarbeiten. Schon bald zeigte sich die Kombination mit dem Sämling als zu stark wachsend.

So entstanden, zuerst im Gemeindegebiet von Nals, zwischen 1960 und 1970 viele Golden-Delicious-Anlagen auf mittelstarkwachsenden Unterlagen wie M7, M4 und M106 (damals EM7, EM4 und MM106), die allerdings zeitlebens auf ein Stützgerüst angewiesen waren.

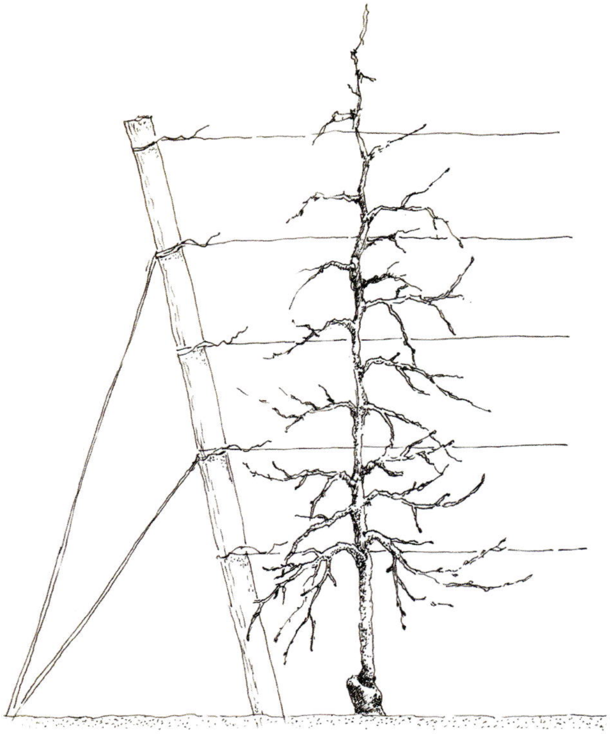

Zeichnung: Reinhold Stainer

Die klassische Hohe Schlanke Spindel, so wie sie in Südtirol heute auf über 90% der Anbaufläche zu finden ist.

DIE SPINDEL UND DIE SCHLANKE SPINDEL

Mit dem Abschied vom Sämling als Unterlage hat die Spindel als Baumform auch auf M7, M4, M106, nach und nach auch auf M26 und schlussendlich auf M9 Einzug in unsere Obstanlagen gefunden. Der anfangs zaghafte Übergang auf die schwachwachsende M9 war von folgender Meinung geprägt: zu teuer, zu schwächelnd, geringere Qualität und zu geringe Widerstandsfähigkeit für unsere Winterkälte. Die großartigen Erfolge mit M9 und höheren Pflanzdichten aus den Niederlanden sowie erste positive Ergebnisse am Versuchszentrum Laimburg und in einigen innovativen Obstbaubetrieben in Terlan und Leifers haben dann aber das Interesse daran bei unseren Obstbauern geweckt. Geschlossen stand auch das gesamte Team des Südtiroler Beratungsrings hinter dieser Entwicklung. Damit war der Startschuss für eine rasante Umstellung im Obstbau und im Baumschulwesen gefallen.

Unschlüssig war man sich jedoch noch über das Pflanzsystem – die Einzel-, die Doppelreihe und 3- bis 5-reihigen Beetbepflanzungen wurden verglichen. Aufgrund des hohen Einsatzes in der Unkrautbekämpfung und den umständlicheren Schnitt- und Erntearbeiten in den Beeten blieb letztendlich die Einzelreihe mit relativ engen Pflanzabständen und einer Pflanzdichte von 4.000 bis hin zur Superspindel mit 13.000 Bäumen pro Hektar. Damit begannen auch die Ansprüche an

Bibaum® aus einer abgesetzten Tischveredlung mit ungleich wachsenden Achsen.

das Pflanzmaterial aus den Baumschulen größer zu werden. Die positiven Ergebnisse mit der schlanken Spindel haben schnell überzeugt und es gab einen enormen Innovationsschub für unseren Obstbau, die Hektarerträge haben sich ab 1970 sehr rasch verdoppelt bis verdreifacht. Weitere Baumformen kamen auf, so das Mikado- und Drillingssystem, immer mit dem Ziel, die Anzahl der Bäume pro Hektar zu erhöhen, um möglichst hohe Anfangserträge zu generieren und die optimale Nutzung des Lichtes zu gewähren. Beide Formen haben sich nicht durchgesetzt, während das in Frankreich entwickelte Solaxe-System mit hohen Hektarerträgen in guter Qualität auffiel. Dafür gab es anfänglich auch großes Interesse bei unseren Obstbauern – daraus ging dann als Weiterentwicklung im eigenen Lande die „hohe schlanke Spindel" hervor.

DER BIBAUM®

Die Erfolgsgeschichte der Baumform "Hohe schlanke Spindel" hat in Südtirol bereits Mitte der 80er-Jahre begonnen. Die sehr hohen Erträge haben maßgeblich zum wirtschaftlichen Erfolg der Südtiroler Familienbetriebe beigetragen. In den letzten Jahren sind jedoch die Qualitätsansprüche der Kunden gewachsen, gleichzeitig unterliegt der Apfelmarkt einem immer höheren Preisdruck. Dadurch ist es notwendig geworden, eine möglichst hohe Qualität bei gleichzeitig hohen Erträgen zu erzielen. Hierbei stößt man mit diesem bewährten Erziehungssystem oft an die Grenzen und es stellt sich die Frage, ob es Zeit wäre,

Bibaum® mit Zwischenveredlung und 2 Chip-Veredlungen bringen Vorteile, sind aber mit einer längeren Verweilzeit in der Baumschule verbunden.

einen neuen Weg einzuschlagen. Anfang der 2000er-Jahre versuchte die Firma Mazzoni, ein Baumschulbetrieb aus dem Anbaugebiet von Ferrara, mithilfe eines doppelten Chip-buddings einen zweiachsigen Baum zu produzieren. Dieses Herstellungsverfahren wurde dann schließlich patentiert. Das Pflanzmaterial, das daraus entstand, wurde unter der Marke Bibaum® vermarktet. Die Vorteile des Bibaums® liegen ganz klar im ausgeglichenen Wachstum und der besseren Fruchtausfärbung, besonders bei zweifarbigen Sorten.

Mehrjährige Erfahrungen am Versuchszentrum Laimburg mit dem Bibaum® zeigen, dass die zweiachsige Baumform auch bei sehr geringen Pflanzabständen von einem Meter durch einen angepassten Baumschnitt eine deutlich bessere Ausfärbung bei vergleichbaren Erträgen erreichen kann. Besonders die Fruchtholzrotation, also das Entfernen und Erneuern von abgetragenen Fruchtästen, ist beim Bibaum® wesentlich einfacher als bei der hohen schlanken Spindel. Bei zunehmend weiteren Pflanzabständen nehmen die Hektarerträge entsprechend ab, zusätzlich muss hier ein Astgerüst aufgebaut werden, um den Platz zwischen den Achsen ausreichend ausfüllen zu können. Dies bedeutet zusätzliche Arbeit und führt außerdem zur Bildung von beschatteten Bereichen im Baum, genau dies will man jedoch mit diesem Erziehungssystem verhindern. Bei sehr intensiven Pflanzdichten kann man mit dem Bibaum® theoretisch wesentlich höhere Erträge als mit der hohen schlanken Spindel erreichen, ungeklärt bleibt hier jedoch die Frage, ob die Vorteile der besseren Ausfärbung verloren gehen.

Anzumerken ist außerdem, dass die Wachstumsreduktion auch negativ sein kann, so ist beim Gala-Bibaum® im unteren Baumbereich eine zunehmende Vergreisung der Äste zu beobachten. Diese Problematik sollte beim Baumschnitt besonders berücksichtigt werden. Einzig bei Golden Delicious am Standort Fragsburg bei Meran(600 m ü. d. M.) konnte die wachstumsreduzierende Wirkung des Bibaums® nicht beobachtet werden, dies könnte jedoch zum Teil auf die unterdurchschnittlichen Erträge zurückzuführen sein. Zudem konnte auf diesem Standort auch zwischen der Nord- und Südachse beim Bibaum® kein eindeutiger Unterschied im Stammumfang festgestellt werden. Auf dem Standort Laimburg ist hingegen ein eindeutiger Trend zu erkennen, wobei die Nordachse einen leicht größeren Stammumfang im Laufe der Jahre aufweist. Hier könnte die Exposition der Bäume in Fragsburg eine mögliche Erklärung sein – diese sind zwar in Nord-Süd-Richtung gepflanzt, allerdings ähnelt die Einstrahlung aufgrund der Topographie eher einer West-Ost gepflanzten Reihe.

2D-SYSTEM

Schon seit den Anfängen des modernen Obstbaus gab es Bestrebungen, die Bäume als sehr schmale Fruchtwand zu erziehen. In den 1960er-Jahren wurden die Apfelbäume – damals noch auf stärkeren Unterlagen – als Palmetten erzogen. Dies waren die ersten Bestrebungen, eine schmalere Baumform zu erhalten. Das 2D-System kann als eine Weiterentwicklung der Palmette gesehen werden. Der größte Unterschied zwischen einem Apfelbaum, der als hohe schlanke Spindel oder als 2D-System erzogen wird, besteht darin, dass beim letztgenannten auf alle Basisäste verzichtet wird die in die Fahrgasse ragen und somit im unteren Baumbereich Schatten erzeugen könnten. Die Äste werden beim 2D-System an die Führungsdrähte gebunden und je nach Baumabstand eingekürzt, sobald sie die vorgesehene Länge erreichen. Der Winkel zwischen Stamm und jedem aufgebundenen Ast beträgt damit 90°. Es wird darauf geachtet, dass die Äste ihren Ausgangspunkt immer unter dem Führungsdraht haben, dadurch soll eine zu starke Vergreisung verhindert werden. Somit entsteht eine sehr schmale Fruchtwand, wo jede Frucht sichtbar ist und normalerweise im Sonnenlicht hängt.

Diese Form der Erziehung kommt bevorzugt auch beim sogenannten V-Trellis zum Einsatz – dabei werden die Bäume in einer Doppelreihe mit einer Neigung von ca. 17,5° zur Senkrechten gepflanzt. Da diese Erziehungsform eine sehr hohe Investition an Gerüstmaterial benötigt und auch die Errichtung eines Hagelnetzes erschwert, ist sie in Südtirol nur bedingt praxistauglich. Allerdings haben sich einige Apfelproduzenten rund um den Globus auf dieses Anbausystem spezialisiert (zum Beispiel Auvil Fruit Company im Bundesstaat Washington, USA).

Die vorläufigen Ergebnisse am Versuchszentrum Laimburg zeigen die Vor- und Nachteile des 2D-Anbausystems bei zweifarbigen Sorten. Die Vorteile liegen in der eindeutig besseren Belichtung der Früchte, weiters können hier Schattenbereiche im Baum weitgehend vermieden werden. Nachteilig ist sicher der verzögerte Vollertrag im Vergleich zur hohen schlanken Spindel. Dieser wurde bei verschiedenen Versuchen erst im 6. Standjahr erreicht. Ein weiterer Nachteil dieser Erziehungsform ist die Baumformierung, die besonders in den ersten Jahren einen sehr hohen Zeitaufwand erfordert. Zusätzlich ist die Fruchtholzrotation, also

Die Formierungsarbeiten, hier der Flagthree®, beginnen bereits in der Baumschule und erleichtern somit den Aufbau in der Obstanlage wesentlich.

Das 2D-System ist eine Abwandlung der Palmette.

das Entfernen und das Erneuern von abgetragenen Fruchtästen beim 2D-System kritisch. Hier kann nicht einfach ein „tragender Ast" entfernt werden, ohne schon vorher einen neuen Ast vorbereitet zu haben, da ansonsten ein empfindlicher Ertragsverlust für die nächste Saison droht. Deshalb ist hier der korrekte Baumschnitt wichtiger als bei der hohen schlanken Spindel, die viele Fehler verzeiht. Bei sehr intensiven Pflanzdichten kann man mit dem 2D-System theoretisch wesentlich höhere Erträge als mit der hohen schlanken Spindel erreichen, ungeklärt bleibt auch hier jedoch die Frage, ob die Vorteile der besseren Ausfärbung verloren gehen.

MEHRACHSSYSTEME

In den letzten Jahren hat das Interesse an zweidimensionalen Baumformen, zum Beispiel an den Mehrachsensystemen, weltweit zugenommen. Verantwortlich dafür ist vor allem die stetig zunehmende Mechanisierung im Obstbau, der Mangel an qualifizierten Arbeitskräften sowie die Hoffnung auf einen höheren Deckfarbenanteil und somit auf eine bessere Fruchtqualität.

Auch die Diskussion um eine teilweise automatisierte Ernte mit einem Pflückroboter könnte zukünftig in einigen Großbetrieben eine Rolle spielen. Die Verwendung von Pflückrobotern ist bei zweidimensionalen Baumformen deutlich effizienter.

Mehrachsensysteme als Erziehungssystem sind im Obstbau nichts Neues, Obstbaulehrbücher aus dem späten 19. Jahrhundert beschreiben diese bereits. Jedoch erleichtert die heutige moderne Anbautechnik die Umsetzung solcher Systeme. Mehrachssysteme zeichnen sich durch ein kürzeres Triebwachstum an den Seitentrieben aus. Kürzere Triebe zwischen 5 und 20 cm sind fruchtbarer als Langtriebe. Dadurch entstehen schmale Fruchtwände, die das Sonnenlicht effizienter nutzen können. Das Ziel wäre es, die äußere und innere Fruchtqualität bei gleichbleibenden oder höheren Erträgen zu verbessern. Interessant ist dieses System vor allem für zweifarbige Sorten. Bäume, die im Mehrachsensystem angepflanzt werden, bilden „zweidimensionale Fruchtwände". Diese Fruchtwände sind schmäler und in der Regel auch niedriger als klassische Spindelanlagen, sie weisen weniger Schattenbereiche auf. Daher müssen andere Pflanzabstände gewählt werden.

Die Erfahrungen der letzten Jahre zeigen, dass die Abstände zwischen den Reihen enger und jene zwischen den Bäumen weiter gewählt werden müssen. Reihenabstände zwischen 2,0 und 2,6 m sind ohne Probleme machbar. Bei den Pflanzabständen sollten 1,3 bis 1,5 m angestrebt werden. Durch die weiten Pflanzabstände im Mehrachsensystem verringert sich die Baumzahl pro Hektar. In den Mehrachsensystemen ist die Baumanzahl pro Hektar im Vergleich zu Spindelanlagen um etwa 20 % bis 30 % geringer. Durch die schmale Fruchtwand beim Mehrachsensystem kann auch mit den bei Reihenabständen zwischen 2,4 und 2,6 m meist noch der bestehende Maschinenpark verwendet werden. Erste Erfahrungen zeigen, dass es auch möglich ist, mit Erntemaschinen zu arbeiten. Die ersten Versuchsdaten des Versuchszentrums Laimburg zu den Fruchtgrößen, der Ausfärbung und den Erträgen bei Mehrachsensystemen stimmen durchaus positiv. Bei kleinfrüchtigen Sorten zeigt sich eine Zunahme der Fruchtgröße. Auch die Ergebnisse der ersten Praxisanlagen in Südtirol stimmen zuversichtlich. Vorteile des Mehrachsensystems könnten eine bessere Belichtung aber auch das schnellere Abtrocknen der Früchte nach Niederschlägen sein. Verschiedene Arbeiten, wie beispielsweise die Ernte und das Handausdünnen, sind einfacher durchzuführen. Dies konnte in den ältesten bestehenden Anlagen bereits beobachtet werden.

Behandlungen mit Pflanzenschutzmitteln können aufgrund der schmalen Laubwand mit einer geringeren Luftleistung durchgeführt und auf diese Weise eine mögliche Abdrift weiter minimiert werden. Auch eine Reduktion der ausgebrachten Brühemenge pro Hektar um ca. 20 % auf 360 l pro Meter Kronenhöhe scheint umsetzbar.

Inzwischen haben auch schon einige Baumschulen das mögliche Potenzial erkannt und bieten bereits präformiertes Pflanzmaterial für das Mehrachsensystem an. Abschließend muss jedoch darauf hingewiesen werden, dass es noch einige Jahre dauern wird, um eine fundierte Aussage über das Ertragspotential von Mehrachsanlagen treffen zu können.

Ein Mehrachsbaum im ersten Standjahr. Es handelt sich hierbei um ein vertikales Anbausystem, im Gegensatz zum 2D-System.

Ein Mehrachsbaum im 2. Standjahr in Neuseeland

Ein Mehrachsbaum im vierten Standjahr.

Eine Praxisanlage mit Ertragsanlage

Foto: Kiku GmbH

Sorten- und Markenschutz im Obstbau

JÜRGEN BRAUN

Sorten- und Markenschutz im Obstbau

JÜRGEN BRAUN

SORTENSCHUTZ

1. Zweck des Sortenschutzrechtes

Das Sortenschutzrecht ist vergleichbar mit dem Patentrecht, ist jedoch auf lebende Materie angepasst. Es gewährt ein zeitlich begrenztes Exklusivrecht, um die Züchtung und Entdeckung neuer Pflanzensorten zu schützen. Damit soll Züchtung erstrebenswert gemacht, ja sogar gefördert werden.

2. Entwicklung des Sortenschutzes

Erste internationale Bestrebungen erfolgten im Jahre 1952: auf dem AIPPI-Kongress (International Association for the Protection of Intellectual Property) wurde die Forderung nach einem internationalen Schutz für Pflanzenzüchtungen laut. Es sollte vom Saatgutrecht getrennt und mehr dem Patentrecht angeglichen werden. Entsprechende Bestrebungen führten 1961 zur Gründung von UPOV, dem Internationalen Verband zum Schutz von Pflanzenzüchtungen, und im selben Jahr zum 1. internationalen Übereinkommen der UPOV. Dieses Übereinkommen wurde 1972, 1978 und schließlich 1991 überarbeitet. Da die UPOV eine zwischenstaatliche Organisation ist, erfordert die Mitgliedschaft die Umsetzung des Übereinkommens in nationales Recht. Noch nicht alle Mitgliedsstaaten haben das letzte Übereinkommen von 1991 ratifiziert, sondern erst jenes von 1978.[1] Diese Unterschiede in der Ratifizierung bringen erhebliche Probleme mit sich, da das Übereinkommen von 1991 einige grundlegende

1 Vgl. https://www.upov.int/edocs/pubdocs/en/upov_pub_423.pdf, Stand 02.02.2024.

Neuigkeiten eingeführt hat, beispielsweise die Ausdehnung des Schutzes von Vermehrungsmaterial auf das Erntegut (Früchte) und hieraus gewonnene Erzeugnisse, die Ausdehnung des Schutzes auf wesentlich abgeleitete Sorten – sogenannte EDV („essentially derived variety") – und die Einführung des sogenannten Landwirteprivilegs.

Im Rahmen der Welthandelsorganisation WTO wurde das TRIPS-Abkommen 1994 zum allgemeinen Zoll- und Handelsabkommen GATT hinzugefügt; dieses Abkommen regelt zwar Aspekte des geistigen Eigentums, erfasst den Sortenschutz aber nicht im Spezifischen. Auf europäischer Ebene wurde das gemeinschaftliche Sortenschutzrecht eingeführt. Die entsprechende gesetzliche Grundlage ist die Verordnung (EG) Nr. 2100/94 vom 27. Juli 1994. Seit dem 27. April 1995 nimmt das Gemeinschaftliche Sortenamt CPVO mit Sitz in Angers (Frankreich) Anträge entgegen.

3. Der Sortenschutz in der Europäischen Union (EU)

Der gemeinschaftliche (oder EU-) Sortenschutz hat Auswirkungen im gesamten Territorium der EU, auch der zukünftigen Mitgliedsstaaten. Im Gegensatz zu anderen Schutzrechten wie dem der Marken oder Designs hat noch keine Harmonisierung seitens der EU begonnen. Das heißt, dass die EU die nationalen Sortenschutzrechte, die ebenso auf das UPOV-Übereinkommen basieren, total unberührt lässt und nicht ersetzt. In diesem Sinne ist der EU-Sortenschutz eine zusätzliche Möglichkeit. Wer beispielsweise in Italien einen nationalen Sortenschutz anmelden möchte, der wendet sich an das Ministerium „Ministero dello Sviluppo Economico", und meldet die neue Sorte auf der Basis der Artikel 100 bis 116 des Codice della Proprietá Industriale (Decreto Legislativo n. 30 del 10.02.2005) an. Umgekehrt zählen für den EU-Sortenschutz ausschließlich die Regelungen in der Verordnung 2100/94 und keine nationalen Gesetze. Trotzdem können auch nationale Gerichte über die Verletzung der EU-Sortenrechte im jeweiligen Land entscheiden und Schadensersatz verfügen (Artikel 97 der Verordnung 2100/94) – entscheidend ist diesbezüglich, wo geklagt wird (Artikel Art. 101, Abs. 2: EU-weite Wirkung; Abs. 3: nur in dem Staat, in dem Verletzungshandlung begangen wurde); dasselbe Prinzip gilt bei der Entscheidung über eine angemessene Vergütung für den Inhaber der Rechte bezüglich des Artikels 95 der Verordnung 2100/94 – ein sehr wichtiger Artikel, mit dem sich dieses Kapitel noch befassen wird.

Trotz der fehlenden Harmonisierung der nationalen Systeme mit dem gemeinschaftlichen Schutzrecht gibt es keine gravierende Diskrepanz bezüglich des Zwecks der Sortenrechte und der materiell-rechtlichen Regelungen. In der Tat hat CPVO verschiedene nationale Prüfungsämter für die technische Prüfung der neuen Sorten beauftragt (Artikel 55 der Verordnung 2100/94), und die Überprüfung ist harmonisiert. Daraus resultieren international anerkannte Sortenbeschreibungen der neuen Sorten.

4. Verhältnis des Sortenschutzes zum Patentschutz

Die biologische Kreation einer neuen Pflanzensorte ist grundsätzlich anders als eine technische Erfindung. Diese Unterschiede werden jedoch immer kleiner, da in der modernen Züchtung auch neueste Techniken angewandt werden, die nur noch wenig mit Biologie zu tun haben. Aus diesem Grunde ist die Diskussion über das Verhältnis zwischen Sortenschutz und Patent relevanter denn je und hat praktisch-rechtliche Implikationen, da die Erteilung der Sortenschutzrechte grundsätzlich weniger strikt ist. Dafür hat der Sortenschutz eine schwächere Wirkung bezüglich der Ausschließlichkeit.

Die Patentierbarkeit setzt eine technische Beschreibung („teaching") voraus, die Erfindung muss neu sein, eine erfinderische Tätigkeit aufweisen und gewerblich anwendbar sein. Das Sortenschutzrecht erfordert hingegen die Beschreibung und technische Prüfung von Pflanzmaterial bezüglich Unterscheidbarkeit, Homogenität und Beständigkeit. Als Resultat ist auch der Schutzumfang geringer: bis 1978 umfasste der Schutz laut UPOV-Abkommen nicht mal die Ernte und die daraus gewonnenen Erzeugnisse, sondern nur das Vermehrungsmaterial der geschützten Sorte – erst seit 1991 wurde dies mit dem neuesten UPOV-Abkommen korrigiert.

Außerdem ist das Sortenschutzrecht mit der sogenannten Züchterausnahme beschnitten, die den Kern des Sortenschutzes beschreibt: Jeder andere Züchter hat das Recht an der Weiterzucht mit einer geschützten Sorte ohne Einwilligung des Inhabers der Ausgangssorte. Anders ist es beim Patent: ausschließlich der Inhaber der Rechte darf das patentierte Objekt herstellen, in den Verkehr bringen, verwenden und promoten. Dritte haben nur sehr begrenzten Zugriff auf patentierte Objekte, sogar für Tests – während der Züchter frei neue Sorten kreieren darf. Anders hingegen verhält es sich mit der Kommerzialisierung der von dritten Züchtern geschaffenen neuen EDV – hier braucht es hingegen die Zustimmung des Züchters der Ausgangssorte(n).

Beim Sortenschutz greift auch, hinsichtlich bestimmter Arten, die sogenannte Landwirteausnahme (oder das Landwirteprivileg): Dem Landwirt wird der Nachbau von geschützten Sorten im eigenen Betrieb unter gewissen Bedingungen und Zahlungen gewährt, ausgenommen von der Zahlungspflicht sind Kleinlandwirte. Der 2. Absatz des Artikels 14 der Verordnung 2100/94 listet all jene Kulturen auf, für die das Landwirteprivileg gilt, zum Beispiel gewisse Futterpflanzen, Getreide, Kartoffeln und Faserpflanzen – der Apfel ist davon ausgenommen.
Beim Sortenschutz genießen Züchter und Landwirte also Privilegien, die bei Patenten nicht möglich sind. Dies liegt daran, dass der Sortenschutz gegenüber

dem öffentlichen Interesse eine größere Verantwortung trägt.

Die UPOV beschreibt diese Gratwanderung zwischen Sicherung der Rechte und Evolution bzw. Nutzen an der Gesellschaft auf ihrer Website[2] folgendermaßen: *„Ein nachhaltiger und langfristiger Züchtungsaufwand ist nur dann lohnend, wenn die Chance besteht, für die getätigte Investition entschädigt zu werden. Zur Kostendeckung seiner Forschung und Entwicklung kann der Züchter deshalb Schutz anstreben, um dadurch die ausschließlichen Rechte für die neue Sorte zu erlangen.*

Zugleich kann eine neue Sorte nach ihrer Freigabe für den Anbau leicht von anderen vermehrt werden. Der ursprüngliche Züchter wird somit der angemessenen Chance beraubt, Nutzen aus seiner Investition zu ziehen. Daher ist es von entscheidender Bedeutung, ein wirksames Sortenschutzsystem bereitzustellen, das die Entwicklung neuer Pflanzensorten zum Nutzen des Züchters und der gesamten Gesellschaft fördert."

Warum die Menschheit neue Sorten braucht, beschreibt die UPOV folgendermaßen: *„Neue Pflanzensorten mit Eigenschaften wie verbessertem Ertrag, Resistenz gegen Pflanzenschädlinge und -krankheiten, Salz- und Trockenheitstoleranz oder besserer Anpassungsfähigkeit an klimatische Belastungen sind Schlüsselelemente für die Steigerung der Produktivität und der Produktqualität in Land- und Forstwirtschaft sowie Gartenbau und senken zugleich die Umweltbelastung auf ein Mindestmaß. Infolge der fortlaufenden Entstehung neuer Schädlinge und Krankheiten sowie auch Veränderungen der klimatischen Bedingungen und der Verbraucherbedürfnisse besteht seitens Landwirten und Pflanzern ein ständiger Bedarf an neuen Sorten und somit an der Entwicklung neuer Sorten durch Züchter. Der enorme Fortschritt in der landwirtschaftlichen Produktivität in verschiedenen Regionen der Welt beruht weitgehend auf verbesserten Sorten in Verbindung mit verbesserten landwirtschaftlichen Verfahren, und die künftige Nahrungsmittelsicherheit hängt davon ab."*

Und weiter, spezifisch zu den Beschränkungen durch den Züchterprivileg, heißt es: *„Das UPOV-System fördert die Entwicklung neuer Pflanzensorten und sorgt damit für mehr Vielfalt. Die ‚Züchterausnahme' des UPOV-Übereinkommens ermöglicht die Bereitstellung von Sortenvielfalt für weitere Züchtungstätigkeiten, da Handlungen zum Zwecke der Züchtung anderer Sorten keiner Einschränkung durch den Züchter unterliegen. Dies trägt der Tatsache Rechnung, dass Zugang zu geschützten Sorten dazu beiträgt, den größtmöglichen Fortschritt in der Pflanzenzüchtung aufrechtzuerhalten und dadurch die Nutzung der genetischen Ressourcen zum Nutzen der Gesellschaft auf ein Höchstmaß zu steigern."*

2 https://www.upov.int/about/de/faq.html, Stand 19.03.2024.

Das öffentliche Interesse des Sortenschutzes ist auch der Grund, wieso ein Doppelschutz von Neuzüchtungen durch Sortenschutz und Patent verboten ist. Streng genommen wurde dieses Verbot im UPOV-Abkommen 1991 einfach nicht mehr erwähnt, so wie in früheren Abkommen oder in nationalen Gesetzgebungen. Wohl spricht Artikel 92 der Verordnung 2100/94 vom Verbot des Doppelschutzes. Somit ist es jedem Züchter überlassen, welchen Weg er bei der Sicherung seiner Rechte gehen möchte, wohl im Hinblick darauf, welche Techniken und Technologien in der Züchtung verwendet wurden und welcher Schutz in Zukunft gewährleistet sein sollte.

Anzuführen ist in diesem Zusammenhang die Richtlinie 98/44/EG des Europäischen Parlaments und des Rates vom 6. Juli 1998 über den rechtlichen Schutz biotechnologischer Erfindungen, die zwar das nationale Patentrecht als Grundlage für den Rechtsschutz biotechnologischer Erfindungen ansieht, zeitgleich eine Harmonisierung fordert, um Unsicherheiten in den Anmeldungen zu beseitigen.

5. CPVO

Das gemeinschaftliche Sortenamt CPVO (Community Plant Variety Office) mit Sitz im französischen Angers ist eine unabhängige Körperschaft, die von EU-Gesetzen geregelt ist. CPVO wird als eigenständige Agentur eingestuft, mit eigener Entscheidungskompetenz, unabhängigen Gremien und finanziellen Ressourcen. Die Aufgaben des CPVO sind die Prüfung von neuen Sorten und das Management der damit verbundenen Sortenrechte:

1. die Formalprüfung des Antrags (Artikel 53 der Verordnung 2100/94);
2. die sachliche Prüfung (Art. 54);
3. die technische Prüfung (Art. 55 bis 58);
4. die Zurückweisung von Anträgen (Art. 61);
5. die Erteilung von Sortenschutzrechten (Art. 62);
6. die Genehmigung der Sortenbezeichnung (Art. 63);
7. die Aufrechterhaltung des gemeinschaftlichen Sortenschutzes (Art. 64 bis 66);
8. die Beschwerden (Art. 67 bis 74);
9. die Erklärung der Nichtigkeit des gemeinschaftlichen Sortenschutzes (Art. 20) und
10. die Aufhebung des gemeinschaftlichen Sortenschutzes (Art. 21).
11. Die im CPVO intern angelegte Beschwerdekammer prüft die Beschwerden gegen Entscheidungen des CPVO, in der Folge kann der Antragsteller beim Europäischen Gerichtshof die Entscheidungen der Beschwerdekammer anfechten.

6. Der Antrag auf Sortenschutz beim CPVO: Definition des Züchters, der Sorte und der Sortenbezeichnung

Wer neue Pflanzen züchtet oder entdeckt, die sich in wesentlichen Merkmalen von vorhergehenden Sorten unterscheiden, schafft eine neue Sorte und soll hierfür das Recht auf Sortenschutz erhalten. Nur der sogenannte Züchter einer neuen Pflanzensorte kann diese schützen lassen, und nur dem Züchter darf der Sortenschutz erteilt werden.

Als Züchter beschreibt Artikel 11 der Verordnung 2100/94 folgende Personen: *„Das Recht auf gemeinschaftlichen Sortenschutz steht der Person zu, die die Sorte hervorgebracht oder entdeckt und entwickelt hat bzw. ihrem Rechtsnachfolger."*

Auch die Rolle des Züchters als Arbeitnehmer ist geregelt. Grundsätzlich honoriert CPVO die Züchtungsarbeit der klassischen Züchtung durch Kreuzung und Auswahl geeigneter Elternsorten, aber auch die Änderung der Genetik durch neueste Techniken und Technologien. Der Sortenschutz gilt aber auch für Entdeckungen einer neuen Sorte oder Mutante durch den Züchter, der dafür ein geschultes Auge braucht und auch in der Folge eine züchterische Tätigkeit verfolgt, um eine komplett homogene und stabile neue Sorte zu erschaffen. Es gibt keine Einschränkungen, wer als Züchter gilt: Es kann eine Einzelperson sein, ein Landwirt, ein Forscher, eine öffentliche Einrichtung, ein Privatunternehmen usw.

Der Sortenschutz wird für eine Pflanzensorte erteilt, die laut Artikel 5 der Verordnung 2100/94 folgendermaßen definiert ist: „Eine Sorte im Sinne dieser Verordnung ist eine pflanzliche Gesamtheit innerhalb eines einzigen botanischen Taxons der untersten bekannten Rangstufe, unabhängig davon, ob folgende Bedingungen für die Erteilung des Sortenschutzes vollständig erfüllt sind:

- durch die sich aus einem bestimmten Genotyp oder einer bestimmten Kombination von Genotypen ergebende Ausprägung der Merkmale definiert;
- zumindest durch die Ausprägung eines der erwähnten Merkmale von jeder anderen pflanzlichen Gesamtheit unterschieden und
- in Anbetracht ihrer Eignung, unverändert vermehrt zu werden, als Einheit angesehen werden kann."

Schutzfähig ist eine Sorte nur dann, wenn sie folgende Kriterien erfüllt:

- Unterscheidbarkeit
- Homogenität
- Beständigkeit,

- Neuheit
- und eine eintragbare Sortenbezeichnung erhält.
- Die ersten drei Voraussetzungen werden nach ihren englischen Äquivalenten als „DUS" (distinctness, uniformity, stability) benannt. Es geht nicht darum, ob diese Eigenschaften einen besonderen kommerziellen oder anbautechnischen Wert haben, sondern dass sie durch qualitative (zum Beispiel Wuchsform), quantitative (zum Beispiel Anzahl der Blüten) und pseudo-qualitative Beschreibung (zum Beispiel ovale Fruchtform) identifiziert werden können.

Unterscheidbarkeit
Die neue Sorte muss sich deutlich in der Ausprägung von mindestens einem Merkmal von allen anderen am Antragstag allgemein bekannten Sorten unterscheiden. Die Frage der Unterscheidbarkeit ist nur durch einen Vergleich mit anderen als allgemein bekannten Sorten festzustellen. Dies geschieht in der technischen Prüfung, wobei der Ort der Prüfung sehr relevant sein kann. In der Praxis des CPVO hat sich gezeigt, dass die Unterscheidbarkeit die größte Hürde für die Erteilung von Sortenschutzrechten ist.

Das ist darauf zurückzuführen, dass es eine große Debatte um die Deutlichkeit der Unterschiede gibt: Wann ist ein Unterschied deutlich genug, um der neuen Sorte die Rechte zu verleihen? Wann ist dieser Mindestabstand gegeben? Diese Kontroverse bringt unter anderem auch Rekordzahlen an Beschwerden bei der Beschwerdekammer des CPVO und dem EU-Gerichtshof mit sich, wohl aber auch weil CPVO ein gewisses Ermessen bei verschiedenen Fragen hat (Ort der Prüfung, welche Merkmale herangezogen werden, wie Merkmale geprüft werden usw.). Andererseits sind manchmal auch Züchter in zwei unterschiedlichen Positionen, und deshalb im Interessenskonflikt: Haben sie erteilte Rechte, möchten sie sehr deutliche Unterschiede für neue Sorten – umgekehrt bevorzugen sie minimale Unterschiede bei Neuanmeldungen. Mittlerweile ist die Züchtung ein großes Business, und es ist die Verantwortung des CPVO, die unterschiedlichen Interessen zu vereinen.

Homogenität
Laut Artikel 8 der Verordnung 2100/94 gilt eine Sorte als homogen, „*... wenn sie – vorbehaltlich der Variation, die aufgrund der Besonderheiten ihrer Vermehrung zu erwarten ist – in der Ausprägung derjenigen Merkmale, die in die Unterscheidbarkeitsprüfung einbezogen werden, sowie aller sonstigen, die zur Sortenbeschreibung dienen, hinreichend einheitlich ist.*" Homogenität wird durch die Anbauprüfung festgestellt.

Beständigkeit/Stabilität
Laut Artikel 9 der Verordnung 2100/94 gilt eine Sorte als beständig, „*... wenn die Ausprägung derjenigen Merkmale, die in die Unterscheidbarkeitsprüfung einbezogen werden, sowie aller sonstigen, die zur Sortenbeschreibung dienen, nach wiederholter Vermehrung oder im Fall eines besonderen Vermehrungszyklus am*

Am Beginn der Entwicklung einer neuen Sorte steht entweder eine Kreuzung oder das Finden einer Mutation wie hier ersichtlich.

Foto: Baumschule Laimer

Ende eines jeden Zyklus unverändert sind." Sorten müssen demnach ihre Merkmale von Generation zu Generation beibehalten. Diese Prüfung wird nicht vorgenommen, sondern es gilt die Annahme, dass eine Sorte beständig ist, sobald sie homogen ist.

Anders verhält es sich mit der Stabilität: Eine geschützte Sorte könnte sich plötzlich als instabil erweisen – hier schafft Artikel 21 der Verordnung 2100/94 Abhilfe: CPVO kann den erteilten Sortenschutz ex nunc aufheben, wenn die Homogenität und Stabilität nicht mehr erfüllt sind. Es gibt auch noch weitere Gründe, warum ein erteilter Sortenschutz aufgehoben werden kann.

Neuheit

Laut Artikel 10 der Verordnung 2100/94 gilt eine Sorte als neu, *„wenn an dem […] Antragstag Sortenbestandteile bzw. Erntegut dieser Sorte*

a) innerhalb des Gebietes der Gemeinschaft seit höchstens einem Jahr,

b) außerhalb des Gebietes der Gemeinschaft […] bei Bäumen oder Reben seit höchstens 6 Jahren

vom Züchter oder mit Zustimmung des Züchters […] verkauft oder auf andere Weise zur Nutzung der Sorte an andere abgegeben worden waren bzw. war."

Beim Begriff der Neuheit geht es nicht mehr um einen Sortenvergleich, sondern um Fristen: Ab dem Datum der ersten Abgabe von Pflanzenmaterial einer neuen Sorte fängt die sogenannte „Sortenschutz-Uhr" an zu ticken, wobei ausschließlich Abgaben zur kommerziellen Nutzung neuheitsschädlich sind, während eine Abgabe an Dritte für einen Bestandsaufbau (zum Beispiel In-Vitro-Labor) oder an andere Unternehmen derselben Unternehmensgruppe nicht neuheitsschädlich sind. Als Abgabe der Sorte ist nicht die Sorte per se, sondern die Pflanze und deren Teile anzusehen, die zur Vermehrung geeignet sind. Für die Definition des Begriffes „Nutzung" ist das ZGB des jeweiligen Mitgliedsstaates heranzuziehen.

Die eintragbare Sortenbezeichnung

Artikel 63 der Verordnung 2100/94 klärt genauestens die Anforderungen an eine Sortenbezeichnung bzw. die Hinderungsgründe, damit sie nicht mit anderen übereinstimmt oder verwechselt werden kann, Ärgernis hervorruft oder gegen die öffentliche Ordnung verstößt. Die Zurückweisung einer Sortenbezeichnung bedeutet nicht den Widerruf des Sortenschutzes oder seiner Anmeldung, denn es ist kein Mangel der Sorte per se. Es geht einzig um die Verkehrsfähigkeit der Sorte auf dem Markt durch eine klare Identifikation der Sorte gegenüber anderen Sorten, auch nach dem Ende der Sortenschutzdauer. Gleichwohl kann die Sortenbezeichnung nicht auch als Markenbezeichnung dienen (oder umgekehrt).

Dazu gibt es einen richtungsweisenden Gerichtsfall in Washington State aus dem Jahre 2006, den „Scarlet Spur trademark case": Im Rahmen dieses Falles verfügte der Richter die Löschung der Marke „Scarlet Spur", da sie der Inhaber van Well selbst wie eine Sortenbezeichnung verwendet hatte.

7. Die technische Prüfung

Die technische Prüfung beginnt nach der Formal- und sachlichen Prüfung eines Antrags auf Erteilung eines Sortenschutzes seitens CPVO. Sind die Neuheit der Sorte und die Erfüllung der DUS-Kriterien laut Beschreibung des Antragsstellers gegeben, sind alle Gebühren bezahlt und die Sortenbezeichnung eintragbar, dann wird ein Antragsdatum erstellt. Dieses Datum ist für zwei Aspekte relevant, ab diesem Datum beginnt ein „vorläufiger Sortenschutz": Erstens greift der Artikel 95 der Verordnung 2100/94 im Falle der Erteilung des Sortenschutzes, also der Inhaber der neuen Sorte erhält eine Vergütung von Dritten für die Verwendung der Sorte bis zur Schutzerteilung. Zweitens greift der sogenannte Zeitvorrang oder Priorität (Artikel 52 der Verordnung 2100/94), der es dem Anmelder ermöglicht, für dieselbe Sorte weltweit mehrere Anmeldungen innerhalb eines Jahres zu tätigen, auch wenn dies nicht am selben Tag geschieht; er sichert sich somit die Rechte gegenüber späteren Anmeldern mit Sorten, die nicht deutlich unterscheidbar zur prioritätsbegründenden Anmeldung sind.

Der Antragsteller ist verpflichtet, innerhalb gewisser Fristen gesundes Pflanzenmaterial von klar festgelegtem Alter, Qualität und (VF) Virusstatus zur festgelegten Prüfstation zu schicken, mit dem Ziel der Überprüfung der DUS-Kriterien. Mit der technischen Prüfung beginnt die Kontrolle der Sortenbeschreibung durch den Anbau der Sorte in der Prüfstation und den Vergleich mit anderen Sorten bzw. Mutanten.

Im UPOV-Dokument TGP/7 „Erstellung von Prüfungsrichtlinien" sind die Richtlinien der technischen Prüfung festgelegt. Die neue Sorte muss die im UPOV-Dokument G 1/3 „Allgemeine Einführung zur Prüfung auf Unterscheidbarkeit, Homogenität und Beständigkeit und Erarbeitung harmonisierter Beschreibungen von neuen Pflanzensorten" genannten Voraussetzungen erfüllen, und – einfach gesagt – die DUS-Kriterien erfüllen.

CPVO schickt dem Antragsteller jedes Jahr technische Reports („interim report"), und im Falle der Erteilung des Sortenschutzes einen endgültigen Report („final report") und eine detaillierte Beschreibung der Sorte. Jedes Jahr sind zur Aufrechterhaltung des Sortenschutzes Gebühren zu entrichten.

Während des Prüfungsverfahrens kann jedermann Einwendungen gegen die Erteilung des Sortenschutzes erheben. Diese Einwendungen müssen begründet sein und sich auf die Artikel 59 und 60 der Verordnung 2100/94 stützen. Ein Einsichtsrecht in die Prüfungs-

Ursprungssorte "A"
GESCHÜTZT
hervorgebracht und geschützt durch **Züchter 1**

↓

Im wesentlichen abgeleitete Sorte "B"
hervorgebracht und geschützt durch **Züchter 2**

- vorwiegend von "A" abgeleitet
- behält die Ausprägung der wesentlichen Merkmale von "A" bei
- deutlich von "A" unterscheidbar
- entspricht "A" in den wesentlichen Merkmalen (abgesehen von den sich aus der Ableitung ergebenden Unterschieden)

→ gewerbsmäßiger Vertrieb: Zustimmung der **Züchter 1 und 2 erforderlich**

↓

Im wesentlichen abgeleitete Sorte "C"
hervorgebracht und geschützt durch **Züchter 3**

- vorwiegend von "A" oder "B" abgeleitet
- behält die Ausprägung der wesentlichen Merkmale von "A" bei
- deutlich von "A" unterscheidbar
- entspricht "A" in den wesentlichen Merkmalen (abgesehen von den sich aus der Ableitung ergebenden Unterschieden)

→ gewerbsmäßiger Vertrieb: Zustimmung der **Züchter 1 und 3 erforderlich** (Zustimmung des Züchters 2 **nicht** erforderlich)

↓

Sorte "D"

↓

Sorte "E"

↓

Im wesentlichen abgeleitete Sorte "Z"
hervorgebracht und geschützt durch **Züchter N**

- vorwiegend von "A", "B","C, "D" oder "E" usw. ...
- behält die Ausprägung der wesentlichen Merkmale von "A" bei
- deutlich von "A" unterscheidbar
- entspricht "A" in den wesentlichen Merkmalen (abgesehen von den sich aus der Ableitung ergebenden Unterschieden)

→ gewerbsmäßiger Vertrieb: Genehmigung von **den Züchtern 1 und N erforderlich** (Genehmigung der Züchter 2, 3 usw. **nicht** erforderlich) unterlagen und die relevanten Dokumente besteht ebenfalls.

8. **Die Entscheidung des CPVO: Zurückweisung oder Erteilung des Sortenschutzes**

Das Amt weist den Antrag zurück (Artikel 61), oder erteilt den Sortenschutz mit einer Sortenbeschreibung (Art. 62) und einer Urkunde. Die Sorte wird in das Register der Sorten mit gemeinschaftlichem Sortenschutz eingetragen (Art. 87), mit Angabe aller nötigen Informationen wie der Art, der Sortenbezeichnung, dem Inhaber usw.

Gegen die Erteilung des Sortenschutzes oder andere bestimmte Entscheidungen des CPVO (beispielsweise die Nichtigkeitserklärung oder Aufhebung des Sortenschutzes laut Art. 20 und 21 oder die Zurückweisung laut Art. 61) kann jeder unmittelbar und direkt Betroffene laut Artikel 67 bis 74 Beschwerde einlegen, und diese Beschwerde hat aufschiebende Wirkung. Zulässige Beschwerden werden von der Beschwerdekammer geprüft. Die Entscheidungen dieser Beschwerdekammer sind als letzte Instanz mit Rechtsbeschwerde beim Gerichtshof der EU anfechtbar. Die Regeln des Gerichtshofs der EU sind auf www.curia.eu nachlesbar.

9. **Der Schutzbereich**

Der Sortenschutz ist ein ausschließliches Nutzungsrecht, es steht also laut Artikel 13 der Verordnung 2100/94 lediglich dem Inhaber zu. Dies bedeutet, dass nur der Inhaber befugt ist, folgende Handlungen in Bezug auf Sortenbestandteile oder Erntegut der geschützten Sorte vorzunehmen:

a) Erzeugung oder Vermehrung,
b) Aufbereitung zum Zweck der Vermehrung,
c) Anbieten zum Verkauf,
d) Verkauf oder sonstiges Inverkehrbringen,
e) Ausfuhr aus der Gemeinschaft,
f) Einfuhr in die Gemeinschaft,
g) Aufbewahrung zu einem der unter den Punkten a) bis f) genannten Zwecke.

Wie bereits erwähnt, wurden die Rechte des Inhabers erst mit dem UPOV-Abkommen 1991 – die EU ist Mitglied der UPOV – auf Früchte und andere Erzeugnisse aus der Ernte (zum Beispiel Marmelade) erweitert. Die Gewährung von Rechten auf die Früchte geschützter Apfelsorten bildet den notwendigen rechtlichen Rahmen – sozusagen den Startschuss – für sogenannte Clubs bei Apfelmarken. Dies gilt umso mehr, da der EU-Sortenschutz auch Hybrid- und wesentlich abgeleitete Sorten (EDV) umfasst, also genau jene Sorten und Mutationen, die einem Club zugrunde liegen. Nach EU-Recht erstreckt sich der Sortenschutz jedoch nicht auf Erzeugnisse aus der Ernte, sofern diese von illegal vermehrten Pflanzen stammen.

Der Sortenschutz erstreckt sich auch auf Sorten,

- die von der geschützten Sorte nicht unterscheidbar sind;
- deren Erzeugung die fortlaufende Verwendung der geschützten Sorte erfordert;

- die im Wesentlichen von der Sorte („Ursprungssorte") abgeleitet wurden, für die ein EU-Sortenschutz erteilt worden ist, sofern diese Sorte selbst keine im wesentlichen abgeleitete Sorte ist.

Beim letzten Fall will die EU Abhängigkeitspyramiden ausschließen, und definiert exakt die sogenannte EDV, also eine wesentlich abgeleitete Sorte, die wiederum – kumulativ – einige Kriterien erfüllen muss, zum Beispiel das der deutlichen Unterscheidbarkeit von der Ursprungssorte oder die Pflicht der direkten Ableitung von der Muttersorte (und nicht von einer anderen EDV, also einer Pyramide von Ableitungen).

Die Grafik (Seite 294) verdeutlicht, wie UPOV eine komplexe Abhängigkeit zwischen Züchtern vermeiden will und sie dahingehend regelt.[3]

Zusammenfassend lässt sich Folgendes sagen: Wer eine Sorte züchtet, die vorwiegend von einer sortengeschützten Ursprungssorte abstammt, kann diese neue (EDV-)Sorte zum Sortenschutz anmelden, auch ohne Zustimmung des Inhabers der Ursprungssorte. Für die Kommerzialisierung ist es hingegen Grundvoraussetzung, dass die Autorisierung des Inhabers der Ursprungssorte vorliegt. Wer beispielsweise von der geschützten Sorte „Cripps Pink" eine EDV anmeldet und den Sortenschutz erteilt bekommt, hat noch lange kein Recht, diese neue Sorte auf den Markt zu bringen, erst recht nicht durch den unrechtmäßigen Gebrauch der Marke Pink Lady®. Der Inhaber der EDV braucht eine Lizenz für das Inverkehrbringen, und generell braucht jeder Nutzer einer geschützten Sorte eine Lizenz für Handlungen, die dem Züchter vorbehalten sind (siehe oben).

Einschränkungen des Sortenschutzes (Art. 15 der Verordnung 2100/94
Der Sortenschutz gilt nicht für Handlungen zu privaten und nicht-gewerblichen Zwecken, für Versuche oder der Züchtung von neuen Sorten (Züchterprivileg); auch gilt das Landwirteprivileg für einige landwirtschaftliche Arten, Kleinlandwirte müssen dafür nicht einmal eine Nutzungsgebühr bezahlen.

Dauer des Eu-Sortenschutzes
Die Dauer des Sortenschutzes wird in Artikel 19 der Verordnung 2100/94 beispielsweise beim Apfel und bei Reben mit 30 Jahren angegeben, gerechnet bis zum Jahresende des 30. Jahres – das Datum wird in der Urkunde für den Inhaber genannt. Die zeitliche Begrenzung ist dadurch begründet, dass – im Unterschied zu Markenrechten – ein Ausgleich der

---

3 Quelle: https://www.upov.int/edocs/expndocs/de/upov_exn_edv.pdf , abgerufen am 19.03.2024, Stand des Dokuments: 27.10.2023.

Interessen des Züchters (Zeit für die Nutzung der Sorte und demzufolge Wirtschaftlichkeit) und der Allgemeinheit (Züchterprivileg) gewährleistet werden soll. Der Inhaber kann aber schon vor Ablauf der maximalen Schutzdauer durch eine Verzichtserklärung seine Rechte aufgeben. Immerhin ist das gesamte System CPVO auf Gebühren der Antragsteller bzw. Inhaber aufgebaut, demnach für Letzteren auch eine wirtschaftliche Überlegung. Denn die Gebühren vor der Erteilung betragen um die 3.500–4.000 € (Stand: 1. Jänner 2024) pro Jahr pro Sorte. Und es gibt genügend Beispiele von Anmeldungen, die sich über 5 Jahre und mehr ziehen. Nach der Erteilung sind Erhaltungsgebühren von einigen hundert Euro pro Jahr zu bezahlen.
Wenn ein Inhaber seine Sorte in mehreren Staaten vermarkten und vorher schützen lässt, sollte er sich die Kosten-Nutzen-Rechnung besser vor der Investition machen.

Auch kann es dem Inhaber passieren, dass das CPVO die Sorte für nichtig erklärt (zum Beispiel könnte es passieren, dass, obwohl die Sorte die DUS-Kriterien erfüllt hatte, zu Unrecht der Sortenschutz erteilt worden war, siehe Art. 20, Verordnung 2100/94), oder den Sortenschutz ex nunc aufhebt (weil die Sorte nicht mehr homogen oder beständig ist, Art. 21). Aus diesem Grunde hat das CPVO die Pflicht zur sogenannten Technischen Nachprüfung und einer eventuellen Änderung der Sortenbezeichnung, um den Sortenschutz aufrechtzuerhalten (Art. 64 bis 66 Verordnung 2100/94).

10. Die verletzten Rechte

Angesichts der möglichen massiven Investitionen ist es für den Sorteninhaber von essenzieller Bedeutung, wie er seine Rechte verteidigen kann. Das sehen die Artikel 94 et seq. der Verordnung 2100/94 vor: Der Inhaber kann Dritte auf Unterlassung der Verletzung und/oder Zahlung einer angemessenen Vergütung klagen, in gewissen Ländern (wie Deutschland) auf Vernichtung und Rückruf. Nationale Gerichte entscheiden auch über eine angemessene Vergütung für den Inhaber der Rechte von *„... demjenigen, der in der Zeit zwischen der Bekanntmachung des Antrags auf gemeinschaftlichen Sortenschutz und dessen Erteilung eine Handlung vorgenommen hatte, die ihm nach diesem Zeitraum aufgrund des gemeinschaftlichen Sortenschutzes verboten wäre" (Artikel 95).*

Ein Beispiel: Wenn am Tag X die neue Sorte X den Sortenschutz erhält, und es existieren an jenem Datum andere Sorten, die X verletzen, hat der Inhaber X Anspruch auf eine Vergütung für den vergangenen Zeitraum der Nutzung bis zur Erteilung des Sortenschutzes für X; diese ist geringer als eine übliche Lizenzgebühr. Für die Zukunft hingegen, also nach Erteilung des Sortenschutzes, steht dem Inhaber das alleinige Recht an X zu, aber auch an den ähnlichen Sorten; er kann also

Lizenzzahlungen beanspruchen. Jegliche kommerzielle Nutzung einer Sorte, die X zu ähnlich ist, braucht die Zustimmung des Inhabers von X. Dieser könnte auch die Zustimmung verweigern, und die zu ähnliche Sorte darf nicht mehr kommerziell genutzt werden.

Anzuführen sind noch die Rechtsmöglichkeiten eines Sorteninhabers im Rahmen der Verordnung (EG) Nr. 1383/2003 „über das Vorgehen der Zollbehörden gegen Waren, die im Verdacht stehen, bestimmte Rechte geistigen Eigentums zu verletzen, und die Maßnahmen gegenüber Waren, die derartige Rechte verletzen" bzw. die Richtlinie 2004/48/EG des europäischen Parlaments und des Rates vom 29.04.2004 zur Durchsetzung der Rechte des geistigen Eigentums

11. Wichtigkeit und Notwendigkeit des Sortenschutzes

Züchtung erfordert Wissen und Geschick, und bringt beträchtliche Investitionen mit sich: Wer züchtet, investiert in Land, Ausrüstung, Gewächshäuser, Labore, Rechte (Sorten- und/oder Markenrechte), unter Umständen auch in Arbeitskräfte. Züchtung braucht Zeit, ist in Jahrzehnten zu denken, und nicht jede Züchtung ist erfolgreich. Der Züchter braucht ein Entgelt für seine Arbeit, seine Investition und sein Risiko. Aus diesem Grunde ist ein „professionell" geführter Sortenschutz, also Klarheit in den Verfahren für Anmeldung und Erteilung, von zentraler Wichtigkeit beim Abwägen der Investitionen und Risiken seitens des Züchters. Denn sobald die neue Sorte auf dem Markt verfügbar ist, kann sie leicht vermehrt werden, auch illegal. Der Sortenschutz stellt somit die Rechtsgrundlage für eine wirtschaftliche Verwertung einer neuen Sorte in Form der Lizenzierung dar, und schafft somit Anreize für Züchtungen, zum Wohle des Züchters und der gesamten Wertschöpfungskette, Konsument inklusive.

Andererseits gewährt der Sortenschutz auch Schutz vor Plagiaten. In der Praxis wird dieser Schutz von umstrittenen Urteilen nationaler Gesetzgebung immer wieder unterwandert und demotiviert Züchter, weil sie ihre Arbeit nicht entsprechend geschützt bekommen bzw. im Schadensfall ihres Erachtens viel zu niedrig angesetzte Zahlungen zugesprochen erhalten. Dies birgt eine Problematik, denn in den letzten Jahren sind vor allem die Anmeldungen von EDV gestiegen.

Die Züchtung wird also immer umkämpfter, und braucht genau deshalb sonnenklare und noch durchdachtere Regelungen, auch bei CPVO. Der Standort der europäischen DUS-Prüfung des Apfels im nordfranzösischen Angers ist beispielsweise sehr umstritten, aber auch einige Aspekte des DUS-Tests, die überzogenen Kosten, fragwürdige Sortenbezeichnungen und die Art und Weise, welche Kürzel die Sorten mit vorläufigem bzw. erteiltem Sortenschutz zu tragen haben. Zu letzterem Punkt fehlt eine offizielle Vorgabe seitens CPVO.

ANMERKUNG DES AUTORS UND QUELLEN

Das Sortenschutzrecht ist sehr komplex, und dieses Kapitel erhebt keinen Anspruch auf Vollständigkeit: Einige Thematiken habe ich ausführlich behandelt, andere nur gestreift. Darüber hinaus müssen Ausnahmen, neueste Erkenntnisse oder Präzedenzfälle/Urteilssprüche berücksichtigt werden. Aus diesem Grund macht es bei Fragen zum Sortenschutz grundsätzlich Sinn, sich an Profis wie Sortenmanager zu wenden, anwaltlichen Beistand bei sogenannten Patentanwälten zu holen oder Fachliteratur zu konsultieren.

Die „Bibel" schlechthin ist meines Erachtens „European Community Plant Variety Protection" von Würtenberger (bei dem ich mich herzlichst für seine Unterstützung bedanke), van der Kooij, Kieweit und Ekvad von Oxford University Press.

WEITERE QUELLEN

EG Verordnung 2100/94 des Rates vom 27.07.1994; UPOV-Abkommen vom 02.12.1961, revidiert am 10.11.1972 und 19.3.1991; www.upov.int: „Allgemeine Einführung zur Prüfung auf Unterscheidbarkeit, Homogenität und Beständigkeit und Erarbeitung harmonisierter Beschreibungen von neuen Pflanzensorten." TG/1/3 bzw. Sektion FAQ; „Handbuch des Fachanwaltes – Gewerblicher Rechtsschutz" von Erdmann/Rojahn/Sosnitza; https://www.upov.int/edocs/expndocs/de/upov_exn_edv.pdf.

MARKENSCHUTZ

Eine Marke ist ein geschütztes Zeichen, oft auch als geistiges Eigentum benannt – sie kennzeichnet Waren eines Unternehmens, um sie von konkurrierenden Waren zu unterscheiden bzw. bestehende Markenrechte zu respektieren.

Marken können in 34 Produkt- und 11 Dienstleistungsklassen angemeldet werden. Die Anmeldung kann in nationalen Patentämtern oder international erfolgen:

- durch die WIPO (World Intellectual Property Organisation) oder
- durch eine Gemeinschaftsmarke: In der EU ist das Amt der Europäischen Union für geistiges Eigentum, kurz EUIPO, mit Sitz im spanischen Alicante dafür zuständig. EUIPO ist, wie CPVO, eine Agentur der EU, und für die Eintragung der EU-Marken und EU-Geschmacksmuster zuständig.

Marken bestehen aus Wörtern, Buchstaben, Zeichen, Namen und/oder sind grafisch gestaltet. Für dieses Kapitel sind drei Typen von Marken wichtig: die Wortmarke, die Bildmarke und die Wort-Bild-Marke.

Bei mehreren Millionen Marken weltweit macht es Sinn, auch im Apfelsektor einen Eye-Catcher zu schaffen, eine starke Marke aufzubauen, die weltweit leicht auszusprechen ist und einen Wiedererkennungswert schafft, auch um Plagiaten vorzugreifen. Dies muss gut durchdacht sein. Denn auch bei Markenrechten sollte man sich in die Hände von Profis –spezialisierte Anwälte – begeben:

In welchen Produktklassen will ich Business betreiben und mich deshalb anmelden? Ein Beispiel: Will ich neben der Klasse 31, die Pflanzen- und ihre Teile bzw. die Früchte abdeckt, auch nichtalkoholische Getränke in den Markt bringen? Wenn ja, dann ist zusätzlich zur Klasse 31 auch die Klasse 32 zu schützen.

In welchen Staaten sollte der Schutz bestehen, d. h. wo wird die der Marke zugrunde liegende Sorte angebaut, wo werden die Früchte verkauft?

Um all diese offenen Fragen zu beantworten, sollte eine Markenrecherche die Erfolgschancen eruieren und feststellen, ob bereits identische oder ähnliche Marken existieren. Der Inhaber einer ähnlichen Marke wird sicherlich seine älteren Rechte schützen wollen, und kann Probleme in Form von Einsprüchen verursachen. Eine Recherche ist vor allem in der EU sehr ratsam, denn die gesamte EU-Anmeldung wird zurückgewiesen, wenn es auch nur einen einzigen Mitgliedsstaat mit kollidierenden Rechten gibt. Eine Recherche klärt viele Probleme, und ermöglicht es, das Timing für die Anmeldung festzulegen: Dabei müssen Anmeldezeiten und mögliche Widersprüche berücksichtigt werden und der gewünschte Schutzzeitraum ist festzulegen. Nach erfolgter Registrierung muss die Marke aktiv verwendet werden (gekennzeichnet durch ®, während ™ ab Anmeldedatum genutzt werden kann), andernfalls kann es zu Löschungsanträgen kommen, wenn die Marke nicht rechtserhaltend benutzt wird.

Nun stellen sich aber folgende Fragen: Wieso gibt es vor allem im Apfelbereich sortengeschützte Apfelmarken, wieso gibt es Clubs und welchen Sinn macht ein so teurer und riskanter Doppelschutz?

Marken leben ewig. Sie haben zwar eine begrenzte Dauer, zum Beispiel beträgt die Markendauer in der EU vorläufig zehn Jahre, sie kann aber anschließend beliebig oft jeweils um weitere zehn Jahre verlängert werden.
Marken erlöschen erst unter folgenden Bedingungen:

- die Gebühren werden nicht bezahlt;
- Nichtbenutzung;
- wenn die Markenbezeichnung zum Gattungsbegriff wird, wie im Fall „Scarlet Spur".

Der Fall „Scarlet Spur" zeigt, wie wichtig korrekte Markenführung im Apfelsektor ist. Der Inhaber der Sorte hat durch die falsche Verwendung der Markenbezeichnung (ob absichtlich oder unbeabsichtigt) einen schweren Fehler begangen.

Die richtige Verwendung der Marke hätte dem Inhaber ewige Sortenrechte verschaffen können, obwohl Sortenschutz zeitlich begrenzt ist. Nach Ablauf des Schutzes fällt die Sorte in die Hände der Allgemeinheit. Dieser Fall verdeutlicht, wie wichtig es für Inhaber von Obstsorten ist, von Beginn an konsequent auf eine starke Marke zu setzen, insbesondere beim Aufbau eines Clubs. Durch eine starke Markenidentität kann ein erfolgreiches Geschäft auch nach Ablauf des Sortenschutzes weitergeführt werden – zum Vorteil aller Beteiligten in der Wertschöpfungskette.

Obwohl beispielsweise 2022 der Sortenschutz von Cripps Pink ablief, stellt die starke Marke Pink Lady® sicher, dass die Produzenten weiterhin ihre Investitionen gut amortisieren. Seit 2022 kann die Sorte Cripps Pink zwar frei vermehrt werden; auch die aus einer solchen Vermehrung stammenden Früchte dürfen verkauft werden, allerdings nicht unter der Marke Pink Lady® , denn die Marke existiert unabhängig vom Sortenschutz weiter, sodass die Zustimmung des Markeninhabers zur Benutzung weiterhin erforderlich ist, auch wenn die Sorte frei vermehrt werden darf.

Markenüberwachung und Verteidigung

Inhaber von eingetragenen Marken haben Interesse, ihre Marke vor sogenannten Kollisionsmarken zu verteidigen. Wenn wir bedenken, dass zum Beispiel allein in Deutschland seit 2000 um die 70.000 neue Marken national angemeldet wurden, erkennen wir die mögliche Gefahr. Die Bekämpfung einer neuen Marke, die plötzlich am Markt auftaucht, kann teuer und kompliziert sein. Deshalb sollte der Markeninhaber Neuanmeldungen, die mit seiner Marke kollidieren könnten, kontinuierlich überwachen, um nicht plötzlich mit Marken konfrontiert zu werden, die eine Nachahmungs- oder Verwechslungsgefahr darstellen. Nach der Eintragung einer neuen Marke wird diese im Amtsblatt veröffentlicht und der Inhaber älterer Rechte kann innerhalb drei Monaten Widerspruch erheben. Im Erfolgsfall findet eine Markenlöschung statt.

Genauso wie der Sortenschutz ist auch der Markenschutz ein ausschließliches Nutzungsrecht, es steht also lediglich dem Inhaber zu bzw. bedarf es seiner Zustimmung, seine geschützte Marke zu verwenden. Auch beim Markenschutz kann auf Unterlassung, Beseitigung, Vernichtung, Schadensersatz und weiteres eingeklagt werden.

Die Sicherung der Markenrechte erfordert, ähnlich wie bei den Sortenrechten, erhebliche Investitionen und ist mit Risiken verbunden. Angesichts dessen könnte ein Inhaber sogar die Entscheidung fällen, komplett auf Marken- und/oder Sortenschutz zu verzichten. Das ist sein gutes Recht.

Das Sortenregister

Auch wenn eine Sorte nicht zum Sortenschutz angemeldet wird, muss sie trotzdem in einem sogenannten Sortenregister eingetragen werden. Die „Durchführungsrichtlinie 2014/96 der EU-Kommission vom 15. Oktober 2014 in Bezug auf die Anforderungen an Etikettierung, Plombierung und Verpackung von Vermehrungsmaterial und Pflanzen von Obstarten zur Fruchterzeugung, die in den Geltungsbereich der Richtlinie 2008/90/EG fallen", verlangt dies. Italien hat diese Richtlinie mit Ministerialdekret vom 6. Dezember 2016 umgesetzt und das sogenannte „Registro nazionale delle varietá delle piante da frutto" eingeführt. Damit eine Sorte heute kommerziell in der EU in Umlauf gebracht werden darf, muss sie entweder im italienischen Register[4], im Sortenregister eines anderen EU-Landes, oder im EU-Register „Frumatis"[5] eingetragen sein.

4 https://www.protezionedellepiante.it/d-m-7521-del-4-marzo-2016-attuazione-del-registro-nazionale-delle-varieta-di-piante-da-frutto/
5 https://ec.europa.eu/frumatis/index.xhtml

„Früher war alles anders"

… das gilt auch für die Apfelwirtschaft. Vor Jahrzehnten existierten Sorten- und Markenrechte nicht. Es gab keine Grenzen in der Vermehrung und Pflanzung, weder für Baumschuler noch für den Landwirt oder sonst jemanden. Heute müssen alle Beteiligten in der Wertschöpfungskette, bestehende Rechte respektieren und Verträge unterzeichnen, um sich Rechte zu sichern. Die Rolle und das Bild der Baumschuler und der Landwirte hat sich gewandelt: Heute sind Baumschuler als Inhaber von Rechten und Besitzer von Sorten und Mutanten vor allem international aktiv, einige haben sich sogar zu Sortenmanagern gewandelt – weg vom Antrieb der Baumproduktion, weg von Spekulationsbäumen, hin zur geplanten Vermehrung von geschützten Sorten.
Aber auch das Bild des Landwirts hat sich gewandelt: Er kann nicht alle Sorten pflanzen, er kann Sorten oder Mutanten finden, er kann Sorten von Clubs anpflanzen – immer wieder kommt er in Kontakt mit dem Recht und Rechten. Emotional gesehen scheint der Landwirt bei oberflächlicher Betrachtung zum Dienstleister degradiert worden zu sein, bei genauer Betrachtung ist er eines der wichtigsten Zahnräder in der gesamten Wertschöpfungskette, vor allem wenn es um Clubsorten geht. Denn der Landwirt ist nun mal Produzent jener Früchte, die eines Tages ein Konsument in der Hand halten wird – Qualität ist das Stichwort. Weltweit steigen die Anbauflächen und die Produktivität, im Schnitt sinkt aber der Apfelkonsum. Im Normalfall gibt es ein Überangebot an Äpfeln, gesättigte Märkte, Preiskampf und Preisverfall – der Landwirt erhält lediglich das, was übrig bleibt.

Wie kann man dem entgegenwirken? Der Markt braucht neue Sorten, neue Marken, neue Ideen, gutes Marketing und sogenannte Alleinstellungsmerkmale. Er braucht Akzente durch starke Marken, die mit tollen Inhalten gefüllt werden, Profis, die den Konsumenten erklären, wie gesund, „cool und sexy" es ist, Äpfel zu konsumieren – „Storytelling at it's best".

Konzerne investieren Milliarden in Junk-Food, übertreffen sich in Rekordzahlen. Auch der Apfel muss neue Wege einschlagen, weg vom Preiskampf und Verdrängungswettbewerb, hin zu Emotionen beim Konsum – das sollte mit einer gesunden und praktischen Frucht wie dem Apfel doch machbar sein. Auch weil jeder bereits den Spruch kennt: „An apple a day keeps the doctor away!"

Kurzbiografien der AutorInnen

CHRISTIAN ANDERGASSEN

Jahrgang 1986, nahm nach Abschluss seines Studiums an der Universität für Bodenkultur Wien seine Tätigkeit in der Arbeitsgruppe „Physiologie Obstbau" am Versuchszentrum Laimburg auf. Dort beschäftigt er sich seit 2014 mit physiologischen Aspekten im Apfelanbau. Die Schwerpunkte liegen bei der Blüten- und Fruchtausdünnung, neuen Anbauformen und der Optimierung des Baumschnitts. Im Jahr 2024 absolvierte er sein Forschungsdoktorat an der Freien Universität Bozen zum Thema pneumatische Vorernteentblätterung beim Apfel. Der Bezug zur Praxis durch die aktive Mitarbeit in den Apfelanlagen des Familienbetriebs kommt Christian Andergassen auch bei seiner Tätigkeit in der Forschung zugute.

JÜRGEN BRAUN

Jürgen Braun, Jahrgang 1972, absolvierte sein Doktorat in Wirtschaftswissenschaften an der Universität Trient. Seit 1999 ist er CEO des neugegründeten Familienunternehmens KIKU GmbH, um gestreifte Fujis weltweit zu vermarkten. Heute ist KIKU Variety Management mit zahlreichen Sorten, Marken und Clubs weltweit aktiv. Jürgen Braun ist passionierter Skifahrer und Tennisspieler, und unterstützt zahlreiche Südtiroler Sportler und Künstler. Er lebt mit seiner Frau Karin und drei Töchtern in Girlan/Südtirol.

LUIS BRAUN

Der 1941 gebürtige Terlaner besuchte die Landwirtschaftsschule Muri-Gries und absolvierte ein eineinhalb jähriges Praktikum bei Baron Eyrl am Gutshof „Köstenholz" in Terlan. Als Gutsverwalter des Grafen Eberhard Kuenburg führte er die kleinen Baumformen auf der Unterlage M9 in Südtirol ein. 1976 gründete er die Baumschule Braun. Dank seines Einsatzes konnte 1977 der Bund Südtiroler Baumschuler (BSB) ins Leben gerufen werden, den er zehn Jahre lang als Obmann leitete. Von 1980 bis 2006 war er Landesobmann des Vereins der Absolventen landwirtschaftlicher Schulen. Ab 1990 etablierte er die japanische Apfelsorte Fuji mit der Marke KIKU erfolgreich im Südtiroler Obstbau. Luis Braun lebt mit seiner Frau Jutta in Girlan. Die Söhne Thomas und Jürgen führen das Lebenswerk des Obstbaupioniers weiter. Luis Braun wurde unter anderem mit der Verdienstmedaille des Landes Tirol ausgezeichnet.

STEFANO ENDRIZZI

Stefano Endrizzi, Jahrgang 1970, hat das Istituto Tecnico Agrario von San Michele all'Adige absolviert. Er ist seit 1994 in der Abteilung Landwirtschaft der Provinz Bozen tätig und war bis 2006 verantwortlich für die Landeszertifizierung der Obstgehölze. 2021 wurde Stefano Endrizzi zum Leiter des Landespflanzenschutzdienstes ernannt. Er lebt mit seiner Familie in Ronzone (Obernonstal).

CHRISTOPH GUFLER

Christoph Gufler ist Autor zahlreicher Veröffentlichungen zur Landeskunde Südtirols, von denen „Südtiroler Kastanien" 2011 mit der Silbermedaille der Frankfurter Buchmesse und „Weinland Südtirol" als „Winner Italy Gourmand Awards 2020" ausgezeichnet wurden. Der langjährige Bürgermeister der Großapfelgemeinde Lana (1995–2010) ist Mitbegründer des Südtiroler Obstbaumuseums in Lana, das er 30 Jahre als Obmann ehrenamtlich leitete. 1995 erschien sein „Südtiroler Apfelbuch", das 2013 unter dem Titel „Der Südtiroler Apfel" in erweiterter Form neu aufgelegt wurde.

WALTER GUERRA

Walter Guerra hat in Padua Agrarwissenschaften studiert und sein Forschungsdoktorat an der Uni Bologna bei Professor Sansavini absolviert. An der BOKU Wien und an der UC Davis in Kalifornien konnte er wertvolle Erfahrungen im Ausland sammeln. Seit Anfang der 2000er-Jahre ist er am Versuchszentrum Laimburg tätig und führt dort die Arbeitsgruppe Pomologie, die sich mit der Vermehrung, Erhaltung, Prüfung und Züchtung von Apfelsorten beschäftigt. Seit 2017 hat er zudem die Leitung des Instituts für Obst- und Weinbau übernommen. Die Teilnahme an EU-Projekten zur Züchtungsforschung hat seine Arbeitsgruppe international vernetzt. Er ist Sekretär der europäischen Arbeitsgruppe EUFRIN zur Sortenprüfung und Mitglied des Expertenpanels des europäischen Sortenschutzamtes CPVO.

IRENE HÖLLER

Irene Höller, Jahrgang 1981, hat nach Abschluss ihres Studiums der Agrartechnik und Wirtschaft an der Freien Universität Bozen ihre Tätigkeit am Versuchszentrum Laimburg aufgenommen. Dort beschäftigt sie sich seit 2004 mit der Prüfung von Apfelunterlagen aus aller Welt und der Züchtung von neuen Apfelsorten. Sie hat Kontakte mit internationalen Agrarinstitutionen und schreibt wissenschaftliche Publikationen in obstbaulichen Fachzeitschriften und dem Laimburg Journal. In der Forschung kommt Irene Höller ihr Bezug zur Praxis zugute, durch die Führung ihres Obst- und Weinbaubetriebs Höllerhof in Vilpian.

HERMANN MANTINGER

Hermann Mantinger wurde 1934 in Latsch geboren und besuchte das humanistische Gymnasium „Vinzentinum" in Brixen und das staatliche Gymnasium in Meran mit Maturaabschluss. Er studierte Agrarwissenschaften an der Universität für Bodenkultur in Wien mit Spezialisierung im Obstbau und Pflanzenschutz. 1961–1969 war er Berater beim Südtiroler Beratungsring für Obst- und Weinbau in Lana und Terlan. 1969–1975 war er Lehrer für Obstbau und Pflanzenschutz an der Obst- und Weinbauschule Laimburg und gleichzeitig am Aufbau des Versuchswesens an der Laimburg beteiligt. 1975–1999 war er Direktor des neugegründeten „Versuchszentrums Laimburg". 1995–2000 lehrte er an der Universität Innsbruck am Institut für Botanik in den Fachbereichen Obstbau und Weinbau. Bis 2008 war er Vorsitzender des wissenschaftlichen Beirats des Versuchszentrums Laimburg.

HELMUTH SCARTEZZINI

Jahrgang 1948, hat nach Abschluss des Studiums der Landwirtschaft an der Universität für Bodenkultur in Wien die berufliche Laufbahn in der Landesverwaltung Abteilung Landwirtschaft begonnen. Nach seiner Tätigkeit im Bereich des ländlichen Bauwesens erfolgte ab 1983 die Übernahme der Kontrolltätigkeit des Landes in den Baumschulen. Durch die Berufung zum Leiter des Amtes für Obst- und Weinbau im Jahr 1984 bis zum Ausscheiden 2012 bestand eine ständige berufsmäßige Verbindung mit dem Geschehen in den Obstbaumschulen. Durch die nachträgliche Beschäftigung mit der Aufarbeitung der Weinbaugeschichte des Landes konnte auch Einblick in den obstbaulichen Werdegang gewonnen werden, der nun erstmals im Hinblick auf Obstbaumschulen in dieser Abhandlung dargelegt wird.

REINHOLD STAINER

Jahrgang 1944, absolvierte von 1960 bis 1965 die Höhere Bundeslehr- und Versuchsanstalt für Obst- und Weinbau in Klosterneuburg (Österreich) und 1965/66 das Istituto Agrario „A. Zanella" Reggio Emilia. Dem schloss sich von 1966 bis 1967 ein Praktikum an der Weinbaudomäne Schloss Johannisberg in Geisenheim (Deutschland) an. 1967–1968 war er als Versuchstechniker im Obstbau im „Istituto per la Frutticoltura" in Rom und 1968–1974 in derselben Funktion an der „Stazione Sperimentale Agraria e Forestale" in S. Michele a. d. E. tätig. Anschließend wirkte er 30 Jahre lang als Sachbearbeiter im Obstbau am „Versuchszentrum Laimburg", dem er von 2004–2008 als freier Mitarbeiter weiter verbunden blieb. 2002-2014 war er als didaktischer Mitarbeiter an der Freien Universität Bozen tätig. Darüber hinaus war er Vorsitzender der Ankörungskommission für die Zertifizierung von Obstgehölzen, Mitglied des Baumschulbeirats, des Fachbeirats im KSB, der Arbeitsgruppen Sortenprüfung im Vinschgau und Terlan, der Arbeitsgruppe Alpe Adria, der Eufrin (European Network Fruit Industrie), der Nationalen Arbeitsgruppe „Liste varietali" und des nationalen wissenschaftlichen Komitees zur Zertifizierung von Obstgehölzen.

Danksagung

Dieses Buch entstammt den Federn mehrerer Autoren. Ich möchte mich im Namen des BSB bei jeder und jedem Einzelnen herzlich bedanken.

Chronologisch gesehen gebührt der erste Dank **Reinhold Stainer.** Er hatte die ursprüngliche Initiative ergriffen, die Schwerpunkte des Buches ausgearbeitet, die verschiedenen Autoren für dieses Projekt gewonnen und aussagekräftige Zeichnungen zu den Inhalten zur Verfügung gestellt.
In der weiteren Entstehungsgeschichte des Buches war es dann **Walter Guerra** vom Versuchszentrum Laimburg, der uns vom BSB immer wieder dazu ermutigt hat, unsere Geschichte niederzuschreiben. Auch daran, dass diese es wert ist, niedergeschrieben zu werden, musste er uns immer wieder erinnern.

Ich bin auch jedem einzelnen der Autorinnen und Autoren zu Dank verpflichtet:

Helmuth Scartezzini für seine Recherche in alten Archiven,
Hermann Mantinger für seine Retroperspektive auf eine Zeit, in der das, was wir heute als normal empfinden, revolutionär war,
Jürgen Braun für seine Expertise im Bereich des Sortenschutzes,
Luis Braun und **Reinhold Stainer** dafür, dass sie ihren Erfahrungs- und Wissensschatz eines ganzen Berufslebens mit uns teilen,
Christoph Gufler für den historischen Abriss über unser Anbaugebiet und die Erarbeitung der Vereinschronik des BSB,
Walter Guerra für seine wie immer klare Analyse der Situation,
Irene Höller für den Einblick in ein wohl oft unterschätztes Tätigkeitsfeld, das aber von außerordentlicher Wichtigkeit ist, wenn nicht sogar der Schlüssel für die Zukunftsfähigkeit des Apfelanbaus,

Christian Andergassen für seinen Beitrag über ein Thema, das schon als abgehakt galt, nun aber neu im Fokus steht,
Stefano Endrizzi für seinen Beitrag, bestehend aus offiziellen Zahlen und Fakten zur Baumproduktion.

Danken möchte ich auch dem Ausschuss des BSB, der stets hinter diesem Projekt stand, und den Mitgliedern des BSB für das zur Verfügung gestellte Bildmaterial, den ehemaligen Obmännern des BSB für die Zeit, die sie sich genommen haben, um die Geschichte des BSB zu rekonstruieren, Franz und Armin Hafner für zusätzliche Interviews und nicht zuletzt Hans Huber für seine kritische Durchsicht des Textes.

Ein Buch wie dieses – mit mehreren Autoren und über eine von den Autoren als bewegend empfundene Vergangenheit – braucht viel Feingefühl vonseiten der Redaktion und Koordination.

Diese Aufgabe hat **Christoph Gufler** für uns übernommen, dafür ein herzliches Dankeschön.

Schließlich gebührt auch **Elmar Thaler** vom Effekt! Verlag und seinem Team ein großer Dank, sie haben unseren Ideen Form und Farbe gegeben.

PETER LAIMER
Obmann des BSB
Juli 2024